維摩詰經講記

——第三輯

——平實導師 述

ISBN:978-986-83908-2-9

若意識心是常住不壞者，則意識所依的意根與法塵也應該是常住不壞法，則阿羅漢入涅槃時，涅槃中應該仍有意根與法塵存在，涅槃則非寂靜。若意識心是常住不壞而可以來往三世者，則一切人初入母胎後，都應該仍有意根、意識、法塵存在，也應該所有人都不會有隔陰之迷。若意識心常住，而意根又如印順書中說是大腦，應該所有人死時都已帶著大腦離去，也應該所有母親懷胎時都見有兒女帶著大腦來入胎。意識既依五色根、意根、法塵爲緣才能出生與存在，由此可知意識是虛妄法、緣生法、一世法，不能來往三世，絕非常住不壞法，絕非實相心；妄認意識爲常住法者，正是與常見外道合流，是標準的佛門外道。只有親證能來往三世而入胎，能住母胎而出生五色根、意識、六塵的第八識如來藏，才是眞實的證悟，才能出生實相般若智慧，才能通達《維摩詰所說不可思議解脫經》。

——平實導師——

目次

第六輯：

自序

大乘法之證悟，不許外於教門；若外於經典聖教開示，而言「所悟雖異於教門，然亦是宗門之悟」，當知即是錯悟，其所悟必定已經異於宗門之悟，教門所說法義正是說明宗門所悟內涵故。《維摩詰經》是佛門照妖鏡，一切錯悟之師，都不敢援引此經來印證自己之所悟。一切六識論之邪見者，譬如應成派中觀見者及自續派中觀見者，都迴避此經的檢驗；或曲解此經，使經義偏離原意而符合其六識論邪見：故意以意識境界來解釋此經正理，取代爲六識論之法義。

他們之所以會有如是行爲，都因所悟錯誤而無法以此經義來爲自己印證所致。此經中言：「不會是菩提，諸入不會故。」又言：「知是菩提，了眾生心行故。」同一眞心，竟言無知無覺而不會六入，復言其實有知，能了知眾生七識心之心行，則使墜於意識境界之自續派中觀見者及應成派中觀見者，都無所適從；亦使墜於離念靈知意識心境界之禪門錯悟者，不知所從，是故心中每每排斥之，或故意以曲解之手段，扭曲經義來印證自己之所「悟」。然而意識心不論修至如何微細，都不能超過非想非非想定中之意識；三界中一切最細意識心，無過於此，過此境界即無意識存在；而意識心不能通過此經如是法義之驗證，故錯悟之說法者只能以意識心的不同方向來解說此部經文。然而如是經文中之眞正意涵，其實都是說第八識如來藏之本來清淨性與功德性，證明其非無而有眞實性，亦證明其常住本來涅槃之中；若以意識解之者，都無法免於曲解經義之大過；卻異口同聲主張其曲解後之經義是佛說，即成爲謗佛者，佛陀所說從來不是他們曲解後之義理故。由是故說，此經是禪宗證悟者自我印證之極重要經典，亦是錯悟者亟思加以曲解之重要經典；由此可以證明此經法義之熏習，對於禪門求悟般若禪者之重要性了！今以如是緣由，加以詳實宣講後，整理爲文字，以口語化之易懂言語出版，藉以助益禪門大師與一切學人，使能建立正知正見而趨向正確方向求悟，庶能眞實悟入般若正理。然求悟禪宗般若禪之人，仍必須先詳讀《識蘊眞義》及《阿含正義》，確實斷除我見以後，方能藉此詳解而眞實悟入法界實相心如來藏，方能發起實相般若智慧，實階第七住位不退，成爲位不退菩薩，轉入內門廣修菩薩六度萬行；不斷我見而參禪者，終無眞悟之可能，一切禪宗大師與學人，於此皆應注意。

佛子　**平實**　謹序

公元二〇〇六年仲冬　於竹桂山居

第三輯：

《維摩詰所說不可思議解脫經》卷上

〈菩薩品〉第四（上承第二輯〈菩薩品〉未完部分）

「禪定是道場，心調柔故。」禪定的修證，有一個很大的作用，就是降伏我見與我執；可以降伏但是無力斷除，因爲斷除是要靠智慧：要靠解脫道的智慧或者佛菩提道的智慧，才能眞的斷除我見與我執。可是四禪八定的實證，可以把我見與我執加以降伏，次第降伏到了非非想定境界的時候，正是降伏得最徹底的時候，可是終究不能斷除。所以 佛在世的時候，多少外道具足四禪八定卻始終不能脫離生死，而又自以爲已經證涅槃；後來遇到了 佛以後，才知道原來那都不是涅槃，都不曾出離生死，所以 佛爲他們開示「我」是虛妄的，他們一聽完，就成爲俱解脫大阿羅漢。有時候他們善根很好，四禪八定具足之後遇到了 佛，佛只是一招手：「善來！比丘！」就成爲俱解脫的阿羅漢位的菩薩，鬚髮都還在，還穿著俗家的衣服，就已經是斷除煩惱的俱解脫大阿羅漢或菩薩了。鬚髮俱落是什麼意思？

我見與我執煩惱都斷了就叫作鬚髮俱落。三千煩惱絲加上幾百個世間煩惱絲都沒了，那就是鬚髮俱落；雖然他那時候也許還是蓬頭垢髮，還是穿得一身破破爛爛的窮措大，但他已經是俱解脫阿羅漢或菩薩了，因爲他的我見、我執都斷了。而斷我見之前，我見與我執已藉由四禪八定完全降伏了，已經到了非非想天的境界，只差一步而已，這一步就是斷我見。

其實我心裡面一直有一個妄想：能不能哪一天度得一個已證得非非想定的人，即使是聲聞種性的人也沒關係，來到這裡我爲他斷我見，他當場入涅槃。爲什麼我想度這麼一個人，你們知道嗎？我不會幫他開悟般若實相，但我會讓他證涅槃，藉他來證實大乘佛法的勝妙。等他當場入了無餘涅槃以後，我會當場宣佈：**他還沒有開悟大乘法，他只懂得去，不懂得來**。只要來這麼一位就夠了，明天報紙就登出來了，電視新聞就報導了。如果他當下就入涅槃，我們就把他擺在當場幾天後我們再選個時間，隆重的幫他荼毘及供養，眾位菩薩們就跟著我一起來送這位聲聞人。這樣眾生對正法就會發起欣慕追求之心，這又可以度很多人，是藉他的當場悟入二乘而入涅槃，可以度多人。所以能度這麼一個就很好，不要多，多了我也不想度，我沒興趣，我只是要拿他來弘揚大乘佛法而已。

所以禪定有很大作用，當四禪八定都具足時，可以把我見與我執降伏到最低，但禪定仍然無法使人得解脫，還是要以斷我見的智慧才能得解脫。所以禪定是道場，因爲我見與我執都被禪定的證德給降伏了，他的意識心已經很調柔了，我見已經很微細了。可是如果要論眞的調柔，還是要談阿賴耶識、談如來藏，因爲不論你意識每天怎麼罵祂，怎麼操祂，祂都沒有怨言。你儘管每天操祂，把祂當作奴才使喚，每天罵祂：「**你怎麼這麼笨！**」我告訴你，祂永遠不會生氣，祂永遠都在禪定中。祂有什麼禪定？有！祂有大龍之定，因爲祂那個定是永遠不出定，也永遠不住在定中，祂就是這麼厲害，所以祂才是眞正的究竟調柔者。禪定，這樣看來有兩種：一種是四禪八定，一種是大龍之定。所以禪宗中說**佛常在定**，意思是說**大龍—那伽—常在定**。這有兩個意思：一個是說 佛的無垢識本來就是住於大龍之定，第二是說 佛爲眾生說法時都是住在初禪中說，不曾離定說法，所以說「大龍常在定」，佛陀就是大龍。這種可以永遠住在大龍之定中的心，當然是最調柔的心。可是我們意識心也可以調柔，四禪八定具足了，覺知心就調柔了，這時只要能斷除我見，就可以即刻出三界，所以禪定也是道場。可是稱之爲道場的原因，就是因爲心已經調柔了，而禪定境界也是由如來藏流注出來的相分來顯示的。

「**智慧是道場，現見諸法故**」：智慧，大家進得佛門無非就是要求智慧，除非是淨土宗道場，心裡面求的是只要能往生極樂世界就好，所以不求智慧。可是他們都沒有想到一件事：往生到極樂去，在那邊出了蓮花以後要幹什麼？還是要求智慧。現在不求，去那邊以後的未來還是要求，只是把時間推遲而已。智慧爲什麼是道場？因爲不管是硬體的道場或者心體的道場，都是爲了智慧而存在，外道不一定是爲智慧而存在，但佛教的道場終究還是得要爲智慧而存在。智慧爲什麼是道場？因爲現見諸法。

你去各大山頭學智慧，目的也是爲了證實相，想要現見諸法。來到正覺同修會也是一樣，也是爲了現見諸法，只有現見諸法時才能生起智慧。可是表相道場只能見到一小部分的法，而且是表相法；你如果眞要現見諸法，一定要證得實相；實相就是如來藏的境界，證得如來藏以後就可以現見一切諸法都從如來藏中來。所以去禪三精進共修時找到如來藏的人還不能算數，你還要有能力爲我證明：萬法都從你所證的如來藏中生出來。這樣我才願意爲你印證。你如果無法確實的證明萬法都從你所證悟的這個阿賴耶識心中出生，對不起！你自己再去想辦法。等你觀察清楚了，能爲我證明了，我再爲你印證。所以現在禪三精進共修是相對的：

你爲我證明，我爲你印證，所以現在標準提高了。但是當你證得如來藏以後，要現見諸法都從如來藏生起，其實並不難。

當你證得如來藏以後，就知道原來所有的法都不離如來藏，沒有如來藏就沒有一切法，這時你就可以說：「**佛講的沒錯，一切諸法本來無生。**」哪一個法有生過？一切諸法就是如來藏，如來藏是一切諸法；一切諸法在如來藏心體的表面生滅不斷，可是永遠滅不掉，因爲你行的是菩薩道，不是修二乘法；二乘法中說一切法都是生滅的，大乘法則說一切法不生滅，因爲一切法都是如來藏所有種子中的一部分，都從如來藏出生，生了又滅，滅了無妨又生，永遠不會斷絕，因爲你行菩薩道就永遠不入無餘涅槃。如來藏攝盡一切法，但一切法不能函蓋如來藏，因爲如來藏另有祂自己所屬的法，不屬於一切法所攝。一切法既然附屬於如來藏，從來是在如來藏表面上運作，而如來藏從來不生、永遠不滅，當然一切法也就不滅，當然一切法無生，這是阿羅漢、辟支佛所不能現觀的。那你現見一切諸法都從如來藏出生，這表示你有了般若實相智慧；有這個智慧才能現見諸法，所以能現見諸法是從如來藏來、是從智慧來。不可能離親證如來藏的智慧，而能夠現見諸法，所以說智慧是道場，因爲現見諸法都從如來藏中出生的緣故。

可是如來藏本身沒有智慧嗎？意識觀察到一切諸法從如來藏出生，所以意識有了智慧。可是如來藏也有祂的智慧，如來藏可厲害得很，一般人剛悟的時候說：「如來藏怎麼癡癡呆呆的？」禪三裡面我常常要不斷的重複：祂既是個瞎子，又是個啞巴，還是個聾子。但這是剛觸證的時候，接下去一直整理下來，你會說：「原來祂這麼厲害，我都做不到，我怎麼學也學不到，沒有法像如來藏這麼厲害，祂可聰明得緊。」所以祂也有祂自己的智慧，只不過祂那個智慧不是三界中的法；但你也不能說是三界外法，因爲祂這個智慧都是在三界中顯現，可是祂自己不在三界內。那到底是三界中還是三界外的智慧？諸位猜猜看吧！所以祂也能現見諸法。如果祂不能現見諸法，爲什麼你在娑婆求生極樂，祂就幫你在極樂世界生出蓮花來？又把你將來去那邊生活時需要的淨土幫你準備好，憑什麼？祂當然是有現見諸法的，既然祂能現見諸法，怎麼叫作沒有智慧？只是不屬於六塵中的智慧。《心經》講的無智亦無得，只是剛悟時對祂的現觀罷了！只是總相智的智慧；等後來深入整理時，才發覺祂只是沒有意識所得的智慧而已，其實祂有自己相應的非三界六塵中的智慧。上週也曾講「知是菩提，了眾生心行故」，你覺知心中在想什麼都瞞不了祂，祂都清清楚楚，所以祂才能幫你的忙，才能夠爲你服務，使你一時一刻都不能沒有祂。可是我這麼一講，還沒有悟的人就說：「哪有？我又沒有依靠什麼人。」等你悟了，就知道你全都要靠祂，所以祂還眞的是現見諸法，怎麼可以說祂是沒有智慧的？所以祂眞有智慧，只是祂的智慧跟意識心所得的智慧不一樣而已，所以說**智慧是道場**，因爲有這一種智慧就能現見諸法的緣故。

「**慈是道場，等衆生故**」：慈心是道場，一切修學佛法的人都應該有慈心，爲什麼呢？因爲修菩薩行本來就是爲了利益眾生，是爲了幫眾生證解脫，或者修證佛菩提果，若沒有慈心怎麼可以叫作菩薩？怎能叫作修行？所以沒有慈心就不是道場。如果悟了以後不願意把法傳出去，一天到晚只想：「我趕快躲起來，趕快把我要修的修好，我成佛可以更快。」這就是離開道場了。我還是要跟這種人說一句老實話：「這樣想的話，成佛就會越來越慢。」因爲他的菩薩性沒有發起，他的金剛性沒有發起，所以他無法具足道種性，也無法具足性種性，甚至於習種性都不能圓滿，因此連入地都不可能了，還能夠迅速成就佛道？那豈不是癡人說夢嗎？所以要你修慈心、修布施，不是在剝奪你，而是在幫助你。慈心若不能成就，而說他能夠很快的修完諸地，佛法中沒這回事。

所以慈無量心，在三地滿心之前要修成功；所以說慈是道場，有慈無量心就可以平等的看待一切眾生。可是眞正有慈心的是誰？還是諸位所知道的如來藏。就像佛弟子把所有功德歸功於佛陀一樣，我們把所有功德都歸功給自心如來，因爲所有學佛人都應該極爲誠懇的，從深心裡面去感激祂，因爲祂對你最慈悲了，祂對你最慈愛了，所以不論你需要多少的身體來修道，祂每一世都會給你；過往無量世以來，你跟祂要過無量的身體，祂都已經給你了；這一世也給你了，未來無量世你修道所需的無量身體，祂也一樣會製造給你，難道這樣對你還不夠慈悲？因爲你最寶愛的也就是身體：感冒了好辛苦，趕快去看醫生，可是身體是誰給你的？是祂給你的。病治好了，包紅包給醫生；醫生幫我開刀治好病了，也包紅包去感恩醫生，就是不感恩給你身體的眞人，所以眾生眞顚倒。

是顚倒啊！祂對你最有慈心，所有的快樂都是祂給你的，你去買什麼好吃的麵包、水果，或者上館子吃大餐，吃起來說：「哇！好香，好好吃，眞享受。」可是那個相分是誰給你的？還是祂給你的，因爲你的覺知心所能領受到的永遠都是內相分，可見祂是對你最有慈心的人，你說：「哪有？祂有時還給我痛覺。」可是我請問你：「難道痛覺你不要嗎？」有沒有人不要痛覺？請舉手！沒有人不要嘛！因爲身體器官出了毛病都不知道痛，那麼沒多久就一定會死掉了。如果祂給你痛覺，你就知道：祂給我的身體我要好好維護，不然很快就會壞掉。所以祂給你痛覺也是爲你好，也是慈心。

有人也許不信：「哪有？什麼內相分？都是你發明的。」那不然我們來談談看吧！阿含裡面有沒有說內相分？外面那些人一定說：「沒有！阿含從來沒有講內相分。因爲我用電腦把內相分三字打上去蒐尋，始終沒有查到，佛從來沒有講過內相分。」現在我再度問你們：「阿含有沒有講過內相分？」你們不敢答，因爲說有，又好像沒有；可是若說沒有，搞不好這蕭老師發明個東西出來證實阿含眞的有講過。但我告訴你：「不是我發明的，阿含確實講過內相分。」我說一個簡單的道理給諸位聽，你就知道阿含有沒有講內相分了！雖然它沒有講內相分這三個字。

阿含中 佛陀開示不是說五陰總共分爲十八界嗎？請問五陰是自己的？還是外面的？（眾答：自己的）對啊！是自己的。五陰既然是自己的，而五陰分爲十八界，請問：「十八界裡面的六塵是自己五陰裡面的？還是外面的？」（眾答：裡面的）當然是自己五陰裡的六塵，你所接觸到的六塵都是你自己五陰裡的六塵，不是外面的五塵、六塵，那麼請問：十八界中的六塵是內相分還是外相分？（眾答：內相分）這不就結了！所以他們不懂阿含的密意，現在只有我們才懂阿含的密意。所以常常有人打電話來出版社問：「你們那本《阿含正義—唯識學探源》出版了沒有？」我們出版社的義工答覆都是：「還早，還早。」那些崇尚南傳佛法的人不相信阿含有說內相分，表示他們的緣淺，就讓他們再多等幾年，不急著出版；我們有時間時再慢慢寫、慢慢講，不急著出版；讓諸位先聽先得，他們要學的人等以後出書時慢慢來學，可能是四年後、五年後，也可能拖到十年後，不過總是會寫出來的。本來是預計今年夏天就寫完了，不過因為事情很多，寫了還不到四分之一，但是綱要都訂好了，很多內容都準備好了，資料也準備了，要講的東西也準備了，可是差不多一半以來就這樣擺著，一直在忙別的事。（編案：已於2006年八月底開始出版，2007年八月底時七輯已全部出版完畢了。）

所以真正有慈的，不單是意識心修成慈無量心才說慈是道場、才說那時候是等視眾生，那都是事相上的；可是理上，是如來藏平等看待一切眾生：眾生想要下地獄，所以造了惡業該下地獄，祂就很慈心的為他做一個地獄身，讓他了掉惡業因緣，夠慈悲了。譬如有人要求你為他造一個地獄身，你要不要為他造？你一定會拒絕，可是如來藏就幫他造。如果地獄罪報完了，剩下花報，好嘛！該去餓鬼道了，就幫他造個餓鬼身。餓鬼很長壽，餓鬼報終於也報完了，還有餘報，該去畜生道了，就幫他造畜生身，一世一世當鴨子被宰殺了吃；當完了，一世一世再去當牛，不必被殺卻得要辛苦工作；牛當完了，最後去當猿、猴，然後才幫他造人身；不論他需要多少身都給他，你說祂不慈悲嗎？祂眞是有求必應，從來不拒絕的，所以說祂才是道場——慈才是道場，因爲祂平等看待一切眾生。造了地獄身，祂對那個地獄眾生也不會討厭，平等看待；後來爲他造了餓鬼身，祂也是平等看待；又爲他造了畜生身，也平等看待；後來爲他造了人身，也平等看待；當他在人間造善業，應該生欲界天中享福了，祂也平等看待的爲他造欲界天身，所以祂才是眞正的大慈。

「悲是道場，忍疲苦故」：悲與慈不同，慈能與樂，悲能拔苦，所以慈是給予眾生快樂，悲則是拔除眾生所遭受的痛苦。悲爲什麼是道場？先從事相上來說，悲是菩薩修行所應有的基本心態。菩薩從大悲中來，假使沒有大悲之心就永無成佛的可能，因爲他不是菩薩。大悲是一般人做不到的，剛開始有小悲心就算很好了，假使能持之以恆，那就更好；可是一般的悲心不足以成就佛道，凡是成就佛道的一定都是大悲之心。在四大菩薩中，常常有人舉說觀世音菩薩是大悲菩薩，但是一切諸佛無不具足大悲，沒有一佛不具足，乃至除了大悲以外，大慈、大喜、大捨都是諸佛共同成就的心行。

「悲是道場」是因爲菩薩們有大悲之心，所以能持之以恆的世世再來五濁惡世，不斷的忍受惡劣眾生的恩將仇報，而不斷的利樂眾生，不爲自己求安樂。所以想要成就佛道就必須是以大悲之心世世不斷的爲眾生付出而不追求個人一己私利，這才是眞正行菩薩道的人；他因爲這個大悲心，所以能忍於無量世的疲勞困苦而無所畏懼。這就是說，唯有這一種大悲心，才能促使菩薩承受世人難以忍受的疲苦，因此最後才能成就佛道。所以說悲心是道場，無有一菩薩不從大悲心中成就究竟佛道。所以看見眾生淪墮三塗時，希望自己有能力救度他們；看見眾生入了佛門能修學佛法以後，卻被廣泛的誤導而走入歧途，因此就生起大悲之心，不顧自己的利害得失來救度眾生，這是菩薩基本的行止。

不能遠離悲心而成就佛道，這是從事相上來說。可是從理上來看，這個悲心畢竟也只不過是意識境界而已。意識心的悲，有一個特性：就是有時悲心生起，有時不見了。所以不論是諸佛、菩薩、阿羅漢，假使以人身示現時，人身必定要有睡眠；一旦眠熟了，意識心斷了，悲心又何在？所以意識相應的悲心並不是究竟悲。從理上看，什麼才是眞正的悲呢？如來藏才是眞正的悲。當你受傷了，很痛苦，但是每天晚上總得睡覺吧！好，不管你睡覺與不睡覺，不管你覺知心在與不在，祂都每天忙著在幫你修護傷口，這不是眞正的大悲嗎？有誰能夠不眠不休的從出生一直到死亡爲止，不斷的爲你付出而從來不睡覺，你找不到這麼有悲心的人。但是人人身中都有這個大悲的人，而且這個大悲的人不斷的在爲你服務；無始劫以前就服務你，雖然無始劫以前不是現在這個你，你只是這一生才有，但是總有關聯吧！如此一世一世不斷的服務下來，乃至盡未來際也不中斷，除非你悟後是個二乘定性聖人，不然祂的服務是絕不中斷的；不眠不休的無量劫以來如此，這一世如此，未來無量世仍將如此，也必定會如此，你說這不是眞的悲嗎？

有這個悲心的，那才眞正是道場；不論何種的疲勞困苦，祂都無所謂，不是像意識心常常有所謂；意識心有時候總得要睡一睡、休息休息，爲了明天要走更遠的路；可是祂從來不休息，照樣走長遠無盡的路，這才是眞正的悲，所以這個悲是眞道場。可是這個道場在哪裡呢？在諸位身上啊！不在寺廟裡，也不在正覺講堂，而在你身上；你要學會找到祂，你得要會得祂，你就知道自己的悲不能跟祂的悲相提並論，所以說「悲是道場，忍疲苦故」，這樣就理事雙圓了。

「喜是道場，悅樂法故」：喜，是四無量心中的第三個心。菩薩與二乘聖人大不相同，爲什麼菩薩有喜，二乘聖人無喜呢？二乘聖人是灰身泯智，他們捨報後是要把自己滅除的，永遠不再有色身，十八界都滅除了，覺知心不在了，所有二乘法中的解脫智也永遠隨著他入涅槃而滅盡無餘。他們活著時總是在想：「我死了就入無餘涅槃。」你說他們會有喜心嗎？阿羅漢是沒有喜心的，若有法喜就不能入無餘涅槃了。但是菩薩不然，菩薩自始至終法喜不斷，因爲菩薩證的涅槃不同於二乘，是本來自性清淨涅槃，是不斷思惑就已經證涅槃了；所以這個涅槃不可思議，二乘聖人無法想像，因爲他們一定要斷盡思惑，思惑斷盡了以後才能取證有餘涅槃，才能入涅槃。但是大乘菩薩的法不一樣，一切菩薩們只要證悟了，無始無明打破了，見惑斷了，但是思惑都留著不斷（斷思惑是將近二大阿僧祇劫以後才需要做的事，所以留惑以潤未來世生），可是思惑不斷盡卻已經取證涅槃，不必捨報就住於涅槃中，所以這個涅槃解脫，二乘聖人無法想像，所以才叫作不可思議解脫。《維摩詰經》講的是這種不可思議的解脫境界，所以叫作不可思議解脫經。

菩薩有這樣的法在身，看到二乘聖人所證的涅槃竟然茫然於此，不能絲毫了知，看看凡夫眾生們更無法了知，所以菩薩身心都於此妙法有喜，所以說喜是道場。菩薩悅樂於眾法，這是從事相上來說；但是在理上，眞正的喜心還是如來藏，因爲上面所說的法上的喜，那是意識心相應的；但意識心相應的喜非常，終究有中斷的時候，特別是在意生身發起之前一定世世都會有中斷時，既然一定會有中斷，就不是究竟喜，所以究竟喜還是第八識如來藏。我說「如來藏心悅樂於法」，你們剛悟的人聽了：「嘿！奇怪？明明如來藏離見聞覺知，明明《心經》講如來藏自住的境界『無智亦無得』，怎麼會悅樂於法呢？」還眞奇怪！

但那只是見地的深淺差別而已，譬如說六根、六塵與六識，也都是法，這些法都由如來藏所持，並且不斷流注出諸法種子，讓菩薩可以生生世世以之作爲道器而修證佛道，如來藏無始劫以來都是悅樂這些法的；不但如此，對惡道眾生來講，當他們以前在人間造作惡業時，那些惡業種子也是法，祂如來藏照樣悅樂而收存著，不會因爲是惡業種子祂就厭惡，所以對這些法種祂也是一樣的悅樂；乃至三界六道不斷輪轉的一切諸法，祂都悅樂而不斷的流注出來：造善業生於欲界天，修定業生於色界天、無色界天，祂都照樣流注這些境界法的種子，讓眾生受用，你說祂難道不是悅樂於法嗎？所以祂隨著眾生往世的業緣而成就一切境界，一切境界中的諸法，祂不斷的配合流注著，從來不曾起過厭惡之心，這才是眞正的喜心，所以說喜是道場，悅樂於法故。

這是從理上講，在事相上來講，菩薩有一個貪是永遠不許斷的，佛早就交代過，叫作法貪。所以初發心時教你要發四宏誓願，其中的「法門無量誓願學」，這個法貪你不能斷。如果不是貪於正法妙義，那你就不算是菩薩，所以菩薩悅樂於一切諸法，無所厭惡；這樣子修行，以這個喜心，不斷的精進求證一切諸法、了知諸法種子，這就是悅樂於法。有這個喜心，當然祂就是道場，祂可以使菩薩成就究竟的佛道。

「捨是道場，憎愛斷故」：「捨」也有一些不同的定義，是因爲層次的差別所致。「捨」心，在四無量心中能捨一切，包括生命、內財、外財皆施，於四無量心的觀行中觀想捨盡一切給予眾生。但是在禪定中說要捨盡一切妄想，一切妄想當然有深淺層次差別，譬如修定的人在欲界定中、在初禪中，他們所捨的妄想只是語言文字上的妄想；二禪中所捨的妄想則是念頭，那個念頭是沒有語言文字的，但是你知道它是什麼意思，這是二禪中所要捨的妄想，如果這種念頭不能捨棄就無法安住於二禪等至位中。到了四禪，四禪叫作捨、念清淨定，他捨的念，並不知道是什麼意思，那個念很微細，那個念出現的時候，你會覺得心動，但到底是什麼？不知道。心動了一下，接著氣脈就動了，然後心臟就跟著動了，呼吸隨後就出現，又回到三禪中了。所以那個念是很微細的，這種念能捨，才能安住在第四禪中；這就表示他的正念是清淨，是極微細而不動的，所以是念清淨；而這也是捨，捨了許多微細的煩惱，才能使意念清淨而不動心，息、脈才能停住，合稱為「捨、念」清淨定。能捨這種念來修捨無量心，才能修得成功，所以捨無量心要在第四禪中修：在進入四禪的等持位中來作觀行就容易成就。

可是捨，修證捨無量心的時候，一切憎、愛俱斷，於一切眾生無所貪愛也無所憎惡；能這樣修，才能漸次成就佛道。所以三地心中無生法忍完成之後，還不能進入第四地，還得要再完成四禪八定，然後再修證慈悲喜捨四無量心。四無量心成就以後，最後才修五神通，這時所成就的五通，沒有任何外道能相提並論，因為無生法忍的威德以及四禪八定的具足，導致他的五神通冠諸外道及諸天、鬼神。這是由於無生法忍及四禪八定的具足，加上捨、念清淨定的等持位中來修四無量心，因此而成就廣大、極廣大的福德，非諸三地住心菩薩所能證得。這時候猶如谷響的現觀才能成就，於此界等持位定中，化身去到他方世界為諸佛子演說正法，但是同時又在此地聞聽自己化身在諸方世界說法猶如谷響一般，要到這個地步，三地菩薩才算滿心，才能轉入四地初心中。

所以捨是道場，因爲捨心成就時，一切憎、愛俱斷；但這只是事相，眞正的捨心還是如來藏，不論你怎麼咒罵祂：「你根本就不存在。」就像好些人受持「六心論」、「七心論」，都是在否定如來藏的。當他們大力否定自己身中的如來藏，又寫出很多書來，譬如《妙雲集》、《如來藏之研究》等等，大力否定如來藏的時候，他身中的如來藏照樣是捨無量心，斷諸憎、愛，對他絕對不會有一絲一毫的厭惡，而且還幫助他寫那些否定自己的書。這得要你明心了才會聽得懂，這就是從理上來說，所以眞正的捨心是如來藏。你要是沒有明心，只能看著人家聞法時歡笑，自己不好意思笑出來。所以眞正捨憎愛心的還是如來藏，祂才是眞的道場。

「**神通是道場，成就六通故**」：外道有五神通，可是外道鬼神的五通來到我面前就一通也沒了，起不了作用。你若有明心的功德，他來到你面前，他的五通就會消滅，這是明心的功德，你自己往往沒有感覺到。可是如果有無生法忍的話，什麼鬼神的通，來到你這裡都無用處，他們不敢施展的。那麼三地滿心菩薩有六通，俱解脫的三明六通的大阿羅漢也有六通，這個神通爲什麼會是道場呢？因爲這六通具足了，可以使人漸次邁向佛道。二乘聖人有第六通，不同於外道的五通，叫作漏盡通。常有附佛法外道，他們也說他們有漏盡通，可是諸位聽他們說的漏盡通時，你最好不要在吃飯時聽，否則你會噴飯。

附佛法外道大約有兩種：一種是一貫道，另外一種是西藏密宗。有些一貫道的道親，如果有人在現場的話，可能很不服氣的想：「我們的漏盡通有什麼不對？你要批評！」那我就告訴你：「一貫道裡面講的漏盡通是講精液不漏，就叫作漏盡通。」那跟西藏密宗有什麼不同？是一樣的啊！西藏密宗更荒唐，解釋得更詳細，他們有人說：精液就是種子，交合時種子不漏就是漏盡，成佛就是要具足圓滿這個種子不漏的智慧，這就是成就一切種智。你說荒唐不荒唐？所以你們若是要讀這一類的著作，最好不要吃飯時邊吃邊讀。這些都是有明文記載的，一貫道的道親也許會抗議：「我們怎麼沒有讀過？」我說：「那就表示你學一貫道的道法太晚，你還是新學的，資歷還不夠深。」二十年前，一貫道很風行的一本書叫作《道鐘警明》，現在其實偶爾還會在外面看得到。裡面講的漏盡通跟西藏密宗一樣沒有差別，所以我沒有冤枉人。要是不相信有這本書，我可以跟你約個時間，你哪天來聽經，我帶來給你看，我有證據還在手裡；我凡是講話，一定會有根據，並且當眾講，也當著 佛前講，從來不曾胡亂編派人家。

可是漏盡通，佛法裡面不是他們那樣講的，而是說諸漏永盡，諸漏是什麼漏？

就是煩惱漏。換句話說，修學佛法如果不能斷我見煩惱及我執的煩惱，那麼二乘解脫道的漏盡通就不能成功，他所修的佛法永遠都會次第漏失，不能成就解脫道。大乘法中除了這兩法，還要再加上一個法，就是無始無明的上煩惱也要斷除，但這不是一般凡夫菩薩所能做到。斷除這些上煩惱是證悟之後，七住以上菩薩才能做的，入地以後還要加上一樣，煩惱障的習氣種子隨眠也要斷除。所以佛法中的漏盡有兩種：第一種是二乘法中的漏盡，只要斷除見惑與思惑就夠了，解脫功德就不會再漏失了。諸佛的漏盡則是斷見惑、思惑以外，還要斷盡無始無明上煩惱，以及煩惱障的習氣種子隨眠，這才是諸佛的漏盡，加上五神通就具足六通。

諸佛必定要成就這六通，如果沒有這六通就不算成佛；但這六涌異於二乘無學的六通，所以不可相提並論。既然要這六通具足才算成佛，當然神通也是道場。至於五通我們就不談它，因爲諸位已經耳熟能詳了。這是從事修次第上來說，可是理上它有兩種：第一，剛才所說事相上的六通，其實都是從你背後的如來藏種子流注出來，你才能獲得；如果不是如來藏有這些種子的話，你根本修不成六通，連一通也不能成就，因爲五神通是有境界法，都是從如來藏中出生的。至於第六的漏盡通，更是如來藏的境界，二乘聖人也不敢否認這句話；因爲當他們入了無餘涅槃以後，既然不是斷滅，而涅槃中有個本際，這本際是什麼呢？總不能說是物質嘛！那個本際當然是心。入無餘涅槃以後，十八界俱滅：六塵滅了，六根中的意根滅了，六識也全都滅了，沒有一心存在了，當然那個本際就是第八識如來藏。所以成就漏盡通時也是要靠如來藏，沒有如來藏就不可能有漏盡通。

所以從事上來說，六通眞的是道場，而六種神通的根源也都是如來藏；而這六通如果不成就，也不能成爲三明六通的大阿羅漢，也不能成就究竟的佛道，因爲究竟佛道函蓋三明六通大阿羅漢的六通。可是從另一個層次來看六通，又是誰有六通？有時候禪師會講：「只要開悟了就有六通。」有些凡夫就誤會了，他就說：「開悟就有六神通了，你沒有神通，你算什麼開悟！」於是罵將起來。可是禪師講的六通可別誤會了，這是理上的六通。一般說來，禪師講的六通是什麼呢？是說看見如來藏在六根上互通，這是禪門的六通。

可是禪宗一千七百則公案的那些祖師們，百分之九十九點九九九九人，還少一種六通，還有一種理上的六通，叫作見性。眼見佛性時，佛性遍通六根，那不也是六通嗎？這又是另一種六通，可是這六通從哪裡來？還是從如來藏顯示出來。明心是看到如來藏的一種面目而已，可是見性又看到如來藏的另一種面目，這也是六通，也是遍於六根中通流的；並且這個六通一樣不是在無餘涅槃中見，所以這個六通還眞是奇妙。可惜的是禪宗典籍中的記載，能眼見佛性在六根中通流的人，不會超過一打人。如果哪天湊足了一打，我就扛了來，讓你們見見是哪些人，可惜的是目前的文獻中還湊不足一打。可是你看這個六通，不論事相上的六通，或是理上的六通，無一不是如來藏所生、所顯，那你說這個六神通是不是道場？當然是啦！因爲諸法都要根源於這個神通的根源，那還是如來藏。

「解脫是道場，能背捨故」：解脫，有二乘解脫，也有大乘的不可思議解脫。二乘解脫，諸位自從讀了《邪見與佛法》以後，大致上已能瞭解了。如果已經明心了，讀了《邪見與佛法》，你就能夠如實的瞭解無餘涅槃本來就是如來藏的自住境界，無餘涅槃只是滅盡了十八界，萬法不生而如來藏獨存，只是這樣而已。所以明心以後，還沒有入涅槃就已經證得無餘涅槃中的境界了，這叫作本來自性清淨涅槃，非二乘無學所能了知，所以叫作不可思議解脫，所以這個解脫和二乘的解脫截然不同，可以說大異其趣。

你明心後再來觀察：「我現在還沒有斷思惑，但我已經能夠現觀無餘涅槃中的境界。」看見二乘無學聖人一個個都無法現觀無餘涅槃中的境界，這時當然是法樂無窮，法喜充滿，這樣才是法喜。到處去各大道場做義工，做完了，回來時說：「我法喜充滿。」但是哪兒有法？有什麼法可喜？都沒有啊！只是去那邊做義工時談談笑笑，覺得「爲正法付出了，心裡很歡喜。」其實不是法喜。菩薩不然，尚未斷思惑時已證涅槃的實際，當然是法喜。可是二乘俱解脫者證得解脫，是根據什麼而有解脫？是根據八背捨及斷無明漏。八背捨我們今天沒時間講，現在且不談它。可是八背捨成就以後得漏盡通、得解脫，其實還是如來藏的解脫境界——入無餘涅槃以後還是如來藏獨住的境界，所以如來藏這個解脫才是眞道場。

但這個八背捨，菩薩一樣要修，只是少分修、多分修，不滿分修。一直到七地時若不具足得八背捨，不證滅盡定就無法轉入八地心，那時才滿分修。其實菩薩在三地滿心就可以證滅盡定而具足八背捨，但是一直不願意證，一直拖延好幾劫，到了六地無生法忍成就以後，才不太情願的去取證滅盡定；所以證了滅盡定菩薩還是不想入無餘涅槃。聲聞羅漢證滅盡定後，捨報時沒有不入無餘涅槃的。六地滿心菩薩是不得不證，他是不太情願去證得滅盡定，可是若不證就無法入七地，所以是不得不證。證了滅盡定以後，七地的無生法忍讓他可以念念入滅盡定，不同於阿羅漢；阿羅漢的滅盡定得要經過初禪、二禪、三禪、四禪，甚至到非非想定才滅掉意識，成爲滅盡定。七地菩薩滿心時，他隨時要入滅盡定，念念都可入，念念也都住於滅盡定中，卻不在滅盡定中住，難可思議啊！可是等你證了以後，你會說：「那也沒什麼！」這不是說大話，因爲眞的是這樣。

譬如你們明心以後說：「我還沒有斷思惑，但我已經可以住在無餘涅槃的境界相中，我現觀無餘涅槃中的本際。」阿羅漢怎麼想也想不通，可是你會覺得說：「這個也沒什麼。」這就是菩薩。所以解脫，不論是二乘所證的解脫，或是菩薩一直到初地滿心可以取證慧解脫而不取證，這也是解脫；三地滿心可以取證滅盡定成爲俱解脫，並且可以是三明六通的俱解脫，他也不想取證；六地滿心不得不取證滅盡定，不像以前是故意不證，現在證了也是解脫，但照樣不入無餘涅槃；七地寂靜極寂靜，證得念念入滅盡定的功德，也是解脫，依舊照樣不取無餘涅槃；從三地滿心開始，都是可以具足八背捨而不願具足取證的。八地更是由寂靜中發起無邊神用，所以於相於土自在，變現一切諸功德法，照樣是解脫而不入無餘涅槃。乃至九地菩薩於法解脫，因爲他已有四無礙辯，不論誰來找他辯論，沒有人能勝得了他，唯除上地菩薩以及諸佛。他有四無礙辯，去到十方世界都解脫、都自在，那也是解脫。乃至十地法雲流注、永續不斷，也是解脫。等覺，乃至諸佛四智圓明更是解脫。

可是這些解脫是背捨什麼？背捨兩個法：一個是煩惱障的現行以及煩惱障的習氣種子隨眠，第二是無始無明上煩惱隨眠的背捨；背捨於這些法，所以成就佛地的四種涅槃，這也是解脫，這樣的解脫才是眞道場，因爲能背捨一切煩惱法。可是理上，請諸位明心以後把祂現觀看看：三乘法中種種不同層次的背捨，無一不從如來藏來。如果沒有如來藏，一一背捨都不得成就。那你想：這個解脫是道場，依舊還是以如來藏爲道場啊！不是嗎？因爲修學佛道無非就是轉依如來藏的背捨之性吧了！如來藏於一切煩惱的現行都能背捨，轉依於祂的眞如法性，才是眞背捨；能夠這樣背捨，所證的解脫當然就是究竟道場，所以說「解脫是道場，能背捨故」。

「方便是道場，教化衆生故」：菩薩有菩薩的方便，二乘聖人有二乘的方便。二乘四果聖人有兩種：一種得盡智而不得無生智，就像周利槃特伽，這一種阿羅漢有漏已盡而無明漏未盡，所以愚於說法，在說法上他們是稍微有些愚癡的，所以無法詳盡的爲人說法；所以有人聽說周利槃特伽這麼笨的人也能證解脫果成阿羅漢，由於好奇就請來供養；供養以後當然要請法，不可以先請法再供養，那是不如法的，那就好像在買賣一樣了！所以要先供養，然後阿羅漢要給你什麼法，隨他高興，你不能要求，不能作爲條件。好，供養了以後請法，周利槃特伽說：「我不會說法，飯我來吃，法請舍利弗尊者來講。」所以他就用神通力召請舍利弗，舍利弗馬上就來爲供養者說法，阿羅漢不會計較說：「飯你吃，怎麼由我來說法？」他們不會計較的，所以舍利弗尊者就來爲供養者說法。爲什麼周利槃特伽不能細說二乘法？他證得阿羅漢，應該有能力爲人細說解脫之法，可是他做不到，原因就在於他的解脫知見不圓滿，是無明漏未盡，當然無法爲人說法。不具足解脫知見的人，表示他沒有得到無生智，他在二乘解脫道的十智之中只得到九智；最後的第十智是無生智，他還沒有得到，所以他無法爲別人解說解脫之道。這就是說，他在解脫道上沒有方便善巧，不能爲人宣說，只能自己實證。若有方便的話，表示他具足了解脫知見，所以他能教化眾生，這樣的方便就是二乘法的道場。

可是大乘法不單如此，大乘法的方便函蓋面較廣，除了在法上要修集方便善巧之外，他在解脫道上、在佛菩提道上也得要有方便善巧。所以地上菩薩都能爲人方便說法，乃至幫人證悟一事上也有種種方便。所以有的人知道了如來藏的密意，可是不敢承擔，我也有辦法讓他承擔下來。有的人絕頂聰明，我的書讀過以後，他知道：如來藏就是這個。可是不敢承擔，我們在禪三裡面看出來，自然有方便讓他承擔。也有許多人具足兩年半的課程之後，破參的知見夠了，所以有時候會體驗到、觸證到，可是不敢承擔，我們當然也有方便法去讓他承擔、讓他去體驗，由體驗中就敢承擔下來。這不是一般禪宗祖師能有的方便，多數的禪宗眞悟祖師沒什麼方便，所以很多祖師一生只有一個公案。

猶如俱胝禪師遇到天龍禪師，悟了以後他說：「我自從得到天龍一指頭禪，一生受用無盡。」所以凡是有人來問：「如何是佛？」不管誰來問，都是向上一指。甚至於他的徒弟學他的招數在外使用，回來還洋洋得意的炫耀，他就把徒弟的指頭抓住剁了，這徒弟很痛，趕快逃跑，他就在背後叫：「童子！」那童子一聽師父叫，停住腳步回頭來看師父要幹什麼，俱胝禪師看徒弟轉頭來看，他又是手指一舉，徒弟也就悟了，可見他還是有方便的。一般人看來可能覺得很殘忍，但我告訴你，失掉一根指頭換來明心，太值得了。可是我們如果施設說：如果想要明心，剁掉一根指頭來。（大眾大笑…）可能沒什麼人要來。可是你想想：二祖慧可爲求明心，自斷一臂。要有這個大心。

有很多禪師一生都是只有一個公案，關南或者禾山，他們一生都是用打鼓的方便。每一次弟子們請開示，要上堂時就弄個小鼓掛在胸前叮叮咚咚打上堂。上堂了，徒眾們問：「如何是佛？」他說：「關南解打鼓。」禾山禪師是個比丘尼，她就打鼓，也回答說：「禾山解打鼓。」在禪門裡頭打鼓有打鼓的意義。他們爲什麼一生都用這個而不另外施設？不外兩個原因：一個就是偷懶，這樣最方便，不必再施設，不像我們禪三施設一大堆方便。第二個原因就是他的差別智不好，那就是方便智不夠。可是我們觀機逗教，看種種不同情況，給不同的機鋒。一般禪門參禪時都說不許打妄想，我們有時候反而指定你要打妄想；打妄想還可以開悟，才是奇怪！但事實就是這樣啊！沒有人想像得到這一招吧！你去各處去找找看，哪個大師說打妄想可以開悟的？沒有一個啦！就是我們有，所以我們東山禪很奇特。這就是說，有種種方便能夠利樂眾生，所以說方便才是道場；如果沒有這些方便就不能教化不同根器的種種眾生，所以「方便是道場，教化眾生故」。

可是這只是事相。從事相上來說，我們正覺講堂是道場，因爲教化眾生故：菩薩們來了得到教化，鬼神來了，得到韋陀菩薩的允許而進入講堂來，也能得到教化。但是這個道場，你如果沒有方便，就無法存在；因爲你所說的法迥異諸方，跟人家說的都不一樣，誰都想要封殺你，你卻還能存在，那是因爲有方便法嘛！

所以不管誰怎麼否定，你都能存在，並且可以證明：是他們不對，只有你對。要證明只有你對，這個很難啊！如果說你跟大家都對，這個就比較好做。說別人都不對，只有你自己對，這很困難！但爲什麼我們能這樣做？是因爲有方便善巧。所以遇到更高層次的挑戰，我們就寫出更高層次的書來，讓大家瞧一瞧；讀不懂的話，聞香也好，就是這樣。現在我們的書，眞的是有許多人讀不懂，像《假如來藏》、《眞假開悟》、《識蘊眞義》其實很多人讀不懂，可是他們看到能寫出這些東西，總不會是假的吧！所以情勢就開始改觀了，原因就在這裡。這就是因爲我們正覺講堂有各種方便善巧能教化眾生，不管層次多高的眾生都能救化，所以我們正覺講堂是道場。但是從理上來說、來看，這些都是事相。

我們改從理上來說說看，當大家說菩薩有種種方便來教化眾生，可是要追根究柢說：菩薩有這些方便來教化眾生，他是根源於什麼？根源於如來藏。他轉依於什麼？轉依於如來藏。菩薩是教化眾生，如來藏卻是教化菩薩。你知道嗎？你們找到如來藏的人，可以現前觀察看看：你所學的一切法不都是從如來藏來嗎？一切種智具足圓滿就能成佛，可是諸佛的一切種智還是從如來藏的體性上面去學來的，所以諸佛都要以如來藏這個法爲師才能成佛，因爲一切種智是如來藏所流露出來的，諸佛就是在一切種智上去具足修證，所以使他們能成佛，那你想：諸佛是由誰教化而成佛？當然由如來藏教化而成佛。

成佛以後，他的五蘊算不算眾生？也是眾生。因地時的五蘊算不算眾生？還是眾生。所以如來藏教化這五蘊眾生成爲菩薩，菩薩再由如來藏一切種子的教化而成就佛道，那正是說，如來藏才是有眞正方便的人（方便說祂爲人）。祂能教化眾生，乃至教化菩薩成就佛道，所以祂最有方便。祂有許多方便，是眾生所不會的，眾生再怎麼學都學不會，要到成佛時才能具足領會，而菩薩們則是轉依如來藏才能成佛。前面講的是如來藏教化眾生成佛，第二個是說要菩薩轉依如來藏才能成佛。諸位！你們之中已明心的人，你現前觀察看看：你是不是轉依祂的眞如法性來用功修行、來斷除煩惱？包括上煩惱的隨眠？對啊！沒有錯啊！一點兒都沒有違背啊！轉依如來藏的眞如法性以後才能次第成就佛道。那請問：祂是不是一直用眞如法性在三大無量數劫當中教化你成就佛道？是啊！那就是祂的方便，單用一個眞如法性教化你，讓你轉依祂；轉依祂以後，再從另一方面用一切種子讓你去了知而成就佛道，所以祂最有方便了，一切的方便都要歸結到祂，因此說最方便的才是眞道場，祂才能教化眾生的緣故，無論是什麼眾生。

「四攝是道場，攝眾生故」：四攝，大家都耳熟能詳，因爲菩薩不能離開四攝法而成就佛道，菩薩成就佛土也是靠四攝法攝取眾生，不然無法成就佛土。佛土不成就，一切種智成功了，也不能成佛，沒有佛土讓你成佛。所以阿羅漢無法成佛，最大的原因就在這裡，不單是智慧的問題；因爲他捨報就入無餘涅槃，他不再攝取眾生，不攝受眾生就不能成就他未來「成佛」時的國土。所以諸佛所得的淨土要從攝取眾生中成就，所以諸佛不能離開四攝法。因此一切菩薩要成就佛國淨土，不能捨離一切眾生，任何眾生只要願意被他攝受，他就必須攝受，不能推辭。如果有人願意被他攝受，而菩薩說：「我不願意攝受這麼多人，因為累死人了。」那我告訴你：他的佛道就不能成就。所以四攝才是道場，能夠攝受眾生的緣故。

但這是事相，從理上來講，如來藏才是眞正的四攝者，並且祂的四攝法永遠沒有中斷的時候，布施、愛語、利行、同事，如來藏是對你布施最多的人，因爲你的一切都從祂來。你所最珍惜的不是身外之財，如果有人要殺掉你的命，說：「你把財產都給我，我就饒你一命。」你想想：「至少還有命，算了！財產都給你吧！」愚癡人才會說：「財產都給你了，我還要命做什麼？」那是愚癡人！因爲所有的財產都因命而有，沒有命還有財產嗎？可是你所最寶惜的色身，那是如來藏給你的，是祂布施給你的。也許有人還不太懂佛法，抗議說：「哪兒有？那是我媽媽布施給我的。」那你回去問你媽媽，看你媽媽有沒有今天幫你做一個指頭，明天幫你做一個眼睛？有沒有？沒有！媽媽是提供因緣給你、提供那個環境及物資給你，實際上給你色身的是你的如來藏。有誰能布施一個色身給你？沒有啊！所以如來藏才是眞正布施者。當你受了傷，最需要呵護的時候，誰呵護你？你說：「我媽媽呀！她每天照顧我。」錯了！每天照顧你的是如來藏，媽媽也沒有辦法把你的傷口每天一點點的捏合；你們當媽媽的，誰有這個能力？眾生眞正的媽媽是如來藏，祂一分一分的幫你修補，把你傷口弄好；不論你平常怎麼罵祂，祂都同樣默默的爲你做，這不是眞正的愛語嗎？菩薩說爲眾生做事是利行，可是你修學佛道，修學世間的種種技藝，是誰幫你修？也是如來藏。沒有明心以前說：「哪兒有？我都沒有看到如來藏在幫我。」可是當你悟了，你說：原來一切都是祂在幫我。譬如說，你的記憶是誰幫你記？是如來藏。如果不是靠如來藏，你今天學的，明天就忘了！你睡著了，意識不在時就會忘了；可是醒來時記憶還是在呀！那是不是如來藏幫你記存？所以是如來藏在對你利行。這樣講了，不曾洩漏密意，可是你還沒有明心，也能聽懂。不要恨我爲什麼不明講，因爲佛告誡：不可明講。

至於「同事」，一般人總認爲說：「坐在我旁邊和我一起做事的人就是我的同事。」但那是世俗法上說同事。其實眞正的同事是你的如來藏，因爲不論你做什麼，祂都跟你同在一起、幫助你。不論你做什麼，祂都幫助你，要造惡業也好，學解脫道、學大乘法也好，都是祂來幫助你，那不是眞的同事嗎？可是沒有悟之前聽不懂：「我的如來藏哪裡跟我同事？祂到底什麼地方在幫我？」看不見。等你悟了，你就知道，那時才叫恍然大悟。這樣祂具足四攝，並且祂這個四攝是專門對你。等你法上有成就以後，祂還針對跟你有緣的眾生來幫助，這個就不是你所知道的，這也是四攝。所以當你證悟之後，越修越好，後來會出現一個狀況，你的如來藏會去到眾生的夢中幫他們說法開示，乃至幫他們證悟。可是這種做法在同修會中不算犯規，因爲這是如來藏去做的，我們只能限制各位親教師的七轉識，親教師規則也只能限制我的七轉識，不能限制我的如來藏或親教師的如來藏去做這些事，所以有些人夢到我而開悟，有些人夢到親教師而開悟，都不一定；這些夢中幫人開悟的行爲，並不受同修會規矩的約束，因爲規矩約束不到如來藏，如來藏也不受你約束，你要約束也約束不到祂。那你說，如來藏是不是眞正的四攝法？當然是！所以如來藏才是眞的道場，因爲祂能攝眾生，不論事相上或是在理上都攝持衆生。

「多聞是道場，如聞行故」：想要成就佛道，一定要多聞。不但成就佛道，光是想要明心開悟就一定要多聞。如果不能多聞就無法開悟，除非你往世就已經修行很好了，然後 佛菩薩有任務給你，當然要加持你；否則你說這一世能不多聞而得開悟，佛法中沒這回事。學佛法、學禪宗而開悟的人，不逛道場而能開悟的，那是稀有動物。我這一生只走過農禪寺，但農禪寺教給我的法跟開悟的知見正好顛倒，根本不可能開悟；我捨棄邪見以後自己參究，不久就悟了。我們有的親教師也沒逛過別的道場，剛一學佛就是正覺講堂，他都不知道別的道場，這種人都是稀有動物，所以在佛教界會被視爲異類。一般人想要悟，一定要多聞；你不多聞，是無法開悟的，因爲知見錯誤了。因此我們才要施設兩年半的課程，從二乘法的蘊處界緣起性空，一直講到大乘法怎麼參禪開悟，這兩年半的課程完成了，再來禪三鍛鍊就比較容易悟。所以說多聞才是道場，因爲求悟就是要多聞。

當然，開悟的內涵，我們其實都可以用一句話就讓一個完全不懂佛法的人找到他的如來藏。開悟不是講不出來的，凡是這兩年在禪三被我印證過的，他們都有能力一句話說出來，讓你聽了可以現前找到你的如來藏。但問題是你沒有多聞之前，就算知道如來藏的所在了，你也無法信受，不敢承擔，反而會謗法，所以說多聞是道場。爲什麼多聞會是道場？因爲多聞之後，你簡擇什麼是正確的法義，才能夠如聞而行，所以才說多聞是道場。可是眞正多聞的是誰？諸位當然知道，還是如來藏啊！因爲三句不離本行，我既然弘揚如來藏，當然要講如來藏。就好像我的習慣，一切功德都歸功於佛，自己不居功；同樣的，我把一切法都歸於如來藏，所以誰眞正多聞？你可別說你自己，你再怎麼多聞，就算你從出生那一天就開始聞法好了，活到一百歲不過是十十年，十十年算是很長了。可是如來藏聞熏佛法多久了？到初地就是一大無量數劫，再加上一劫乃至一萬劫多聞而具足十信。那你想誰最多聞？如來藏最多聞。

你每一次聽聞、熏習了佛法，種子都由祂幫你保存，所以如來藏才是眞正最多聞者，那你能算多聞的人嗎？你不能算啦！比起祂來，差得太遠了，哪能跟祂相比！以一百年的時間來跟過往的一大無量數劫，要怎麼比？無從比起啊！所以因爲這個多聞的緣故，種子不斷的集藏、累積、轉易，一直增上的結果，一大無量數劫讓你進入初地心，再一大無量數劫讓你進入八地心，再一大無量數劫讓你成就究竟佛道，所以眞正多聞者，還是你身中的老太爺——如來藏。

所以多聞是道場，理上來講，那是講如來藏，因為能如聞而行。也許你不相信：「如來藏什麼時候曾經如聞而行？」但我告訴你：只要你如聞而行，祂就如聞而行。眞的是這樣，當你如聞而行，祂絕對不會跟你抗議，絕對不會有二想，絕對跟你完全一致，所以祂眞正是如聞而行的，祂才是道場。

「伏心是道場，正觀諸法故」：從事相上來說，要把心給降伏下來，那才是眞正修行的道場，而不是在佛寺建築上。一般人說：「我今天要去道場。」要去做什麼？聽聞佛法。可是聽聞佛法以後，一出了道場就忘了，習氣種子又跑出來了。剛剛聽堂頭和尚講：「瞋心啦，慢心啦，都應該丟掉！」「嗯！說得好，應該丟。」可是一出佛寺的山門呢：「哼！你們這些凡夫眾生都不學佛法，太荒唐了吧！跟我比還差得遠哩！」才剛聽聞佛法，一出道場看見外面的人：「哎呀！這些人都不學佛法，眞是愚癡！」慢心又出來了，又說人家愚癡了！這就是慢心。這就是不能伏心，所以能夠把心給降伏下來，那才是道場。

能降伏心的原因是什麼？因為能正觀諸法，所以能夠把慢心、貪心、瞋心給降伏了。如果不是正觀諸法，就無法降伏。譬如說修證四禪八定，無非就是把我見與我執給降伏；雖然不能斷，至少降伏了。可是眞正能降伏意識心的是誰？還是如來藏。爲什麼說祂能正觀諸法而降伏？因爲你七轉識所不能觀的一切諸法，祂都了然分明，完全鑑照。祂有一個特性，能鑑機照用。「鑑機照用」四個字有很多大師講過，可是我不敢講，因爲他們講錯了沒有關係，讓他們到處講去。可是正確的「鑑機照用」一個字也不許講，因爲你講了就是虧損法事；虧損法事就是虧損如來，其罪無邊。因爲「鑑機照用」的眞正意思，你如果把它解釋了，密意就完全洩漏了，正法的法脈也就斷了。就像日本曹洞宗的眞傳，斷送在白雲禪師的徒弟手中一樣，所以日本已經沒有正法了。如來藏能正觀諸法，凡是你七轉識所不能觀的諸法，祂全部正觀，無一遺漏，所以祂是道場。

「三十七道品是道場，捨有爲法故」：三十七道品有二乘法的三十七道品，也有大乘法的三十七道品，互有同異。同異的意思是說：二乘法的三十七道品的內涵在大乘法中具足無缺，但大乘法中的三十七道品的大部分內容，不是二乘三十七道品所有的。修學三十七道品法可以捨棄一切有爲法，這裡的有爲不是講無漏有爲法那個有爲，而是講有爲有作那個有爲，能捨這種有爲法就能成就二乘涅槃。能捨煩惱障現行的有爲，也能捨習氣種子隨眠的有爲，才能成就佛果的解脫，所以說三十七道品是道場。可是從理上來看一切有爲之法，有爲法性的捨棄，其實是如來藏本來就已成辦的功德；因爲有爲有作惡法的修除，只是在現行上來修除；可是在現行上面來看，如來藏從來都不是有爲有作的心，從來是無爲無作的心；在無爲無作的無漏性當中，祂出生了無漏有爲法，我們才能成就佛道，否則就不能成就佛道；祂是本來就捨棄了有爲有作的心態，所以祂才是眞正的道場。我們明心之後，也可以這樣現觀：以三十七道品法來修除有爲有作的心行，其實也都是靠如來藏來完成的，沒有人能離開如來藏來完成這三十七道品、來捨棄有爲法。所以三十七道品的根源還是如來藏，所以說祂才是眞實無二的道場，因爲祂是眞實捨離一切有爲有作惡法的眞實心。

「諦是道場，不誑世間故」：眞諦有兩種，二乘菩提是世俗法的眞諦，大乘菩提是世、出世間法的眞諦，是勝義諦。可是眞諦不論是世俗眞諦、勝義眞諦，都從如來藏來。二乘法的眞諦不誑世間，因爲它是世間法中最究竟的眞諦。換句話說，蘊處界緣起性空、無常、無我、眞實是苦，這個正理絕對不誑惑一切世間眾生，放諸於三界六道而皆準，所以說「諦是道場，不誑世間故」。二乘眞諦爲何稱爲世俗諦？因爲它這個眞諦的基礎是世俗法的五蘊、十二處、十八界，所以它稱爲世俗諦。可是大乘法稱爲勝義諦、第一義諦，它更是不誑於世間，因爲從世間三界六道的一切法，基於它們的緣起性空所以是苦、無常、無我，這個眞諦也是從如來藏而來的；但是大乘勝義諦所說三界六道十方法界的眞實相也是從如來藏來，包括二乘法的眞諦也都含攝在如來藏當中。而這個勝義諦不誑於一切世間，下從六道凡夫眾生，上至四聖法界的一切有情都不誑惑，它的道理都是眞實理，所以說諦是道場。如果能正解世俗諦，就成就二乘菩提，所以說諦是道場；如果能成就勝義諦，就能成就佛道，所以諦是道場。但是推究到最後，從來不誑惑世間的其實還是如來藏，如來藏從無量劫以來始終如一，不曾誑騙過任何人，包括如來藏所生的七識心，祂也不曾誑騙過，所以說諦是道場。

「緣起是道場，無明乃至老死皆無盡故」：從二乘法來說，緣起法就是道場，因爲二乘菩提的實證就是在緣起法上來修，他們的修行只要願意把覺知心永滅，加上願意把一切色身永滅，就可以成就阿羅漢的無餘涅槃。有一種外道願意讓覺知心永滅，只是執著色身，所以不能成就無餘涅槃，因爲身見未斷。譬如有一種外道，他們證得第四禪，然後轉入無想定，他想要保持著色身，因爲他怕覺知心滅了以後變成斷滅：「如果斷滅了，那我修行幹什麼？」這麼一想，不願意落入斷滅空無中，可是又明明現前看見覺知心是虛妄法，因爲覺知心晚上睡覺就斷了，祂是會斷的法呀！他知道覺知心虛妄，所以他認爲虛妄法應該斷：「虛妄法斷了以後，我在四禪天保持著我的天身。」因爲他從四禪天的境界來看下界人間，才不過多久這個人就死了，然後刹那間又出生爲另一個人了；出生沒多久，他又死了，可是自己一直在。四禪天人壽命很長，譬如他看見他化自在天的天主出生而當了天主，可是當他幾天後再觀察時，那個他化自在天主已經死了。因爲他化自在天的壽命從四禪天人來看還是很短，他就覺得：「我很長壽，應該是不會死的，這個色身應該不會壞。」自以爲是沒有緣起法的不生不死者。又以神通觀察上界無色界，但無色界中沒有看到天人或眾生，因爲無色所以看不見，所以他認爲自己是三界最高境界，一定是不死的，色身一定不壞。他想：「色身不壞而覺知心虛妄，我只要把覺知心滅了，留著色身而處於沒有六塵的寂靜境界中，就是無餘涅槃了。」所以他就保留色身而滅除覺知心自己。

這個四禪天人滅掉覺知心時，心中是作涅槃想，但是他自以爲入了涅槃，其實只是無想定，所以轉生到四禪之上的無想天中。他知道覺知心是緣起法，作涅槃想而入無想定、生無想天中，成爲外道涅槃，入無想定前卻自認爲是證得阿羅漢了。這類外道是 釋迦降生成佛之時就很多了，他們已經知道緣起是道場，只是對緣起的認知不夠，對涅槃的認知也不夠，所以死後在外道涅槃無想天中長時安住，當他後來再起一念時已下墮人間乃至三惡道中。但是二乘聖人很清楚了知，從人間的覺知心到四空天的覺知心都是緣生法，從人間的色身到四禪天的色身也都是緣生法，因爲他們往世曾經親近過去佛多聞熏習。但是阿羅漢們把身滅了，把心也滅了，只剩下第八識獨存；而他們不知道第八識的所在，佛告訴他們：「**涅槃的實際、涅槃的本際還是存在，無餘涅槃不是斷滅，你們儘管放心把自己滅了，就出三界生死痛苦了。**」所以緣起法是二乘菩提的道場。

但是大乘也有緣起，大乘緣起與二乘緣起不同，二乘緣起是依世俗法的蘊處界現觀而證得緣起法，死時滅盡緣生法的蘊處界。大乘緣起則是觀如來藏藉種種因緣而自然生起萬法，這才是大乘的緣起法，差異就在這裡。所以二乘緣起法只有十八界法，大乘緣起法是由如來藏生十八界，現觀萬法緣起緣滅，基礎不同。所以大乘法現見一切法從十八界起，十八界從如來藏起，所以萬法緣起都依非緣起法的如來藏才能有。二乘法，他們斷了一念無明、除掉了老死，是有盡的，入了無餘涅槃就盡了。可是大乘法的緣起，無明乃至老死皆無盡，是成佛了，「無明」還在。爲什麼呢？因爲是依如來藏離見聞覺知而說爲無明，所以說「癡是道場」，這個諸位可沒聽過吧？所以般若經裡面會說「無明是般若」，所以在禪宗裡面永嘉玄覺也講過無明實性即佛性。爲什麼呢？因爲你很聰明，祂不聰明，那不是癡嗎？你會起貪瞋，祂不會起貪瞋，那不是癡嗎？你再怎麼罵祂，祂都不會生氣，祂也不懂，那不是癡嗎？癡即是無明，而無明的如來藏被你證得之後，你就生起般若實相智慧了，所以說無明就是智慧，無明與智慧不二。

可是佛地還有什麼無明？佛地應該沒有無明，怎麼會有無明？有啊！譬如說，菩薩們修行，沒有到達一定層次的時候，佛無法觀察你什麼時候會成佛，不能爲你授記，這難道不算無明嗎？也算啊！所以你要得到佛的授記，還得要修證到某一個層次而決定了，才能得到密授記或顯授記，所以維摩詰居士說無明無盡、緣起是道場。菩薩們無明爲什麼也無盡？因爲三大無量數劫中無始無明不可能盡。菩薩們無明爲什麼不能斷盡？譬如最後身菩薩降生人間時，示同無聞凡夫眾生，追隨所知的外道修行以後，一一破斥他們的虛妄，然後才自行參禪而明心、見性，終於獲得一切種智而成佛，所以種智上的無明還是在啊！菩薩老死無盡，諸佛也是如此，同樣老死無盡而不斷的受生於各個星球世界，繼續示現受生成佛度眾、轉法輪、入涅槃，看來好像比阿羅漢差；其實不是，是因爲諸佛由十無盡大悲願而永不滅盡，不斷的應化色身到有緣世界中去利樂有情；既有色身，當然會隨著眾生的業緣漸漸衰老，最後終究會死掉，老死當然也是無盡，《心經》不是講嗎？無無明亦無無明盡，也沒有老死，什麼都沒有，但那講的是如來藏自己的境界；而祂所生的五陰七識卻是有盡，有老死。可是如果從如來藏的自住境界來看，哪有無明？哪有無明盡？又哪有老死？但是這裡講的不同，是從事相上來看，無明乃至老死皆無盡，因爲你生生世世要行菩薩道，怎麼可能有盡？

再來說，如果從如來藏自身來講，如來藏自身既然要示現應化身，讓眾生不斷的去看到：人在世間出生，經由修行可以成佛。眾生就會發起大心，俗話說：「有爲者亦若是。」見賢思齊嘛！人能成佛，可以成爲諸天天主的皈依對象。我也是人，爲什麼我不努力修行？如來藏這樣，乃至成佛以後一直這樣不斷的示現，示現入胎於人類中，在出胎以後什麼事都不懂，然後開始像凡夫一般的修行，這不就是無明嗎？示現無明，表示無明沒有盡，因爲你生生世世乃至成佛，還要這樣應化，這樣示現，那就是示現有無明了。這樣的應化身，世世在各個世界中出現有無明也有老死，永無窮盡；因爲諸佛利樂眾生永遠不入無餘涅槃，而他的涅槃比二乘的無餘涅槃更究竟，所以也說證得有餘、無餘涅槃；那你想，諸佛永不入涅槃而常住三界中示現，老死是有盡？無盡？也是無盡啊！所以說，從如來藏能夠出生一切緣起法而永無窮盡來看，使得示現的無明乃至老死皆無盡故，所以緣起眞的是道場。

「諸煩惱是道場，知如實故」：諸煩惱爲什麼會是道場？很多人可能會覺得很奇怪，明明修學佛法就是要斷除煩惱，爲什麼又說道場是在煩惱中？不過我們先從事相上來講，事相上講了再來講理上，諸位聽了自然就知道，道場還眞不離煩惱。煩惱，大略來說，不過就是三種：見惑、思惑、塵沙惑。見惑煩惱，是三乘見道所共斷；思惑煩惱也是三乘修道所共斷；至於塵沙惑，它就不是二乘聖人之所能斷，因爲它屬於無始無明的上煩惱；見惑與思惑則是一念無明的見道斷與修道斷的煩惱。爲什麼說諸煩惱是道場？換句話說，想要證解脫道的話，必須要如實了知見惑煩惱以及思惑煩惱，如實了知這兩個煩惱才能證得解脫道；如果不能如實了知見惑與思惑，就沒有資格說他能斷煩惱。

而現在南、北傳及顯、密教中人，不能證初果的原因主要就是不如實知煩惱；於見惑煩惱和思惑煩惱不能如實知，所以我見無法斷除。但這不能苛求他們，因爲佛陀在世時，仍然有許多人還沒有斷除見惑與思惑。所以佛弟子證得阿羅漢，雖然說有一千二百五十人，但是比起廣大的佛教徒來講，可說少之又少。初果人雖然多了很多，但也不是每一個人能證，大多數的人聞 佛說法，是詳細解說之後仍然無法斷我見。 佛在當年宣說四阿含時，講得非常詳細，但後來結集時被簡化了；由此可見當時雖然有很多人瞭解斷我見（也就是斷見惑）的內容，但是心中無法接受，於是不能生起忍法；對於覺知心虛妄、離念靈知心虛妄，不管是欲界定中的覺知心、初禪乃至非非想定中的離念靈知，對祂的虛妄性的事實都不能生忍，所以對未來世無生也不能起忍，就不能證得解脫道中的無生忍。

佛在世時已經是如此，在 佛陀聲勝、法勝、威德勝、慈悲勝的狀況下，都不能使所有人斷盡我見，何況是末法時的現在呢！既然沒有人能勝過 佛，所以想要讓每一個人都斷我見是不可能的，所以眾生會很堅固的認為覺知心的我、作主的我、離念的我是真實常住的法，所以斷我見是非常困難。但是現在的困難不只如此，因為現在許多假名善知識們不斷的宣揚說離念靈知意識心是常住心，所以眾生就會跟著去認定離念靈知，因此我見就無法斷除。我見不斷，卻自以為已斷我見、證果，這就是末法時的正常現象，末法一定是因為這樣才能稱為末法；如果末法時像佛世一樣有那麼多的初果人，現在就不應該叫作末法。

當我們省思到這一點，已經可以證實：從大師到學人，都是不如實了知見惑煩惱的內容，所以總是把五陰中的識陰我，認定作眞實不壞心；由此緣故，說他們不如實知。不如實知見惑煩惱的緣故，所以見惑煩惱對他們而言就不是道場。當諸位在禪淨班兩年半期滿，經由親教師的教導而了知見惑的內容，透過觀行可以斷我見；萬一斷不了，去到禪三道場時再殺一遍，也可以斷。可是如果諸位認爲這樣就一定全都斷盡了嗎？也不盡然。因爲每一梯次都有人認爲已經斷了，可是當他在找如來藏的時候，又把意識心的變相翻出來說「這就是如來藏」，那顯然還是沒有斷盡我見。由此可見：見惑煩惱的如實知確實不容易。有兩年半的熏習教導，在禪三開始時重新再殺掉一遍，都還會有部分人有這個現象，何況是在外面被做了錯誤的教導，如何能如實了知見惑煩惱的內容？但是一旦有人如實教導，自己的自我執著以及見取見都不很強的話，聽聞如實的教導以後確實去觀行，一定可以斷見惑煩惱而證初果的。

如果不是因爲有見惑煩惱，就不可能建立二乘菩提的見道，所以說見惑煩惱是道場。若能如實知，見惑煩惱就是道場，因爲它可以使你證二乘法的初果或者大乘法中通教的初果。至於思惑，是二乘人見道之後汲汲營營要趕快斷除的煩惱，思惑的煩惱說穿了，其實就是三界愛。不必在名相上去用心，只要三界愛斷盡了，思惑煩惱就斷盡了；但是思惑煩惱的斷除，要以見惑煩惱的斷除作爲基礎才能斷。假使有人說他已經證得阿羅漢，可是卻落在離念靈知心中，顯然見惑是沒有斷的，卻說能斷盡思惑，自稱是阿羅漢，佛法中沒有這種事情。這是說，如果思惑煩惱能斷，這個思惑煩惱也就是解脫道的道場；因爲如實知而且有決定心，就能如實斷除，斷除了就能取證二乘的解脫果而成爲阿羅漢，所以思惑煩惱也是道場。

上煩惱又名塵沙惑，也就是無始無明中的過恆河沙數煩惱，這不是二乘人所能了知。這個塵沙惑的斷除，有兩個部分：一個是三界煩惱的習氣種子隨眠要斷除，這個內涵是塵沙惑煩惱中的一部分；另一部分是如來藏心中一切種子的親證，由於一切種子的親證，才能斷盡塵沙惑；這兩個具足了，才能成就一切種智，才有佛地的四智圓明。而如來藏中所含藏的一切種子智慧的修證，要在三界中修，三界愛的習氣種子斷除也要在三界中修；所以在三界中一切煩惱的現起，不管那個煩惱是大是小，都是我們的道場；透過三界五陰的存在才能讓它們現行，我們才能把它們斷盡。如果對於習氣種子隨眠和如來藏中一切種子的內涵都如實了知，就能具足親證，當然這兩種煩惱就是我們的道場；如果不是有這兩種煩惱，就無法建立佛道。所以如實了知佛菩提道這兩種煩惱，加上二乘菩提的見惑、思惑煩惱的如實了知，我們就能夠成就佛道，所以說諸煩惱是道場，知如實故。

在沒有解說以前諸位不太瞭解，現在已經知道確實是這樣，所以煩惱就是道場。再從理上來看，一切的煩惱全都是從如來藏中出生的，雖然如來藏自身的體性一向是清淨無瑕，從來不起妄想，從來不與貪瞋等染污法相應，但是祂所含藏的七識心相應的一切種子，卻是夾雜著無量無邊的染污。七識心與這些煩惱相應，七識心如實了知這些煩惱以後，才能把它們斷盡，斷盡了才能成佛。而七識心與這些染污種子，全部都在如來藏中，所以煩惱其實是從如來藏中出生，所以煩惱就是道場，能夠這樣知道如實的正理，才能成就不可思議的解脫，所以說諸煩惱是道場，知如實故。

「衆生是道場，知無我故」：衆生爲什麼是道場？當然大家應該去觀察：衆生指的是誰？一般人會說：「衆生就是人類，就是畜生、鬼神、天人、修羅、地獄。」但是這些衆生都有一個特性，就是不能自外於五陰和十八界。所以，所謂衆生其實就是五陰或者十八界，在人間是五陰十八界具足的，在其餘五道可以多分也可以是少分的五陰。譬如四空天沒有色陰，但他們有識陰，也有受、想、行陰；雖然他們的受很微細，想很微細，行陰更微細，但仍然有四陰；所以所謂的眾生都不超過五陰和十八界，不能外於陰、界、入。

但眾生的五陰、十八界為什麼是道場？因為知無我的緣故。如果不能知無我，五陰、十二處、十八界就不是道場了。因為，如果不如實知無我性而可以稱為道場的話，那麼一切凡夫俗子、貪愛的世人，都可以說他們也是道場了；那麼俗人與修行者又有什麼差別呢？所以一定有所不同才能稱為道場，這個不同就是**知無我**的緣故。以二乘道來講，他們是純粹從五陰、十二處、十八界等世俗法來作現觀，觀察蘊處界的無常、苦、空、無我，因此而證得初果乃至第四果，所以蘊處界這個眾生正是二乘菩提法的道場；因為，要斷見惑或者斷思惑，都要從蘊處界這個眾生來作現觀；只要能現觀蘊處界無常故無我，那這個眾生本身就是道場。

可是大乘法不是異於二乘法嗎？大乘法又要怎麼來知無我呢？實際上在大乘法中不但要能現觀二乘法的無常故無我，而且不只在蘊處界世俗法上面來現觀無我性，還得要從實相心如來藏的親證來現觀蘊處界根源的如來藏自身的無我性、空性，這樣雙知實相的無我性及世俗蘊處界的無我性，才是親證大乘的無我。然而雙證這兩個人無我與法無我，都是要從眾生蘊處界中去作現觀，不能外於蘊處界而作現觀，因爲，如來藏雖然不即眾生，但也不離眾生。如來藏不是五陰、十二處、十八界，但如來藏也不離五陰、十二處、十八界；如果離開蘊處界而要去找如來藏，那就變成向虛空去討尋，就成爲虛空外道了。如來藏既然要從眾生蘊處界中來尋找，當然眾生就是道場了。

既然親證如來藏要以我們的蘊處界作爲工具來尋找，當然我們這個蘊處界眾生就是道場。不但三乘見道都以眾生爲道場，乃至見道之後要進修三賢位的後得無分別智的滿足，以及進修諸地的道種智，乃至進修佛地的一切種智，也都要透過蘊處界這個眾生作道場來實證人無我、法無我，才能夠成就三賢十地乃至佛地的功德，所以說眾生是道場。這意思就是說，於眾生身中來親證蘊處界世俗法的無常、無我性，也從與蘊處界同在的第八識如來藏，來親證如來藏的法無我性，這樣子知無我故，所以說眾生是道場。所以修學大乘法時不能像二乘人一樣想要離開喧鬧，想要單獨住於寂靜境界中；因爲在二乘法的修法當中，想要親證無我性的如來藏是不可能的。所以 世尊公開密傳給 迦葉菩薩的如來藏，不是在寂靜境界中得，而是在說法時公然掛羊頭賣狗肉——拈花微笑——中得。表面上賣的是羊頭蓮花，實際上暗地裡賣出去的卻是狗肉如來藏，所以無門慧開禪師說「世尊這個拈花微笑是掛羊頭賣狗肉」，所以老趙州說「人人有個販私鹽漢」。

眞實而常住的法，不應在安靜的靜坐之中去悟入，因爲那樣的悟法非常困難；雖然我此世是被誤導而用這種方法去求悟，但是悟入之後，我都不叫你們靜坐，去禪三精進共修時也絕不許你們只是打坐求靜，原因就是說：如來藏與眾生蘊處界同在，但是靜坐的寂靜境界中是極難親證如來藏的。所以大乘法是要在一切爲眾生服勞的動亂當中，最有機緣觸證，所以在大乘法中更會強調說眾生就是道場。親證了如來藏就可以確實了知蘊處界眾生的無我性，也可以確實了知法界根源的如來藏也是無我性，故能雙證人無我、法無我。可是不論人無我或者法無我，都不能離眾生身心而證，所以說眾生是道場。

「**一切法是道場，知諸法空故**」：從二乘菩提來說，就是要滅除 切法，了知一切法無常故空，因此說一切法就是二乘菩提修證的助緣，不能離於一切法而證二乘菩提；所以，知諸法空，從諸法的虛妄性來斷除我所的貪愛以及見惑、思惑，使我執也斷除，因此從二乘菩提來講，一切法就是道場。可是大乘菩提也這麼說，因爲一切法與如來藏同在，一切法從如來藏中生，無有一法能離如來藏而得出生，所以在一切法中才能有機會找到如來藏。既然一切法是如來藏所生，是含攝於如來藏中，當然一切法就是如來藏，所以經中說一切法即如來藏，如來藏即一切法；所以禪宗講「一即一切，一切即一；一爲無量，無量爲一」。但是一切法生滅不停、滅而又生，可是本來就歸屬於如來藏，因此從一切法的不斷生滅，而如來藏本身空無形色卻具有出生萬法的無漏有爲功德性，這樣來看，如來藏也是空。由這個空性心卻能出生一切萬有、乃至三乘世間出世間無上菩提。所以由如來藏的親證，也可以現觀：諸法皆空、無有常住性，由此緣故說「一切法是道場」。

從親證上來說是如此，從這句教證上來說也是如此。因此一切法不能離如來藏而獨存，唯有從一切法存在的當下，才能取證如來藏心體。如果有人打妄想，想要把十八界滅盡了來找如來藏，就成爲愚人；因爲要尋覓如來藏時，必須從一切法存在的當下才能找到。找到如來藏的時候，證實一切法從如來藏中出生，而一切法皆空，都沒有常住性，這樣就知道一切法眞實是道場。捨一切法即無親證如來藏空性之時、即無發起般若智慧之時，所以知諸法空故，說一切法是道場。

「**降魔是道場，不傾動故**」：釋迦世尊示現在菩提樹下降魔，降魔之後才明心，到夜後分明星出時才見性，才算是成佛。明心時仍不算成佛，因爲住於自心如來境界中是永遠不能成佛的，所以《法華經》中講：「大通智勝佛，十劫坐道場，佛

法不現前，不得成佛道。」因為明心之後住在第八識如來藏的自心境界中，既沒有種種智慧出現於意識心中，也不能進而利益眾生，因為自心如來藏所住的境界是離見聞覺知的，離見聞覺知又如何成佛啊！**無佛可成**就是《心經》講的：無眼、耳、鼻、舌、身、意，乃至無十八界、無五陰、無無明，也沒有無明盡，無智也無得，只是第八識的自住境界，這樣怎能算是成佛？《心經》諸位每天早、晚課都要背誦，但是有誰眞實了知《心經》的眞實義呢？所以 大通智勝佛十劫坐道場不能成佛。 釋迦如來也一樣，降魔之後斷了三界愛，四魔已經過度，不再能打擾於他，然後以手按地時悟明實相，但這時還不能成佛，單有大圓鏡智還是不行，不能利益無量人天，所以還得要眼見佛性而發起成所作智，才算成佛」。

可是降魔也算道場啊！因為降魔是成佛的基礎。如果基礎不能完成，就要蓋二樓、三樓，一定會倒塌；同樣的，降魔是成佛的基礎，降魔首先要做的就是斷除我所的貪愛；如果不能斷除我所的貪愛，連五陰魔都過度不了了，更何況是鬼神魔、生死魔；所以降魔是成佛的基礎，也是一切人修學佛法應該同時去做的事修的工作。可是降魔不容易，從與眾生一直同在的五陰魔來講，就已經無法降伏了。五陰魔的降伏，一定要有二乘見道的功德才能降伏；但是先去會外道場修二乘法，諸位可能要浪費一生而無所成，所以我們正覺同修會教你大乘法，並且在大乘法見道明心之前，先以方便讓諸位斷我見。如果這樣還不能斷，再幫你親證如來藏，證了如來藏以後，把如來藏和四陰、五陰相比對，就不得不自行了斷。

你一定要自斷我見，如果不能自斷我見，縱使知道如來藏的所在也沒用，你將會無法承擔，般若智慧就起不來。爲了想要有實相智慧，就只好乖乖的自行了斷，這就是大乘的方便道；這個方便道也是究竟道，不是二乘菩提所能了知。這時明心了，五陰魔就不得不斷，那你說這樣降魔算不算道場？算！因爲證得二乘菩提而斷我見，心也可以不傾動，只是力量小；力量小的緣故，所以 阿難尊者會被摩登伽女的先梵天咒攝入淫席，幾乎毀戒。但是菩薩不然，菩薩證得如來藏時，我見就不得不徹底了斷，所以摩登伽女的先梵天咒無法傾毀菩薩的清淨戒，原因就在這裡；因爲五陰魔已經被菩薩徹底了斷了，不再傾動。

二乘人看見世間的五欲，必須趕快閃開，無法抵抗誘惑，因爲是從世俗法的蘊處界去做現觀，觀察它們的無常。但菩薩不是，菩薩不但是這樣現觀，同時也現觀蘊處界從如來藏出生，而如來藏同樣是無我性，如來藏心從來都於六塵中不傾動。覺知心無妨在六塵中拈花惹草，處處沾黏，但是你的如來藏「百花叢中過，片葉不沾身」，你沾、祂不沾；而六塵也是自心所現，不曾觸及外塵；菩薩這樣現觀，轉依了如來藏，也親證二乘菩提，所以五陰魔降伏殆盡，心不傾動的緣故就在於此。所以菩薩不畏懼世間五欲，菩薩看世間五欲稀鬆平常，沒什麼可以誘惑他的。所以假使哪一天有人送了十億台幣來供養我，我一定會大方收了，錢就以供養者的名義交到同修會去，不會起一念說：「**能不能留下其中的一億元？**」因為這錢是五陰所有，而五陰無常，貪戀這錢做什麼？

可是這錢到底是五陰所有？或是如來藏所有？還真值得探究。從證悟者來說，就算是貪了錢，這錢還是你的如來藏所有，仍然不能真的由你五陰所有；可是你若再深細探討，真是由你的如來藏所有嗎？不！如來藏又不持有這些錢。既不持有這些錢，那到底是誰持有了？事實上也沒有人得到這些錢。現觀清楚了，就這樣在虛妄法中利樂眾生，不被世間五欲所影響，這樣才叫作遊戲人間。如果不能看穿這一切的虛妄，老是落在五陰所有的錢財、名聲、供養中，或者落在**我離念靈知眞實不壞**的邪見中，根本就無法降魔，所以菩薩視五欲如無物。

等覺菩薩來人間示現，他無妨妻妾成群，無妨五欲具足，但是不受任何影響；維摩詰大士是現成的例子，因為一切魔不能影響於他，而他對一切法視如無物，沒有一法能傾動於他，這就是菩薩的所證境界：在欲而離欲。這種事相，後面文殊師利來看他的病時還會有一番說明，這裡暫且表過。所以能否眞實而且究竟的降魔，那要看所證的菩提是哪一種，如果是二乘菩提，他們畏懼諸魔，必須遠離諸魔，乃至對天魔波旬也會有些害怕。菩薩不畏懼天魔波旬，如果是二乘聖人，天魔波旬送冰淇淋來，或是送欲界天的美食來供養，他們都得要推辭；每天看到天魔送食來，就得要躲避；菩薩則不然，你儘管送來，我就受用；我受用不完，就轉送給大家受用。菩薩是不怕的，因爲菩薩早就在欲而離欲了，不受魔所擾動，這就是三乘菩提的最大差異所在。

因此，降魔是三乘菩提的基礎，可是卻與三乘菩提的親證息息相關。法緣淺的人，沒有能力先降魔，就顚倒過來，先從證菩提入手，然後由親證菩提的現觀再來降伏五陰魔；在大乘法中，這是很常見的，因此也說降魔是道場，因爲不傾動故。可是眞正能降魔的是誰？還是如來藏啊！所以在事相上如上所說，理上我們卻還要歸結到如來藏來，不論誰想要傾動如來藏都不可能，乃至天魔波旬想要傾動他自己的如來藏，也絕無可能；因爲我們每一個人的如來藏，以及天魔波旬自己的如來藏，從來都不傾動、從來不受魔擾，天魔波旬也干擾不了祂，所以說降魔是道場，不傾動故。

「**三界是道場，無所趣故**」：從事相上來說，你要修學解脫道，一定要在三界中修，不能離開三界；你要修佛菩提道，也要在三界中修，不能離開三界。可是在三界中修解脫道或佛菩提道，都同樣有一個特性，就是無所趣。「趣」就是說：有一個方向、處所讓你去到達。但是請問：二乘解脫道所證的無餘涅槃，有沒有一個方向、一個處所讓你去到達呢？顯然沒有。現在諸位聽這一句話，你就懂我的意思，懂這句經文的意思了。以前很多人想到涅槃彼岸，總是想成有一個方向、有一個處所，讓覺知心自己去住到那個地方或境界去；現在大家讀了《邪見與佛法》，知道無餘涅槃是把十八界滅盡、五陰滅盡，純然的無我，所以沒有處所、沒有方向可以到，無所至趣。

二乘菩提如此，大乘菩提不是也如此嗎？從大乘菩提來看，你證得如來藏，如來藏是你的究竟皈依處，可是請問：「如來藏，你能說祂有處所嗎？」如來藏伴隨著你，中午還在台中，早上還在台南，晚上你在正覺講堂這裡了，到底如來藏住在哪裡？如果你把五陰滅了、十八界滅了，請問：「如來藏，你能說祂在哪裡？」所以成佛也是這樣，你能夠說自己的如來藏是在什麼地方嗎？不能這麼講。所以眞正轉依如來藏的人，他不會說：「娑婆太苦了，我不要再來了，我去極樂世界就不回來了。」因爲如來藏無所住，爲什麼你覺知心一定要有所住？有的人另一種想法：「我本來就是娑婆世界的人，我爲什麼要去極樂世界？我本來是釋迦佛的弟子，爲什麼要變成阿彌陀佛的弟子？」可是爲什麼不想想：過往無量世曾經當過多少佛的弟子，今天才能成爲釋迦佛的弟子。爲什麼一定要去執著一個世界、一尊佛呢？所以眞正轉依如來藏的人，他只有一個想法：下一輩子要去哪裡、或要留下來，純粹是悲願，是爲正法、爲眾生，因爲如來藏無所趣。

如果有所趣，一定是落在意識心裡面。你的如來藏不會說：「我下一輩子一定要去極樂世界，不再回來。」你的如來藏一定不會這樣想，這樣想的一定是意識；你若這樣想，表示你的我見沒有斷。哪一天我要知道哪個明心的人還這樣想，我一定要好好揍他一頓，要問問看：「你的如來藏痛不痛？」眞是冤枉度了他。從二乘菩提或從大乘菩提來說，證悟之後都無所趣，沒有個方向處所該被趣向。可是要證這樣無所趣的實相境界，或二乘解脫道的境界，都不能離三界萬法來修，都是要依三界中的蘊處界來親證無我性，要依三界中的蘊處界來證如來藏，而證得之後都無所趣，所以說三界是道場。

「**師子吼是道場，無所畏故**」：獅子吼，以前有個人寫文章說日本有一種戲劇叫作能劇，他唱歌劇時是由丹田發出來、唱出來，說那個應該是獅子吼吧！那是很早期的作家寫的，但獅子吼並不是這個意思。譬如以前有比丘毀謗阿羅漢，阿羅漢就去打雲板集眾，佛一聽到雲板，現觀之後就吩咐說：「大家都去集合吧！某某阿羅漢要獅子吼了。」等大家聚集以後，阿羅漢就指著某比丘說：「你為什麼毀謗說我不是阿羅漢？佛授記我：所作已辦，不受後有，解脫，解脫知見知如眞，是眞阿羅漢。你必須趕快懺悔，否則你捨報後，要下地獄。」然後那位比丘只好當著大眾與 佛面前，向他懺悔，阿羅漢這樣作就是獅子吼。阿羅漢爲了救他，得要公開大聲宣說：「我是阿羅漢，你得要面對大眾公開懺悔。」

大乘法中有沒有獅子吼呢？有啊！我們已經吼了十年了。凡是有人誹謗正法，我們就提出辨正，這就是獅子吼，獅子吼就是破邪顯正。中國禪宗歷代證悟者都作獅子吼，凡是有悟錯的大師出來誤導眾生，眞悟的禪師一定會加以拈提，所以禪門的公案拈提就是獅子吼。從天竺到中國佛教，最有名的**獅子吼菩薩**就是 玄奘菩薩。沒有人能及得上他，在天竺時，他被一切論師尊稱爲第一義天。

天有四種：生天、世間天、出世間天、第一義天。生天是生到天上去當天人，那是第一種天。世間天，譬如現在陳水扁先生是世間天，因為當總統或國王的人都是世間天；不過總統最多能幹八年，國王則是終身制，都是世間天。出世間天是阿羅漢，第一義天則是菩薩。玄奘菩薩還沒有到達天竺時，在西域被大雪所阻，不能過雪山，暫時無法到印度去，那時他就已經精通《俱舍論》了。安慧論師的徒弟般若趜多，本來是高高坐在法座上，讓 玄奘大師站在下面跟他講話的，後來他不得不下座來跟 玄奘大師對談；最後看見 玄奘大師來，他不敢接見而溜走了！那是當時最懂《俱舍論》的人，都不敢接見 玄奘菩薩。等到 玄奘菩薩後來跟天竺諸方論師學過以後，反而超越諸方論師；所以他後來到處尋找論師修學時，論師如果講錯法了，他會提出來說明錯誤的所在，到最後沒有人敢斜眼看他了，都必須正眼相看，可是外道們仍然繼續毀謗他。

後來戒日王（戒日王本來信外道法，後來被 玄奘菩薩度了）說：「**大乘佛法竟然如此勝妙。**」改信大乘佛教，可是外道們不服，於是召開十八天的無遮大會，曲女城的城門上以大幅白布寫著四個大字「眞唯識量」，宣告無遮大會的舉行，辯論現場又以金牌寫著這四字高高掛著，卻沒有一個外道敢上來論法；那時是由國王舉辦的，上來論法者雖不必寫下生死狀，但大家都知道規矩與後果，結果是十八天中沒有人敢上來辯論。當時聲聞乘的正量部僧人般若趜多曾寫出一部《破大乘論》來流通，玄奘菩薩就以其中的兩天時間把《制惡見論》寫完（詳見《成唯識論述記》卷七），破斥了般若趜多的《破大乘論》，共有一千六百頌。放眼佛教界，誰能有這個功力？沒有！他能獅子吼的原因在哪裡？因爲在法上沒有畏懼而將生死置之度外。後來 文殊菩薩指示他：要趕快離開天竺，因爲法要滅了，外道要入侵了，回教將會打進天竺來了，所以他就離開而回去大唐國中。他提出的宗旨是四個字「眞唯識量」，宣示一切法都是由八識心王而有，爲了平定小乘人及外道的謗法行爲，徵求任何人來把它推翻掉，結果是至今無人能推翻，因爲我們繼續在弘揚著。

三界唯心，萬法唯識，所以說眞唯識量，這就是獅子吼；然而終其一生，無人敢來挑戰。爲什麼他能夠這樣獅子吼？因爲無所畏懼：於法無礙，樂說無礙，也不顧戀生命，就沒有人能挑戰。那時 玄奘大師如此，今天我們也必定要如此。如果我們不做出無遮大會的聲明，眾生還是不信你；即使無遮大會的聲明寫出來，也印在書中流通了，兩年前有人否定第八識法時，不還是有一百多人跟著退轉了嗎？所以你若想要獅子吼，還得要有份量，要能夠於法通達、於義無礙，然後還要有言詞方便加上樂說無礙，並且不怕生命的威脅，才可以無所畏懼，不論去到何處都無所恐懼。無所恐懼，所以你能獅子吼，獅子吼就能夠使你修習佛道的廣大福德迅速成就，所以說獅子吼是道場。

玄奘菩薩一生都沒有人前來挑戰，我們則是常常有人挑戰，但都只是用化名在網路上挑戰；有時有人用眞名，是因爲相隔很遠，有海峽隔著，所以敢亂放砲，他們想：「你的正法砲彈打到我這邊來都涼了，我才不怕你。」但沒想到我們的正法砲彈比巡弋飛彈還厲害。可是眾生不信邪，總是要經過一段時間再三的教訓才會學乖，因爲短短的人壽百歲時不容易學乖。如果人壽萬歲，那一定大家都很乖，不會再不信邪了。但是即使如此，到今天有誰敢登門來談一談呢？連私下都沒有，不要說公開出面的。公開的法義辨正，我得要陪對方寫下生死狀，不是單由對方寫，所以待遇完全公平。可是我做這個事情不爲爭高下，只爲了救眾生。

玄奘菩薩有一句話很有名，寫在《成唯識論》中：**若不摧邪，無以顯正**。當很多人把魚的眼珠煮熟了當作珍珠在賣的時候，只有你在賣眞正的珍珠，你不說他們騙人，那些賣魚眼的騙子，卻反而會說你在騙人，因爲他們的貨色與你不同的緣故，必須毀謗你。眼見有很多人被騙了，難道你都不爲那些被騙的人設想一下嗎？如果你曾爲那些被騙的人設想，那就一定要出來說明珍珠與魚目的差異所在。如果不說明魚目不同於珍珠的所在，如何能顯示出你的珍珠是眞的珍珠呢？眾人因此將會被繼續欺騙下去。所以如果不摧破邪說，就無法顯示正法與似是而非的邪法有什麼差異。可是要做這件事必須要心中無所畏懼才敢出來做，如果心中有恐懼，一定不敢做。要做這件事情以前心裡面若先害怕：萬一誰來作法義辨正，而自己被證明是錯誤的，將來怎麼辦？是要抹脖子呢？還是要當對方的徒弟？但是如果兩者都願意接受，就可以心無所畏，那就敢出來做獅子吼。

那些評論我的人，他們也自認爲是獅子吼，但他們不知道自己是錯誤的，因爲被他們的師父教導**離念靈知才是眞心**，所以他們也出來「獅子吼」想要摧滅蕭平實。然而是否能夠眞的獅子吼？還要衡量一下自己的底子。這可不能輕舉妄動，否則出來獅子吼「護法」以後，最後發覺是造大惡業，只能求不下地獄，已不能再奢望於佛法中有所親證，豈不是很冤枉？可是你如果眞的法義正眞，慈悲於眾生，那你心中一定無所畏，當然可以出來獅子吼。獅子吼能夠使你迅速成就佛道的資糧，這比在世間法上去護持一億元台幣建設道場的功德還要大。

也許諸位以爲我說話誇大，但我說的是眞實語，你如果能寫一本書出來獅子吼，這福德大得不可思議。諸位還記不記得《金剛經》說：若爲人解說一首四句偈，這個福德比起你用遍滿三千大千世界的金銀珠寶來布施，福德無法相提並論。以三千大千世界（兩千億個太陽系）的地面上遍滿了金銀珠寶來布施，不如為人正確地宣講《金剛經》中的一首四句偈。但是《金剛經》一首四句偈正確地宣講了，還不保證眾生能離開邪見，除非你破邪顯正的書寫出來，讓眾生可以再三研讀而離開邪見，乃至可以斷我見、證初果，你說這福德大不大？所以獅子吼能使你迅速成就佛菩提的福德資糧，絕對不是空口而說。

也許你說：「我又沒有能力寫書，又沒有能力破邪顯正，那我要怎麼成就法施的大福德？」那也可以啊！你就把破邪顯正的書，送去跟有緣人結緣，不也成就一分說法的大福德了嗎？這是我們生生世世都要做的事。正因為法義辨正能使人確實理解相似佛法與眞實佛法的異同而親證佛法大意，所以獅子吼是眞實道場。能獅子吼，表示你已經有親證；有親證，心中就無所畏懼，所以說獅子吼是道場。

可是事相上說過了，理上又怎麼說？請問：「當你獅子吼的時候，是誰在獅子吼？」這可是個大題目，等你破參了，你說：「其實是我的如來藏在獅子吼。」可是人家說：「那應該像你說的，眞的是如來藏在獅子吼。」你卻又說：「不！雖然是祂在獅子吼，但祂其實沒有獅子吼，這才是眞的獅子吼。」這句話你講得通，可是他們聽起來眞的是丈二金剛摸不著頭腦。這就是佛菩提的妙處，甚深極甚深，微妙極微妙，深廣極深廣，二乘聖人所不能猜測，作夢也想不出來爲何會是這樣。但是你今天親證了，你有這個受用，那你就可以說：獅子吼果然眞是道場。因爲如來藏從來無所畏，祂從來沒有恐懼過，你轉依了祂以後，你就不需要恐懼了。

「**力、無畏、不共法是道場，無諸過故**」：佛有十力、四無所畏、十八不共法，我們這裡不做佛學辭典，所以不解釋它。但是佛有十力的緣故，所以沒有種種過失；佛有四無所畏，於法不能傾動祂；佛有十八不共法，所以一切二乘聖人恭敬奉事追隨不離，所以十方菩薩常常前來請法，這都是因爲佛具足十力、四無所畏、十八不共法。由於這三法，所以諸佛無一切過失；但這畢竟是事相，可是請問諸位：「**諸佛的十力、四無所畏、十八不共法，能不能離於無垢識而存在？是不是都由無垢識而出生？**」所以眞正的十力、四無所畏、十八不共法，其實仍然是從第八識如來藏所出生；而如來藏本來具有這三法，只是眾生被煩惱所障，因此不能發現。可是如來藏本來無過失，都是因爲眾生有無量無邊的過失，所以使得如來藏不能及早出生這三法；當一切過失滅除了以後，十力、四無所畏、十八不共法就出現了。但是雖然因地還沒有出現，祂的種子仍然存在，本來就無過失；有過失的都是眾生自己，不干如來藏的事，所以一切諸法以如來藏爲中心，一切修行內涵都以如來藏爲中心，離如來藏沒有一法可得；既然這三法都在如來藏中存在，當然如來藏才是眞實道場，因爲如來藏沒有一切過失的緣故。

「**三明是道場，無餘礙故**」：三明，如諸位所知──天眼明、宿命明、漏盡明──三明當然有諸佛的三明、大阿羅漢的三明不同。大阿羅漢的三明，他的宿命明，推究往世不超過八萬大劫，他的天眼明推觀未來世也不超過八萬大劫，他的漏盡明只是斷盡了煩惱障的現行，不能斷習氣種子隨眠，這就是二乘聖人的三明；由此三明，阿羅漢於涅槃的取證沒有絲毫的障礙。可是諸佛也具足三明，不同於二乘聖人，因爲佛的宿命明沒有時劫的限制，佛的天眼明也沒有時劫的限制，佛的漏盡明已斷盡一切習氣煩惱以及無始無明過恆河沙數上煩惱，所以更加沒有障礙。這是事相上的三明，證得小乘、大乘的三明，可得解脫乃至佛菩提果。可是阿羅漢在事相上的三明終究有障礙，我們再從理上來說，如來藏也有三明，本來就在，不需要你去修；如來藏自己本有宿命明，所以你將來如果修到像我這樣的時候，有時會在定中看見無量劫前，幹了哪些惡事、修了哪些福德，你將會看見；那時你入定了，不一定只看到八萬大劫的事，有時是無量劫前的事，還是依如來藏而看見的，那麼你的如來藏有沒有宿命明？祂比阿羅漢還厲害，祂有時候顯現給你看，那不曉得是多少劫前的事。有時也許你會看到一大無量數劫前，那時候才剛剛皈依三寶、發菩提心，阿羅漢卻都看不見，所以如來藏的三明沒有障礙。

你們今生能夠明心，那是多少劫以前發菩提心的？不是八萬劫前發心而今天就能明心的。你們要知道：能夠明心都不是八萬劫前才開始修行的。等有一天你能看見往世因緣時，那已經是修完一大無量數劫的事了；而如來藏能把這些事情顯現給你看，阿羅漢宿命明仍舊做不到，你說：你的如來藏有沒有宿命明？並且祂永遠都幫你記住。祂是主動幫你記住過往的一切，不會丟掉，當未來緣熟的時候，祂就顯現給你看，你說祂有沒有宿命明？（眾答：有）有啊！那麼天眼明呢？祂有沒有？有！有時候你會看見你未來成佛之道會怎麼走，所以我看見我的未來世大部分示現在家的模樣，現聲聞相的機會不多。這如來藏也會現給你看，不需要你去修天眼通，那你說祂有沒有天眼明？（眾答：有）天眼通還看不見呢！天眼通有時只能看未來兩世、三世，有人因此就覺得不可一世了。可是你的如來藏能夠顯現很長遠的未來給你看，你說祂有沒有天眼明？（眾答：有）有啊！所以如來藏的三明都沒有障礙：「無餘礙故。」所以三明是道場，三明都從如來藏來。

至於慧解脫阿羅漢的漏盡通，他們有恐懼：「我如果發菩薩願再去投胎，下一輩子有胎昧而忘了果證與智慧，那我可倒楣了。」他不知道未來世的自己會不會被誤導，所以也會怕，除非他三明具足。如果是慧解脫或者沒有修三明的俱解脫，他們都不敢再來投胎，因爲怕下輩子忘了這一輩子的果證，又被人家做錯誤的教導，落到意識心上去，那就完了，也因爲怕未來世的意識心有時不清淨而又造惡業。可是請問：「他的如來藏，未來世會不會造惡業？」不會啊！所有凡夫眾生的如來藏也都永遠不造惡業，那不是漏盡明嗎？你看祂也是三明具足，而且祂**無餘礙**，是究竟的**無餘礙**。阿羅漢還怕未來世於解脫之道重修時有所障礙，但如來藏從來沒障礙，因爲上欲界天享受妙五欲，如來藏還是在涅槃中；下了地獄，五陰受尤重純苦，如來藏也是在涅槃中，仍然無漏，你能說祂沒有漏盡明嗎？祂一直都在無餘涅槃中，卻不斷的把應該讓眾生受的善業、惡業果報流注現行，可是祂自己不生不滅，離一切受，究竟寂靜，所以祂在漏盡通上根本沒有障礙，這樣的三明才是眞正的道場。這種解脫，阿羅漢能懂嗎？不懂。緣覺能知嗎？不知。所以這樣的三明眞是道場啊！因爲祂沒有絲毫的遮難、障礙。

「一念知一切法是道場，成就一切智故」：諸佛一念中知一切法。阿難有等智，一棵樹多少樹葉無法計算，可是阿難離開以後，那外道偷摘了六十片樹葉，阿難回來的時候，外道又問，阿難說：「這樹葉怎麼少了六十片？」外道嚇了一跳，是因爲阿難有等智。可是諸佛不只是這樣喔！乃至他方世界下一場雨，總共多少滴，諸佛也能了知。等覺菩薩無法想像，這憑的是什麼？憑的是如來藏與五別境心所法相應才能做得到。等覺菩薩的如來藏還不能與五別境心所法相應，只有五遍行。所以諸佛一念能知一切法，這是眞正的道場，成就一切智的緣故。

可是從理上來說，你們的如來藏也是一念知一切法，因此祂不斷的在運作，甚至於你所不知道的未來世該得到什麼樣的大福德果報，祂也都跟你準備好了，你只管去投胎就好，下輩子祂就準備好給你，你就一步一步去賺回來就對了；只要你去賺，一定有。有時候你不賺，人家還要送上門來拜託你賺。如果是造了惡業，如來藏也幫他準備好了，不必擔心將來地獄身要怎麼取得，都已經幫他準備好：這邊一捨報，如來藏已在那邊準備好等著他。祂什麼都知道，所以做善事的人不必擔心：**我下輩子的福報會不會落到別人身上去**？不必擔心！祂都很清楚。所以做了善事以後，不必去掛念它，因爲絕對跑不掉。

今天教導諸位這個道理，就是要讓你不但有福德，還要有功德；功德是有自受用的，不是虛無想像的概念。你這一世修善或證佛菩提，不必擔心未來世會不見了，因爲你的緣該如何，如來藏自然會去感應；未來世該跟隨哪個善知識，或者該出來弘法，祂自然會感應到，會自動成就，不必你去擔心。等到時節因緣到了，該讓你悟了，種子流注出來，你就悟了。你做了善事，未來世該有的福德，祂不會漏失掉，不會跑到別人身上去，仍然是未來世另一個你來受用，祂都知道。既然知道這個道理，心裡面就不用去掛念它，做過就好了，就把它忘掉。祂一念即知，所以你可以把它忘掉，心中就沒有掛礙了。沒有掛礙，你不就有解脫受用了嗎？做了善事，不會被善事綁住，那你就不會往生欲界天去享福，可以留作未來世行菩薩道的資糧，這就福德也有，功德也有。正因爲祂一念知一切法，這才是眞實道場。所以你爲了成就一切智，努力修行，但將來成佛時的一切智，其實還是由祂來幫你完成的，所以祂一念能知一切法，這才是道場，祂成就一切智。

光嚴童子轉述 維摩詰居士的話說：「『如是，善男子啊！菩薩如果是相應於種種波羅蜜來教化眾生，不管他做什麼事情，乃至舉足下足，應該知道都是從道場來的，這樣的菩薩就是住於佛法之中了。』」諸波羅蜜，有十種波羅蜜，也有六種波羅蜜。六種是大家耳熟能詳的，但是這六波羅蜜，從因地的外門六度萬行，到了進入內門六度萬行時就是七住位明心了，此時就開始轉入內門廣修六度波羅蜜。三賢位圓滿，到了初地開始，就加上四個波羅蜜而成爲十度波羅蜜了。換句話說，從初地起努力修十波羅蜜，到達六地滿心完成般若波羅蜜，七地修方便波羅蜜，八地修願波羅蜜，九地修力波羅蜜，十地是修智波羅蜜，總共十度。十度波羅蜜是諸地所修，然而菩薩不管是以六波羅蜜或以十度波羅蜜來教化眾生，當他用波羅蜜教化眾生時，不管他說什麼法、做什麼事，下至舉足下足，其實都是從道場中來的，這才是眞正住於佛法中的人。所以你如果能夠親證，應諸波羅蜜教化眾生時，諸有所作、舉足下足，都從道場來，能夠這樣的話，你就是住在佛法中了，不必懷疑自己是否已經進入佛法內門中修行。

接著，光嚴童子就向 佛稟白說：「當維摩詰居士說這個法的時候，有五百天人發起無上正等正覺之心，他能夠這樣度人。我雖然也是菩薩，但是無法說出這樣勝妙的法，所以我不堪任去探望維摩詰居士的疾病。」所以，從光嚴童子所舉出來的 維摩詰菩薩這一段開示來看，大乘菩提是如何的勝妙，是如何的深奧、如何的廣大；因此有智慧的人、有深心的人、有大心的人，都應該修學大乘佛菩提，不該以二乘解脫道的世俗諦爲滿足；因爲依二乘世俗諦所親證的解脫道，永遠都無法如實理解佛菩提道，所以二乘聖人一個個都害怕維摩詰居士，因為維摩詰菩薩所講的解脫道是不可思議的解脫，而不是像二乘聖人的有餘涅槃、無餘涅槃的可思可議解脫。二乘涅槃，以前大家都認為是不可說、不可思、不可議，印順法師書中也這麼講。但我們《邪見與佛法》寫出來，那不是很簡單嗎？不是可說可議的嗎？但是親證二乘菩提的阿羅漢們，能思、能議、能說二乘涅槃了以後，單是大乘菩提見道時所證的本來自性清淨涅槃，仍然是他們不可思、不可議、不可說的。所以這個不可思議解脫的大乘菩提，才是我們北傳大乘佛法中一切佛弟子們所應該修證的法。

【佛告持世菩薩：「汝行詣維摩詰問疾。」持世白佛言：「世尊！我不堪任詣彼問疾。所以者何？憶念我昔住於靜室，時魔波旬從萬二千天女，狀如帝釋鼓樂絃歌，來詣我所，與其眷屬稽首我足，合掌恭敬於一面立；我意謂是帝釋，而語之言：『善來！憍尸迦！雖福應有，不當自恣；當觀五欲無常，以求善本；於身命財而修堅法。』即語我言：『正士！受是萬二千天女，可備掃灑。』我言：『憍尸迦！無以此非法之物要我沙門釋子，此非我宜。』所言未訖，時維摩詰來謂我言：

『非帝釋也！是爲魔來嬈固汝耳。』即語魔言：『是諸女等可以與我，如我應受。』魔即驚懼，念『維摩詰將無惱我？』欲隱形去而不能隱，盡其神力亦不得去，即聞空中聲曰：『波旬！以女與之，乃可得去。』魔以畏故，俛仰而與。爾時維摩詰語諸女言：『魔以汝等與我，今汝皆當發阿耨多羅三藐三菩提心。』即隨所應而爲說法，令發道意。復言：『汝等已發道意，有法樂可以自娛，不應復樂五欲樂也。』天女即問：『何謂法樂？』答言：『樂常信佛，樂欲聽法，樂供養衆，樂離五欲，樂觀五陰如怨賊，樂觀四大如毒蛇，樂觀內入如空聚，樂隨護道意，樂饒益衆生，樂敬養師，樂廣行施，樂堅持戒，樂忍辱柔和，樂勤集善根，樂禪定不亂，樂離垢明慧，樂廣菩提心，樂降伏衆魔，樂斷諸煩惱，樂淨佛國土，樂成就相好故修諸功德，樂莊嚴道場，樂聞深法不畏，樂三脫門不樂非時，樂近同學，樂於非同學中心無恚礙，樂將護惡知識，樂親近善知識，樂心喜清淨，樂修無量道品之法，是爲菩薩法樂。』於是波旬告諸女言：『我欲與汝俱還天宮。』諸女言：『以我等與此居士，有法樂，我等甚樂，不復樂五欲樂也。』魔言：『居士！可捨此女；一切所有施於彼者，是爲菩薩。』維摩詰言：『我已捨矣，汝便將去，令一切衆生得法願具足。』於是諸女問維摩詰：『我等云何止於魔宮？』維摩詰言：『諸姊！有法門，名無盡燈，汝等當學。無盡燈者，譬如一燈燃百千燈，冥者皆明，明終不盡。如是！諸姊！夫一菩薩開導百千衆生，令發阿耨多羅三藐三菩提心，於其道意亦不滅盡，隨所說法而自增益一切善法，是名無盡燈也。汝等雖住魔宮，以是無盡燈，令無數天子天女發阿耨多羅三藐三菩提心者，爲報佛恩，亦大饒益一切衆生。』爾時天女頭面禮維摩詰足，隨魔還宮，忽然不現。世尊！維摩詰有如是自在神力、智慧辯才，故我不任詣彼問疾。」】

講記：聲聞十種第一的大阿羅漢及五百弟子之後是五大菩薩，這五大菩薩現在講到第三位，這第三位是出家的菩薩。佛看見兩位菩薩推辭不敢去見 維摩詰大士，所以又問第三位的持世菩薩：「你去探望維摩詰的疾病吧！」持世菩薩就向 佛稟白說：「世尊啊！我也一樣不堪任去維摩詰菩薩那裡探望他的疾病，爲什麼這樣說呢？因爲我想起以前在一間安靜的房間裡面靜坐時，那時魔波旬隨從著一萬二千位天女來到，他的模樣就像忉利天主釋提桓因一樣；那一萬二千天女就好像釋提桓因(玉皇上帝)的那些隨從們一樣，又是打鼓奏樂，又是拉弦樂的樂器，又是唱歌的來到我靜坐的房間裡面，並且和他的一萬二千位的天女向我頂禮；頂禮完了，合掌恭敬站在另一面。我當時心中以爲他是天帝釋提桓因，所以我就向他說：

『來得好呀！憍尸迦！』」（憍尸迦是釋提桓因的名字）我說：「『來得好呀！憍尸迦！雖然這一種福德的果報是你應當擁有的，可是不應當這樣極盡享受而弄這麼大的排場吧！你應當要觀察五欲是無常的，以這樣的觀察作為基礎來求得更好的善法，以這個福德果報來作為求這些善法的根本，在你不堅固的身命財上面來修堅固的法財以及不壞身。』天魔波旬聽了我的話以後，他就告訴我說：『你這位修學正法的大師，接受我帶來的這一萬二千位的天女，可以供你打掃之用。』我聽了就對他說：『憍尸迦！你不要用這種不如法的、與佛法相違背的事物來要求我出家的沙門釋子來接受，這並不是我所適合接受的供養。』我才剛剛講完，當時維摩詰菩薩就來向我說：『這個人不是天帝釋提桓因，這是天魔波旬，他只是來擾亂你，讓你永遠無法好好的修道而已。』」

現在有個問題來了：天魔波旬來了，而持世菩薩也是證悟的菩薩，他還是分辨不清楚這到底是釋提桓因或是魔波旬，這表示什麼呢？表示這位持世菩薩還沒有滿足三地心。如果已滿足三地心，他四禪八定具足，也有五神通，他以天眼一觀就知道這是魔，不是天帝釋提桓因。所以三地滿心之前遇到有人（不管他是誰）化現成 佛或大菩薩的模樣來為你開示佛法，你就得把證悟所得的見地拿出來檢驗，不要只看形像是佛、是觀世音菩薩，你就一體信受、照單全收，否則你可能會被天魔誤導了。如果他說的法是正確的，並且是更勝妙的，我們應該信受奉行；如果他說的法跟我們悟出來的合於經典的證量不相符，你就知道這一定是鬼神冒充。因爲鬼神們也有五通，他們也會變化，看見寺廟裡面供奉佛菩薩的模樣，他就變來給你看；所以有智慧的人，要能夠懂得分辨。

什麼是有智慧？就是說，他化現來以後告訴你的法是不是符合聖教量、是不是符合理證：在眞理實相的證悟上有沒有相符合？如果不相符合，你要斥責他：「你這是什麼鬼神、什麼魔？別來騙我了，你根本連明心都沒有，還來說什麼法，趕快走啦！」你就罵他。他聽了，瞞不了：果然眞是正覺同修會中悟出來的菩薩。但是我們正覺出來的菩薩，有的也會被騙，鬼神化現來跟他講一些雜七雜八的說：「你若眞的證到如來藏，你用刀子割了身體時叫它不痛，它就不痛。」也有人會信的。但是你如果有智慧，就說他這個叫作胡說八道。所以同樣的，如果沒有滿三地心之前，對方只是在世間法上來說，沒有在正法上來講，你還是不容易分辨他的。持世菩薩因爲這魔來，是要送給他一萬二千位天女，不是來跟他論法，所以他也無法去分辨他。但是現在要跟諸位講一個容易分辨的事，就是說不管你是出家還是在家，如果有天帝釋或者哪一天的天主送來五十位、一百位的俊男美女給你，你都不應收，即使你在家，也不應收。如果出家，那更不用講了！如果你能把他度爲弟子，那倒也好。確實有能力把他度爲弟子，就可以收；但不是把他收作眷屬，而是收作弟子。如果能這樣，不管是出家或者在家都可以收，不必像持世菩薩一樣推辭。這已顯示持世菩薩顯然還沒有入地，因爲他沒有能力度他們證悟，所以他還是害怕，還是存著一部分聲聞心態：「這個我不應該收，我是出家菩薩，你怎麼送天女給我？」所以他沒有能力判別。如果哪一天遇見了，我說：「好，不管多少我通通收。十萬人我也收。」我爲她們說法說完了，不就都成爲佛弟子了嗎？然後叫他們回魔宮去，個個都去傳說正法，看他還敢不敢來供養你？

維摩詰菩薩就是這樣，所以他就開口說：「這一些女人，你都可以送給我，因爲我是居士，以我的身分我應該接受，而且我家財萬貫。」因爲 維摩詰菩薩很有錢。這時天魔波旬知道詭計已經穿幫了，騙不了人了。這時他已大驚失色，心裡面就想：「這維摩詰會不會來損惱於我？」他害怕，所以想要隱形溜掉，結果隱不了他的身形。他的神通，這時候起不了作用，又運用他的大神力，因爲他是欲界最高的他化自在天的天主（魔就是欲界天中第六天的天主，所以欲界諸天天主中以他的神力最大）；可是他窮盡神力，仍然無法走人。這時他聽到空中有聲音說：「波旬啊！你把這一萬二千位的天女送給他，才能走人啦！」這個是誰講的？當然還是維摩詰講的，他眞會做鬼怪，對鬼怪就用鬼怪的辦法來應付。這時天魔波旬心中很害怕，因爲完全無法自在，想要做什麼都做不了，逃也逃不了，所以心裡面很畏懼，只好俛仰而與（與就是給予。什麼叫作俛仰？俛仰，我做個表情給諸位看：譬如說要拿個東西給人家，可是不好意思，就這樣子〔導師做出一個表情……〕，這叫俛仰。這樣比言語形容更快，不浪費時間）。（大眾笑…）也就是說，他心裡面有恐懼，沒有辦法光明正大的正眼去看，所以只好低下頭來，然後眼睛去看著人家說：「好啦！那就送給你。」

既然送定了，維摩詰居士就對天女們說：「現在天魔波旬已經把妳們都送給我了，既然成爲我的眷屬了，妳們應當都要發起無上正等正覺之心。」既然這一萬二千天女已經成爲他的眷屬了，就好像兩百年前、一百多年前的奴隸制度，被賣出去就得聽別人的，那就要聽受新主人的話。現在他教她們要發起成佛之心，然後就隨著她們的根性所應該了知的法，向她們解說佛法，讓她們發起修學佛道的意志來。爲她們開示的時候，當然天魔也是要在旁邊陪著聽，當然是無法走掉的，維摩詰菩薩就是要在天魔心中種下佛菩提種。這個很重要，不管什麼人，菩薩們都要度的，只看因緣到不到而已；因緣不到，也要把種子為他種下去。菩薩就是專門幹這種事，不管他多惡劣，還是要把菩提種子種在他心中，讓他未來世中的某一世不得不發起菩提芽。天魔波旬，後來 佛也授記他成佛，因為他的佛菩提種已經種夠多了，將來不求佛道也難。天魔波旬就在旁邊陪著一萬兩千位天女聽 維摩詰菩薩說法。

說法完畢之後，維摩詰菩薩就說：「妳們一萬二千位天女既然已經發起佛菩提道的意志了，現在已經有法樂可以自己娛樂，不需要再以五塵、五欲之樂來享受，可以用佛法來享受了。」這句話一般人聽了都覺得不可能，因為不管哪一部經典，請出來讀，都是越讀越痛苦：每一個字都認得，意思卻都不知道，根本讀不懂，怎麼可能會有法樂呢？這不是現代才有的現象，而是自古以來就已經這樣。所以古時有許多座主，他們有的專講華嚴、或講各部經典，已經講了幾十座了，那可眞的不得了（講一遍就是一座）；這樣講了幾十座的大座主，講完三十年以後，心裡面恐懼：「我講經三十年，結果經中的法義我都不曾實證，卻在這邊高座說法。」越講越害怕，心裡面恐懼，恐怕誤導眾生，怕妄說佛法的因果，結果只好罷講下座，進了叢林去參禪（叢林就是指禪宗的寺院），去參禪，參到老、參到死，都仍是一無所獲，你說他們怎麼會有法樂？

表面上看來很風光，穿著七條、九條大紅祖衣，座下一、兩千個人在聽講，你說他風光不風光？眞的風光啊！可是你不知道他心裡面有多恐懼，根本沒有法樂。末法時代的今天跟像法時代是一樣的，並且更糟糕：古時的大座主們心裡面恐慌，沒有法樂，所以講上三十年就罷講了；現在的大師不一樣，心裡面再怎麼沒有法樂、怎麼恐慌，也要撐到底、撐到死為止。所以時代還眞的不同了，還眞的是末法與像法大不相同。但是等覺菩薩說法以後，天女們一定可以聽得懂，所以維摩詰菩薩對她們說：「妳們現在懂得佛法了，有法樂可以自娛，不應該再一天到晚沈迷於五欲樂中追求不捨。」欲界天什麼都有，特別是有五欲樂，而且是欲界中最勝妙的，但現在她們多了一項娛樂：法樂。

在人間，你要尋找一個讓你眞得法樂的地方還眞難找，不是只有現在才這樣，而是古時就已經是這樣了。所以很多人蒼緣奔走，逛過多少道場，種過多少福田，你還能夠得到法樂嗎？迴無所得！但是今天諸位來到正覺講堂就算還沒有明心，你還是有法樂，因為佛法終於懂了。所以我們常常會接到外面的人打電話來，說他們現在還沒有時間來學，可是非常歡喜：「太感謝了！太感謝你們了！你們這些書印出來，我們眞的很感謝；因爲學了十幾年、二十幾年，佛法的內涵完全不知道；對於要怎樣走佛菩提這一條路，心中渺渺茫茫，茫無所知，不知道方向，也不知道什麼次第，根本不知道，對佛法就只是一個籠統的概念。」對於成佛的方法，什麼是成佛的法，內容與次第都無所知；但是把我們的書讀上五、六本，十幾本以後：「啊！原來大乘佛法是這樣。」所以很歡喜，所以有時他們會打電話來道謝，希望有因緣可以來跟我們學。你看：他們還沒有明心就有法樂了！你們來學法，當然更應該有法樂；至於明心乃至見性的法樂，那就不在話下了。

所以 維摩詰居士對一萬二千天女勸發道意，說現在有法樂可以自行娛樂了（因爲五欲樂往往要與眾共樂，但法樂可以自娛）。所以我每天坐在電腦前面，雖然好像蠻辛苦的樣子，人家說：「一坐下去，坐那麼久，眞辛苦。」可是我沒有覺得辛苦，你爲什麼要幫我辛苦？這就是法樂。有人說：「老師啊！辛苦你了，巾個鐘頭講下來，好累！」我說：「雖然兩個鐘頭講下來，內衣已經汗濕了，可是並沒有什麼累可講，因爲這是法樂。」你既然已經很誠意的發起荷擔如來家業的心志，應當樂說無礙才對，怎麼會把上座說法當作苦差事呢？所以上座說法也是法樂之一，這有什麼苦可以說的呢？所以人家說：「老師好辛苦！」我說：「不苦，不苦！這是快樂的事情。」學佛、弘法就應當如此。學佛應當是很快樂的事，爲什麼大家要學到那麼痛苦，根本不必要！我們正覺一向標榜的，就是要快快樂樂的學佛，快快樂樂的證道，以及快快樂樂的走向諸地的境界，應當如此。有法樂爲憑，你才能夠次第前進，不覺得佛道是辛苦的。

所以維摩詰菩薩跟她們這麼講了以後，這些天女們一時間會不過意來，就問：「什麼是法樂呢？」維摩詰居士就解釋說：「樂常信佛，樂欲聽法，樂供養眾，樂離五欲，樂觀五陰如怨賊，樂觀四大如毒蛇，樂觀內入如空聚，樂隨護道意，樂饒益眾生，樂敬養師，樂廣行施，樂堅持戒，樂忍辱柔和，樂勤集善根，樂禪定不亂，樂離垢明慧，樂廣菩提心，樂降伏眾魔，樂斷諸煩惱。樂淨佛國土，樂成就相好故修諸功德，樂嚴道場，樂聞深法不畏，樂三脫門不樂非時，樂近同學，樂於非同學中心無恚礙，樂將護惡知識，樂親近善知識，樂心喜清淨，樂修無量道品之法，是爲菩薩法樂。」咱們就來解釋這些法樂：

「樂於恆常不斷的信受諸佛，即是法樂」：這句話可能比較難體會，字面上的意思大家都懂，但實際上不一樣。如果你有感應到佛現前攝受，只要感應過一次

（被佛召見過一次），你就會永世不忘，不必第二次、第三次，你就會**樂常信佛**。**樂常信佛**是從佛的福德與威德上面感應，讓你印象深刻得不得了，盡這一世都不會忘記。可是樂常信佛之後，難道只要信就好了嗎？不行！因爲這只是有了**仰信**。以前看人家在佛門裡面辦道，心裡面不信受，有時罵人家是**迷信**。可是到底什麼是**迷信**？卻是不曾眞的明白。

「信佛」有不同的層次：譬如**迷信**，是說聽到人家講佛有多麼大的福德、威德、智慧，他聽了就信；當人家告訴他說：「佛非常靈感，你只要誠心去求，就一定見得到。」他就信了，然後人家告訴他說：「你既然信佛了，你所有的財產都要捐給我。」他也信，這叫作**迷信**。信佛應當**智信**，不要**迷信**。迷信還有一種：「你來信佛，我告訴你做什麼，你就得要去做，沒有意見的做，不該有異議，不許懷疑。」所以有一天他的上師叫他做什麼，他就做什麼，他不知道已經做了惡事，正邪不分，那也是**迷信**，不是**智信**。十幾年來一直都有一些人聽他們的師父或老師亂講：「正覺同修會的書不可以讀，讀了會中毒。」所以就不敢讀。有的就說：「你去把它們收來燒掉。」有人眞的就去收來燒。這不是只有信徒們這樣做，有的法師也這樣做。這一些聽了就去做的人，他們能算是**智信**嗎？不算！那叫作**迷**

信。由於沒有能力探究正法與邪法的分際，所以那種學佛就叫作**迷信**。

若是有佛菩薩感應了就變成了**仰信**，然後能夠從佛法書籍與經典中去發起正確的智慧；有了正確的知見，那就叫作**智信**。有了**智信**，後來又證悟了，那就是**證信**，已經親證了：「爲什麼我要信佛，這個原因我已經清楚了、我親證了，因爲這是世間、出世間無上大法，也是最究竟的法，不管過去無量劫及未來的無量劫，時間有多長，最後終究要走這一條路，只是早走與晚走的差別而已，所有的人到最後還是得要走這一條路。」你親證了如來藏以後，一定會證實這一點。既然早走也得走，晚走也得走，不如早一點走，也少受世間法的痛苦，這樣就叫作**證信**。因爲親證了，證得對三寶起信的根源了，所以是眞正的**信佛**。

可是信佛之後，不可能從**迷信**、**仰信**就可以直接進到**證信**階段，一定要經過多聞一法、多熏習正法的階段，所以要經由親近眞正善知識的助緣，去確實了知佛法的大意。了知了佛法的大意以後就知道：原來佛法的大意主要就是如來藏，如來藏是三乘佛法的根本。到這時就會想：「我應該想辦法去證得如來藏。」可是要怎麼證？總不能盲修瞎練吧！所以一定要尋找眞正的善知識，去聽善知識開示佛法。如果遇到了眞的善知識，你將會越聽越歡喜，每一次聽法都是一個很快樂的經驗，會認為聽聞正法其實是一個享受。我相信諸位一定不會說「聽聞佛法是痛苦的事」，因為在外面聽聞佛法雖然有椅子給你坐、還有靠背；而我們這裡聽聞佛法卻要坐在地上，即使沒有規定你盤腿，可以交腿坐，可是兩個鐘頭坐下來，畢竟還是不很舒適，可是你們為什麼願意每週都來聽？更有好多人提早一小時來入坐，是為了什麼呢？是因為有法樂。樂意聽法，一定是心裡面覺得聽法是非常快樂的事；否則怎可能在這邊坐上整整兩個鐘頭，而且是地上坐，這表示你在這兒聞法時確實有法樂。天女們也是一樣，如今已有法樂了。

「**樂供養眾**」：樂供養眾也是一種法樂，因為信佛聞法以後，終於知道「想要成就究竟的佛道，得要攝取佛土」；可是將來成佛時的佛土，不是靠自己一個人的力量能夠成就，得要眾生的如來藏來共同成就，那該怎麼辦？就得要跟眾生結緣，結緣最好的方法當然就是供養。供養有兩種：財物上的供養及佛法的供養。所以應該要樂於供養大眾。以財物來供養大眾，可以使你在未來世容易攝受眾生；俗話不是說嗎：「拿人的手軟，吃人的嘴軟。」眾生這一世拿了你的好處，吃了你的食物，未來世見了你，對你當然有好感：雖是本來不認識的人，一定不會見了面就討厭。雖然只是第一次見面，對方也會很喜歡你，你說的話他就聽得進去。

如果在世間財的供養以外，再加上法供養，這些人將來就是你成佛時座下的信徒或者弟子，所以要樂於供養大眾。跟大家結緣只有好處，沒有壞處，除非結的是惡緣。你如果跟善知識結善緣，未來世將會一世又一世不斷的遇到他。你能因此而世世跟著善知識，成佛的路也就可以走得很快；這就好像說，一個人走路，一個鐘頭大概能走四公里；但是你如果跟著善知識，那就好像坐上他的轎車，速度會有多快？眞的不一樣。所以不管是跟大眾結緣，或是跟善知識結緣，你未來世成佛之道都會走得很快；因爲未來世可能會有別人提早介紹你認識眞正的善知識，與善知識親近的緣起將會更多，所以也應當樂於供養大眾。

「**樂離五欲**」：以前在學佛之前，唯一的享受就是五欲；人間最大的享受就是五欲，不然辛辛苦苦賺錢做什麼？爲的就是買一棟比較大的房子，選擇比較好的環境，過比較好的生活，都是在五欲上用心；但是學法以後，有正知見了，所以也樂於遠離五欲。雖然菩薩跟聲聞不同，聲聞聖人遇到五欲時是很恐懼的，因爲怕自己會退轉回去跟眾生一樣沈迷五欲。菩薩卻是樂於離五欲而不恐懼，身在五欲中卻不受五欲的引誘，聲聞聖人卻是很恐懼五欲的。菩薩是這樣的：「**自己一天到晚都處在五欲中，五欲卻奈何不了我。**」所以說「**在欲行禪，火中生紅蓮**」，這就是在家菩薩。菩薩不能離世間，特別是不能離人間；若是生到天上去，菩薩道就很難成就。成就菩薩道最快的地方就是人間，因爲人間具足十八界，具足一切善法、惡法。天上沒什麼惡法，而且有時十八界不具足，所以不容易修。但是在五欲中可別被五欲所轉，因此要樂離五欲。

「樂觀五陰如怨賊」：五陰爲什麼叫作陰？陰就是遮蓋，會把善法遮蓋。大家看世間造惡的人們，他們爲什麼造惡？都是爲了五陰而造惡，所以五陰會遮蓋善法，就稱爲陰。在佛法中，不但是說它會遮蓋世間善法，而且會遮蓋出世間的善法，所以五陰是殘害眾生成佛的根源。也許有人不信，我們來分解看看好了，眾生爲什麼會被五陰遮蓋？因爲要追求五陰我所的享樂：「我要當大官，就得要把我的同事踩下去。」怎麼踩？就去設計方法而實行了。「我想要賺一筆大財富，就得把競爭對手抹黑，或者設圈套讓對方失掉機會。」這都是落入我所，然而由於我所的貪著而造的惡業，也都是從五陰來的，而且不只世間法中才如此。

世間人爲了貪圖五欲之樂而殺害眾生，那是被他的識陰所遮蓋，因爲「我覺知心需要這一些，別人要是阻礙了我，我就把他殺害。」所以還是被識陰遮蓋。也許有人說：「那是世間人啦！我們學佛人不會。」眞的不會嗎？我們來討論看看，現成的例子是那些大師們，不管他是在家或出家，那些大師們嘴裡說：「我要證解脫，我要證涅槃。」結果他自以為得解脫、得涅槃了，實際上卻仍落在識陰裡面，落在離念靈知裡面。辛苦打坐了一輩子，結果捨報時還是繼續輪迴，那是他沒有大妄語；他如果說：「我可以入定三天一念不生，所以我是聖人，我是初果、二果、三果、四果。」（六、七年前很多人自以為是阿羅漢，太多了！在家、出家都有）這句話一出口，捨壽後的果報就是大妄語的地獄業。他們是被什麼遮蓋？被識陰所遮蓋。所以你說這五陰是不是怨賊？還眞的是怨賊啊！可是那些大師或徒眾，一天到晚把識陰怨賊抱得緊緊的：「這是我最要好的朋友！這是我眞實不壞的自己。」不曉得這個自己要帶他去輪迴，甚至害他犯大妄語業；你說五陰是不是怨賊？當然是怨賊嘛！所以你看世間人，或是求出世間法的求解脫者，都被五陰這個怨賊所害，所以它當然是怨賊，我們應該痛恨它、怨恨它。

可是菩薩卻反而攝受五陰，把它拿來作工具，不被五陰所害；拿五陰作工具，來成就佛道。二乘人不一樣，二乘阿羅漢是當作怨賊，想辦法要把五陰滅掉。所以有的慧解脫阿羅漢怕退轉，他就把衣缽統統賣掉，賣得了錢請人殺害自己去取無餘涅槃；他們眞的把五陰當作怨賊了，因為他們恐怕五陰會害自己無法出三界。

可是菩薩不一樣，雖然知道五陰是怨賊，卻把這個怨賊拿來作工具，用這個怨賊來修行成佛；這是最高明的報仇法，對怨賊報仇的最好方法就是這樣報。阿羅漢不懂得怎麼報仇，他只懂得把五陰怨賊滅掉，所以說他們是對治法；菩薩弄清楚五陰確實是怨賊了以後，不被它所騙，卻能夠用它，把這個怨賊拿來作僕人，用來修行，就這樣一世又一世用五陰怨賊來成佛。但是如果不了知它如怨賊，而把它當作是最親密的夥伴、最親密的戰友，每天教導眾生將識陰中的意識好好的做自己、把握自己，那就是被五陰牽著輪轉去了，就被這個五陰怨賊所戕害了。天女們如今已能樂觀五陰如怨賊，這不就有法樂了嗎？譬如說，有人跟你講：「離念靈知就是涅槃心，將來進入涅槃中的就是這個心。」你當然會慈悲告訴他：「這個不對。」但是你在爲他開示時，你心中不是有法樂嗎？所以能夠如實的樂觀五陰如怨賊，當然是法樂嘛！

「**樂觀四大如毒蛇**」：四大，佛在《阿含經》常常講這個譬喻。說譬如有人筴囊裡面有四條毒蛇，名爲地水火風，他每天都要把手伸進去給牠們咬一次，這就是眾生。有時候又講，每天都養著六條毒蛇，則是講識陰六識。有時候又講五條毒蛇——五陰——說眾生每天都在被牠們咬。這樣可以叫作快樂嗎？你如果不是每天被牠們咬，就不必每天都爲這個四大、五陰之身奔忙。你說：「我沒有啊！我一天到晚都在家裡，我沒有爲它奔忙。」那請問：「你要不要爲它洗臉、刷牙，要不要爲它吃飯，還要爲它去上廁所，還要爲它沐浴，還要爲它去睡覺？」我常常想：「人如果可以不睡覺，該多好！可以做很多事。」可是不行啊！不睡覺的話，你這個四大之身撐不了多久，撐上十幾年可就累得一場糊塗了。你如果每天熬夜，每天睡不到四個鐘頭，這樣熬上十年下來，你那個疲勞，得要每天睡九個鐘頭，睡上三個月，才能除得掉。所以這四大之身還眞的像毒蛇一樣貪求無厭，你要每天奉事它，每天要服侍它，若還貪著它，當然會障道，所以要樂觀四大如毒蛇。

如果有人不知道，你就得要告訴他：「這個四大之身每一天都在帶著你走向死亡，你無法叫它停住；它每天都在要你的命，一天一天把你的命要走。你說它是不是毒蛇？你應該如此樂於觀察。」可是菩薩如此樂於觀察以外，心裡面還想：「你這個四大之身雖是毒蛇，我偏要利用你來成就佛道。」所以菩薩每天抓住這個四大毒蛇，使喚四大毒蛇來成就自己的佛菩提道業，所以說菩薩要樂觀四大如毒蛇，還要懂得利用四大毒蛇而不被四大毒蛇所害。

「**樂觀內入如空聚**」：內入跟外入不同，外入只有五塵，內入有六塵，但在外入的五塵上可以產生法塵。有很多人不信有內相分的內六入，都認爲說六塵是外面的，所以我們講內相分時，他們都不信。可是問題是：佛說阿羅漢入涅槃的時候，把十八界都滅盡了。十八界裡面當然有六塵，好啦！那現在應該大家都沒有六塵可以接觸了，因爲他們說六塵是外面的相分，當時已經死了一千多位阿羅漢了，那不是世界六塵都該不見了嗎？可是我們現在明明還有外相分六塵，可見十八界中的六塵是內相分而不是外相分。這句經文講的內入就是講內相分的六塵入。

我們五色根可以攝取外面的五塵，但五根只是段肉，如何能了知五塵？事實上是由如來藏藉五色根去接觸外塵，因爲如來藏是有色識，有時候又簡稱爲色識，祂是能跟物質、色法相應的識，所以又稱爲色識，祂能接觸外面的五塵色法，但我們七識心無法接觸外五塵色法。如來藏用這個色身五根接觸外塵相分，藉此變現出內相分；祂在你的腦筋（五勝義根）中變現出內相分，你的六識心才能接觸到六塵，這個內相分六塵是由自己的色識心變現的，所以七識心才能接觸到而了知六塵；這個內六塵的領受，就叫作內六入。所以《眞實如來藏》裡面，我寫出來說：其實男歡女愛無非就是自己玩自己，因爲並沒有接觸到外塵，覺知心所能接觸到的只是內相分的六塵。有人想要當場提出異議嗎？沒有，到現在爲止沒有。

早期，我們有極少數學員不信受，提出來問；我為他說明以後，他心裡面還是不信受。後來人家問他：「你跟老師談得怎麼樣？」他說：「老師慧力太好了，我講不過他。」這其實無關慧力的問題，而是事實；因為事實是如此，所以聖教上也這麼清楚說有內相分；雖然不用這三個字來講，但其實很多地方都講到內相分。譬如阿羅漢滅盡十八界而入無餘涅槃，不就已經明講有內相分了嗎？我們也舉說過很多的例子。這裡就是講內入，所以菩薩要樂觀內入如空聚。為什麼如空聚？因為內入六塵入都是自己如來藏（阿含說的本識）所變現的，並沒有外面的眞實法可以讓你覺知心接觸、領受、得到，既然是這樣，內入就不是眞實存在的物質，也不是眞實存在的法，只是自己的如來藏變現出來的；而覺知心等自己也是從如來藏裡面出生的，因為自己就是六、七識；所以，被取的內相分六塵及能取六塵的覺知心自己，都是從如來藏中變現出來的，所以說是由如來藏出現的六、七識來領納如來藏變出來的六塵，這就是內入。既然內入都是自己的如來藏心所變現的，並沒有眞實法存在，所以應當觀察猶如空聚。

我們所有的人修學佛法，其實都是在自己如來藏裡面修。眞正能接觸外相分人事物的，都是如來藏；如來藏接觸以後，弄個內相分的六塵影像給你，你用如來藏給你的影像來修行，就這樣三大阿僧祇劫行無量的普賢行，遍歷十方三世法界；不管你往生到哪裡去，你到東方妙喜世界，到西方極樂世界，到上方、下方任何世界，到處流浪三大阿僧祇劫修菩薩道以後成佛，可是你從來不曾一剎那離開過你如來藏所變現的境界，從來都是在你的如來藏裡面，所以無量的普賢行都在如來藏中行，不曾離開內入，都是在如來藏的內相分中修行。

這眞的是以前想像不到的，你出去外面所有道場都聽不到這個說法。也許有少數人心中有所懷疑，可是你聽了以後又無法推翻它，不管你聽了我的說法以後喜歡不喜歡、接受不接受，你都無法推翻它，因爲法界的實相本來就是這樣。所以成佛是藉內六入，下地獄也是藉內六入，輪轉生死還是藉內六入，都沒有離開內六入。可是這個內六入畢竟只是如來藏所顯現的，並不是眞有物質的眞實法，所以應當了知它的體性，觀察到它猶如空聚。什麼是空聚？人已經都走掉了，剩下一個空蕩蕩的村落；可是有個人有幻覺，看到那個空蕩蕩的村落裡面人來人往、車水馬龍，在那邊交易往來；結果都是他想像出來的，那個聚落其實是空的。同樣的，所有眾生的六入就是六識之入：眼有什麼入呢？色塵入；耳有聲塵入，乃至意有法塵入。這六入其實並沒有眞實法存在，都是如來藏在勝義根中幻化出來然後又消失了，不斷的幻化出來又消失了。就好像一個空聚落，魔術師在裡面幻化出一些影像：某甲走過去了，某乙去跟某丙買什麼。無智之人就以爲眞的有某甲、某乙等事。內入就如空聚中幻化的事一樣，都不是眞實法。

諸地菩薩看一切相分，他親眼看到的是在自己的內相分裡面走路；如果開車，他看到的是在自己的內相分中開車；因爲他證實都是在自己的相分中行來去止，不曾離開過自己的相分；所以，對覺知心來說，六入就只有內入而沒有外入。這內入猶如空聚，是自己的如來藏幻化出來，愚癡人的覺知心自以爲是眞的接觸了外六入，在內相分裡面歡喜、痛苦、憤怒、哀傷、造業，都是在自己如來藏幻化出來的內六入裡面喜怒哀樂，與夢境無異；像這樣朦朦朧朧、迷迷糊糊的經過無量數劫了，如今來到正覺講堂以後，要在三大阿僧祇劫中把它結束掉，不再有更多的無量數劫。在進入正覺講堂那一天開始，就要確實進入第一大無量數劫，不再停留於十信位中，而且至少要在此世進入第七住位，過完第一大阿僧祇劫的三十分之七。如今聽聞說一切六入都是自己內相分所顯，要親證這個境界，不該再去混上好幾個無量數劫以後，還當個佛法的門外漢。菩薩證得如來藏以後，繼續進修，才能**現觀**內入猶如空聚。如今一萬兩千天女遇到等覺菩薩，這是何等的福報！

現在 維摩詰居士教她們要樂觀內入如空聚，這可見 維摩詰菩薩爲她們說的法還是蠻深的，只是沒有被詳細紀錄起來，否則不可能叫她們去享受這一些法樂。

「**樂隨護道意**」：隨護道意並不容易。很多人學佛，第一年學得很歡喜，到處去道場做義工、護持；第二年開始鬆懈，第三年心裡面不太喜歡去，可是道場師父們打電話來邀請，不去又不好意思，終於還是勉強去；第四年下定決心不去了，寺裡打電話來，就回說：「不在！」念佛人也是一樣：念佛一年，佛在心田；念佛兩年，佛在眼前；念佛三年，佛在西天。很多人是這樣啊！沒有辦法隨護道意，最後退失了。念佛三年、四年以後：「到底有沒有極樂世界？」懷疑了！「到底有沒有阿彌陀佛眞實存在？」也懷疑了！所以後來就退了。一直到什麼時候才又起念、想要往生極樂世界呢？到他臨命終時，阿彌陀佛化現，爲他提醒：「你以前發願要去我的世界，七日後我將會來接你。」他才想起來：「果然眞的有！」才眞的想要跟著去。這就是不能隨護道意，完全靠 彌陀的願力去攝受他。

樂隨護道意，也許一般人會說：「這只要明心了，就沒問題了。」但是並不保險，我們正覺同修會不是已有三批人明心後還退轉了嗎？這就是不能**樂於**隨護道意。隨護道意要注意哪些事項？第一是福德，第二是不要太大膽，保守一點好！

也就是說：不要太有自信。福德是什麼？就是要怎樣去跟善知識結善緣。緣結得深，未來生生世世你都會信受他，就會跟著他一路順利的走上去。如果結惡緣，善知識想要幫也幫不上，自己還是會退轉；因爲結了惡緣，自己就是一定會對善知識討厭而不信受。這一世討厭的種子沒有消除掉，未來世還會再出現，出現了以後還是會跟善知識作對，那就無法隨護道意了。不要太有自信，不要太狂傲，就會很保險，即使跟善知識結的緣不很深，至少不會太有自信而把正法否定推翻，道意也可以守護得很好。

但是隨護道意有什麼法樂？有啊！當你有一天可以看見往世學佛怎麼樣善於攝受道意不失，你會覺得：我往世還是有一些智慧的，沒有聽人家隨便幾句話亂講，就退轉了。這樣看見的時候，不是也有法樂嗎？我跟往世想要轉我走的那一些人比起來，相距太遠了，因爲那些謗法的人現在還在「享受」他們的三塗果報，我今天卻已經走到這個地步了！未來他們重新回到人間時，還要從頭開始，這樣一來、一去，相差就不只是一百多劫，因爲謗究竟法是無間地獄罪，七十大劫才能報完，接著還有餓鬼的報、畜生的報，這又要花掉多少劫？剛回到人間盲聾瘖啞，五百世這樣過完了，剛剛離開盲聾瘖啞的殘障境界，才一聽到了義的正法時又不信受，聽到離念靈知他就接受了，所以又謗法，又下去三塗了！而我卻還是在繼續前進的。如果你也跟我一樣，你跟他們之間的差距會有多大？」這一想：「還好！沒被他們影響而退轉。」這一身冷汗流得好，擦一擦：「我畢竟沒有像他們那樣倒楣。」這不也是一種法樂嗎？

接著你可以隨緣爲眾生宣說了義正法，眾生因你而得利，你在說法的時候難道沒有法樂嗎？我不信！除非不懂裝懂，否則你一定有法樂。法樂是從哪裡來？從隨護道意來。如果不是過往幾百劫一直都隨護道意，如果不是過往幾萬大劫一直隨護道意，你今天不可能明心的；縱使以往跟善知識結了好緣，這一世被幫助明心了，還會再退轉，還會再謗法。所以當你發覺自己確實能夠隨護道意，你一定會有法樂的。

「**樂饒益眾生**」：爲什麼要饒益眾生？成佛不過就是修學一切種智，只要在增上慧學上用功就夠了，爲什麼還要饒益眾生？問題是成佛必須福德與智慧都具足圓滿，你總不願意將來成佛時，你座下的弟子只有十個人、五個人吧？像世尊於現在這種沒有人願意來成佛的年代，阿羅漢弟子都有一千二百五十位，菩薩弟子無量無數（因爲世尊座下的菩薩不是只有在人間的，也有天上來的，也有他方世界來的，凡是過去跟釋迦牟尼佛結過緣的，祂成佛時都會來，所以他的菩薩弟子無量）。我相信你們一定不願意說：「我將來成佛的時候，只要有五個人、十個人當弟子就好。」你絕對不願意，一定希望弟子很多。弟子很多，法才能流傳長遠，才能利益廣大人天。既然這樣子，你就得要攝受眾生；攝受眾生的方法是什麼？是饒益他們：讓他們在世間法上得到利益，讓他們在解脫道、佛菩提道上面也獲得利益。這樣饒益他們，你未來成佛時，當然就不會是孤家寡人一個，一定是弟子眾等無量無邊，這樣才叫作福德圓滿。

可是這個話說起來容易，做起來難，這得要從哪裡開始？要從「樂敬養師」開始：樂於恭敬、供養你的上師。諸位在我們正覺講堂就是有這個缺陷，你要供養你的上師很困難，除非你的親教師是出家的法師，而我們會裡的親教師大部分是在家的菩薩，都不受供養；至於現在家相的出家菩薩、現聲聞相的出家菩薩，都還很少，所以你想要「供養師」還眞的不太容易。爲什麼學佛人得要恭敬供養上師呢？因爲你學佛的知見、證悟的方法，都要靠親教師來教導；若沒有經過二年半的正知見熏習，你想要在禪三精進共修時破參，門兒都沒有。即使「樂供養師」，去到禪三精進共修時都還不一定能悟呢！即使有所觸證了，你就敢承擔嗎？

不一定。還得要上師有方便善巧來幫你，讓你去體驗，然後才能夠勇敢的承擔下來，不會退轉，所以修學正法應當要樂於恭敬、供養上師。

現在問題來了，你說：「正覺的親教師們大多不是出家的法師，我怎麼樣供養他？」怎麼不可以？可以供養啊！我們所有在家相的教師們他們每 個人都接受法供養，爲什麼不能供養？你就助印結緣書或者護持道場，你把收據拿了，正本留著可以報稅，同時影印一張來供養親教師，他們一定歡喜接受，所以還是供養得到。我們親教師們不會看到收據影本就皺眉頭：「這又不能用來買東西！」他們都會很歡喜，這也是供養師。可是少了一個敬，那怎麼辦？那簡單嘛！從心裡面誠懇的發出來供養就行了。如果你做得到，胡跪供養，他們一定很歡喜接受，這不就是又**敬**、又**養**了嗎？樂敬養師，有什麼法樂？有啊！因爲這個供養是無上供養，遠超過財物的供養。這樣子供養下來，親教師們也知道，將來他們成佛的時候，你們一定會在他座下當他的弟子。他們因此而歡喜接受了，你也會歡喜；因爲：「我的親教師將來成佛時，我一定大得法利。」難道這樣樂敬養師，沒有法樂嗎？當然有啦！如果沒有法樂，就表示你智慧還不夠。

「**樂廣行施**」：想要成佛，一定要廣行布施。在大藏經的本緣部，你們去讀讀看；釋迦牟尼佛成佛之前，他是怎麼行菩薩道？他的本生因緣是如何？有時候爲了救某一些不可度的眾生，去當畜生也願意。以菩薩的尊貴身分去當畜生，去跟那些畜生結緣，然後教導他們改變心性去投胎當人，未來他再以人身來度他們；祂做這種事情做太多了，這都是布施；所以曾經布施整整一世的時間去當鹿王等等，然後有更多世在人間，是眾生要什麼就給什麼，內財外財都施。甚至於爲了救護飢饉眾生，祂去化身爲一條大魚，以神通教眾生們去割祂的肉，教眾生們把祂的內臟留著，祂每天就長肉給他們割；爲了要跟這些眾生結緣，這樣布施，一方面成就福德，另一方面也攝取了佛土。要這樣才能快速攝取佛土，因爲佛土的攝取是要眾生的如來藏共同來成就的，你沒有攝取眾生，讓眾生來信受你、來追隨你，你將來成佛的時候，佛土要如何成就？所以攝取眾生其實就是攝取佛土，因此菩薩應當樂廣行施。

「**樂堅持戒**」：持戒，我們跟聲聞戒的要求不一樣，我們要求的是十重戒永不可犯，這個是一個根本，因爲十重戒是成佛的根本。微細戒，大家就儘量做，我雖然當了你們的戒師，但我不會跟你們要求：你們微細戒一定要做得很好，一個都不許犯，犯了就破口大罵。我不會。因爲，人間畢竟不同於諸天境界，娑婆畢竟不同於清淨世界，所以我對你們的要求就是輕戒儘量持好，但是十重戒千萬不要犯，我只有這個要求；所以我們一定要樂於堅持淨戒，不要輕易去犯。有的人很愚癡，受了戒以後，有一天發覺自己犯了十重戒，他就開始自暴自棄：「反正這個戒都犯了，別的戒也不管了，就統統去犯了算了。」那就好像下了第一層地獄還不夠，乾脆下十八層地獄算了，眞是愚癡人。

佛曾講過一個故事，一個愚癡的養牛人，他有一群牛，不小心讓一頭牛掉到懸崖下摔死了，他想：「反正一頭死了救不回來，其他的牛不如一起都死掉算了。」就把其餘的牛統統趕下懸崖去。世間確實有這種愚癡人。我們要有智慧，不要效法這種愚癡人，所以應當樂於堅持清淨戒。樂於堅持清淨戒以後，你會漸漸的發覺：時日漸漸的經過以後，月久年深的持戒，心性眞的轉變很大，眞的比以前清淨很多；你會發覺：因爲戒行的清淨會導致業障遠離了。你自己會發覺到，這個時候當然就有法樂了。

「**樂忍辱柔和**」：忍辱柔和，非常重要，也就是絕對不許起瞋；除非像十一面觀音那樣，背面不是有一面憤怒相嗎？祂是用來攝受某一種眾生，使惡劣眾生可以進入佛道。禪師接引人的時候，有時痛棒，有時怒喝，不一定；但那是禪法，心中是不起瞋的，其實仍是忍辱柔和；它只是一個手段，不是因爲瞋而做出不當的行爲。佛說過，如果有兩法，譬如邪淫與故瞋，這兩個法，寧可犯邪淫罪而不要去犯故瞋之罪；因爲假使犯了邪淫罪，那個共同邪淫的共犯，未來世將會被你度去學佛。可是如果故瞋，未來世你度不到他，你已斷了那個人的法身慧命，因爲那個人每一世遇到了對他故瞋的人，他心裡面都會想：「學佛的人脾氣這麼大，瞋心這麼重，學佛幹什麼！」他若遇見了你，一定不會跟你學，也不會愛樂佛法。所以佛說菩薩犯瞋比犯邪淫罪還要重很多，原因就在這裡。

但是我得要說明一下，這不是在鼓勵邪淫（大眾笑…），不要拿我這一句話拿去做反面的解釋。這就是說，雖然兩個都是十重戒，必下地獄，但是犯故瞋之罪，還是比邪淫罪重很多。佛說菩薩絕對不許犯故瞋之罪，原因就在這裡，意思就是說要樂於忍辱柔和；樂於忍辱柔和，才會有法樂。假使二十年前你曾經跟人家爭執過，後來你想：「算了！不要跟他爭執了。」後來又知道：原來對方是個十惡不赦的人，你說：「還好，我沒有跟他爭執下去，不然早就一命嗚呼了，今天還有機會來學這個了義法嗎？」這一想起來：「忍辱柔和還眞不錯！」這也是法樂。但是忍辱柔和最大的好處，就是使你能夠專心在道業上不會分心，它也會使你在修學佛道的路上產生許多好的助緣，自然就會有法樂嘛！

「樂勤集善根」：修學菩薩道跟修學二乘的解脫道不一樣。修二乘的解脫道不需要很多的善根，因爲他只要把我見和我執斷除就夠了。可是修學菩薩道，是以究竟成佛爲目標；想要究竟成佛，要有無量無邊的善根聚集起來，才能成就佛道；如果沒有這些善根作爲後盾，佛道很難成就，所以樂集善根也是法樂的一種。當你發覺自己是樂於修集善根的，那表示你的佛道已經邁入坦途了。不樂於修集善根的人，他不論做什麼善事，都會先考慮：「我做了這個善事以後，會有什麼回報？」可是有這個想法時，他的佛道就會拉得很長遠，佛道的成就速度也會變很慢，所以要樂於勤集善根。

修學佛道跟世間人的想法是顚倒的，世間人的想法是：我越發努力去得到更多的東西，我設定的目標才能達成。佛道不同，佛道是要把我更多的東西去捨掉，我的功德才能成就；所以要把五陰捨了，把我見捨了，把我執捨了，還要把名利的貪著等等都捨了；能捨，佛道才能得。成佛不是在外法上去追求所得，而是把外法都儘量捨；捨到任何的執著都沒有了，就表示不但已除掉了我執，也除掉了法執，這樣才是成佛的時候。既然是這樣，當然是要具有很多的善根，對世間名利不是去執取，而是去捨除。當你知道自己樂於殷勤、精進的修集善根了，就知道自己未來的佛道會走得更順暢，會走得更快速，由這裡也可以自我檢驗。

「樂禪定不亂」：世間人就是在世間法上面不斷的攀緣追求，因此他的心是散亂的。但是我們修學佛法要以禪與定來攝心。定就是制心一處不攀緣；禪就是靜慮，就是讓自己的心安住於正知見上而決定不退轉，不斷的增進，這就是靜慮，就叫作禪。禪與定是兩個法，能夠樂於禪與定，使得心能夠制心一處而不散亂，或者心得決定而不疑亂，這也是一種法樂。當你能夠安止於正法上面而不退轉，就可以繼續前進，你當然會有法樂；如果能夠安住於四禪八定的境界中，你就有世間法上的法樂，所以樂禪定不亂，就有法樂。

「樂離垢明慧」：樂於遠離污垢，樂於安止在光明的智慧中，這叫作樂離垢明慧。修學佛法，大家都知道是要清淨自心，總不會有人說要追求染污法而跑進佛教裡面來。當然事相上是有人進了佛教，結果去追求染污法，譬如學西藏密宗；但那是眾生因緣不好，加上自己沒有智慧。他們進入西藏密宗去學，本意也不是想要以雙身法來染污自己，只是因緣不好，知見不夠，被邪師、邪法誤導而已。所以進入佛門的目的就是為了離開垢染，離開垢染以後發覺自己不會被世間法所影響，自己生生世世就能在三界六道中自己作主。會遠離垢染的人，他不會到三惡道中去，反而可以上生欲界天，可是他想：「我的目的不是要生天享福，我要學佛啊！」於是繼續在人間投胎，可以自己作主往生之處，這就是離垢。

明慧更是如此：明就是了知眞相，慧就是智慧，有了了知眞相的智慧，就不會被業力所控制，捨報以後不會因爲業風所飄，淪墮夜叉、餓鬼、畜生，那就是明慧的功德。因爲已有了知實相智慧的人，他不會在世間法的五欲上面追求而造作惡業，就不會被業風所飄。大悲懺是根據《千手千眼觀世音菩薩廣大圓滿無礙大悲心陀羅尼經》編成的，它裡面不是說嗎？觀世音菩薩有大神力，如果眾生被黑風所飄，淪墮羅刹鬼國，觀世音菩薩能救度他。可是眾生爲什麼會被黑風所飄而淪墮羅刹鬼國呢？因爲沒有明慧嘛！沒有明慧就不能離垢，不能離垢時心中就起染污，造作了惡業，捨報時黑風一飄，就到羅刹鬼國去了。如果那時候懂得懺悔，用心呼求觀世音菩薩，祂就能救你（對不起！不是救你，是救他（大眾笑…）因爲來到這裡的人都是有善根的人）。所以有明慧就能離垢，能離垢就不會在三界六道中被業力所控制，每一世在中陰境界中看到自己都可以隨意往生：有天界可以去，但我不去，我選擇來人間。這不就法樂無窮了嗎？

「樂廣菩提心」：讓菩提心越來越增長廣大，當然會有法樂。一般人很容易退轉，就是菩提心沒有增長廣大。菩提心，一般不講勝義的菩提心，因為對一般人來講，發菩提心就是發四宏誓願，就算是發菩提心了。可是發起四宏誓願的心以後，能不能每天、每月、每年、每一世不斷的把它增長廣大呢？一般人是不容易的。對一般人來說，能夠做到對三寶信心不退就算很好了，大部分人是會退失的。信不退以後，還要努力修行，一直到證如來藏了才叫作位不退。但這個位不退，也不很保險，因為遇到惡緣時，那個惡緣如果大過善因，還是會退失，那就要在悟後努力的把菩提心設法增長廣大。同樣的道理，乃至進入初地以後，也是如此，更要樂於增廣菩提心，這樣佛道才能迅速成就。如果你發覺到自己每一天、每一月、每一年都很樂於增長自己的菩提心，樂於讓自己的菩提心越來越廣大，你一定是一個正在享受法樂的人，因為這表示你的修證層次已經提高到位不退而不會再被任何惡緣所轉了。所以樂廣菩提心，也是可以有法樂來自己娛樂的。

「樂降伏眾魔」：降伏眾魔有什麼法樂？其實一般說來，修學佛法最難的就是降伏眾魔。如果能降伏眾魔，那就是最大的法樂。魔當然不只是一種，一般而言最先需要降伏的就是五陰魔，然後再來就是鬼神魔，接下來就是天魔，最後就是生死魔。五陰魔其實不是外來的，祂是我們大家自己身上的；只要你有五陰存在，自己的魔也就存在。爲什麼會叫作五陰魔？因爲五陰本身就是對佛菩提智的遮蓋，也是一開始修學解脫道和佛菩提道時首先要面對的魔。一般人總以爲魔都是外來的，可是魔其實有內在的、有外在的。不瞭解的人以爲五陰魔大概也是外來的，可是五陰魔說穿了，其實就是自己；就是五陰本身的自我執著而產生解脫道修證上的阻礙，產生了佛菩提道修證的阻礙，所以五陰本身就是魔。

但是五陰魔的超越，對於古時與現代的佛教學人來講，其實都一樣。五陰之所以會成爲魔，都是因爲我見不斷所導致；我見斷了以後，五陰稱之爲魔的成分就少掉一大半了，剩下的是我執。還有我執的存在，就表示還沒有完全超過五陰魔的範圍；但是在我見斷除時，五陰魔其實已經對治了大部分，所以降伏五陰魔的第一個首要之務就是斷我見。可是斷我見很困難，古今都一樣，大部分的大師們是自以爲斷我見，其實都沒有斷我見，這是古今中外皆然。五陰魔，只要能斷我見就除掉大半，剩下的只是我執及習氣種子；所以如果有一天你確實把五陰斷了而看見諸方（不論大師或學人）都不能斷我見，你卻能夠爲別人宣說我見的內涵，以及如何斷三縛結，你本身就有法樂了——從降伏五陰魔而生的法樂。

五陰魔之後接著要斷的就是鬼神魔，這是依我們同修會的修證內容來說這個順序。但是在外面，他們都事先要對治鬼神魔，再來對治天魔，然後對治五陰魔，因爲他們斷不了我見，所以和我們的順序不一樣，想要降伏眾魔就很困難。這就是說「法無定法」，隨著學法內容的不同以及根性的不同，會有種種不同的怪異現象。鬼神魔的出現，通常是在打坐的時候。打坐，我們同修會在最早期教過，後來發覺後遺症很多，就停下來沒有再教。我們還有一套講《小止觀》的錄音帶，是當時教導而錄下來的，記得是有七、八十卷；但是後來不教了，因爲後遺症很多。未來會在什麼時候再教呢？要等大家把我見都斷了，我們再來教，鬼神魔的阻礙干擾才會降到最低。但是外面一般道場，他們無法斷我見，而他們禪定雖然也證不到，卻都是將修定的方法當作學佛，所以他們很容易遇到鬼神魔的干擾。鬼神魔來的時候，往往化現作佛菩薩、阿羅漢的形象來干擾學佛者，讓學人走入岔路，走入他們所預設的邪見道路上面，死後就成爲鬼神的眷屬。

成爲鬼神眷屬以後要幹什麼呢？有兩條路：第一條路當乩童；第二條路是奉鬼神之命爲眾生辦事，他也會像我這樣坐上法座來，不過不是佛教道場的法座，而是神教道場的法座，然後爲眾生辦事。這種人到同修會來學法都會有困擾，因爲鬼神魔不肯放他，到最後就是被干擾到精神失常，除非他趕快回到神道教去。所以對於乩童或這一類人，我們都是很小心提防，這叫作「一朝被蛇咬，十年怕乩童」。因爲我們教的法是正法，跟鬼神的有境界法無關；他們來學，鬼神不肯放他，就害他精神分裂，然後家屬就怪罪說我是不是教他什麼東西，或在他身上下了什麼符。以前有一次，家屬對我說：「蕭老師啊！你放了什麼在他身上，就請你收回去。」（大眾爆笑……）你看！眞是冤枉！我說：「我講的是佛法，又不搞符法。」好在他自己還有一些見地，但我得要去榮民總醫院的長青樓，每天爲他開示，很麻煩；所以我不太想教大家禪定，原因就在這裡，這個講的是鬼神魔。

你們如果想學佛法，希望不要跟鬼神親近，也不要心裡面老是想說：「我開悟了，要有神通。」或者在這裡悟了以後，還要去別處求神通，這很危險。因爲我們菩薩的道，是在三地住地心已經快滿足時，最後才修神通的，這樣鬼神都無法來干擾你。所以在這之前，我們不希望有人先去修神通，免得出了問題，家屬又找上門來，叫我把什麼鬼符收回去。這個講的就是鬼神魔的干擾。在修定的過程當中，鬼神常常會化成佛菩薩模樣，闖進你的定境中來；如果你不小心覺察，誤以爲那眞的是佛菩薩來教導，跟著走下去，後果就不堪設想。因爲不是只有這一生報廢了，而且會貽誤到未來很多世，因為鬼神已將他認作是法眷屬了；所以鬼神魔一定要遠離，必須要遠離貪求有境界法。

如果你能夠看穿了鬼神魔心裡所想的以及祂的境界相，你心裡就會有法樂。因為你會發覺，當你用明心的見地去考祂們，祂們都無法跟你談話，除非你自己長鬼神志氣、滅自己威風，對自己沒有信心，對法也沒有信心；否則你用法去檢驗祂們，你會發覺鬼神不懂什麼叫作明心，更不懂見性，更不懂佛法；祂一開口，你就會知道祂講錯了，這就表示你已經降伏鬼神魔了，不會被祂所轉，這時候你當然有法樂。因為當你正在跟鬼神當面破斥說：「你根本就是假冒的佛菩薩，不過是個鬼神，連明心的境界你都不懂，還能來教我什麼佛法！」當你正在訶斥祂的時候，意識深心中不是也有一絲絲的得意洋洋嗎？這也是樂。

鬼神魔已經降伏了，再來是天魔。一般人都以為說，初學佛剛打坐就會有天魔來考驗他；那都是自我膨脹，把自己看得太高強了，其實天魔波旬不輕易示現的。學佛人如果還沒有辦法超脫於祂所掌控的欲界境界，天魔波旬是不會出現在眼前的。這就像一個牧羊人，他弄了幾百公頃肥沃牧草的牧場，那些羊如果一直都在那個範圍裏面生活，這個牧羊人根本不會管牠們，讓牠們自由生活、自由長大。可是如果這些羊想要超出他那幾百公頃的範圍之外，他就會來干預了。天魔也是一樣，你如果不超過欲界的境界，在欲界當中混，祂永遠也不會出現在你面前。所以有些人說什麼天魔來考驗他，都是騙人的，都是一場誤會，其實都是鬼神魔，都不是天魔。

一般人想要遇見天魔還是不容易的，因爲要使得祂出現，你還得要夠份量，否則祂還不來呢。什麼人會使祂出現呢？當你明心了，祂還不會出現，因爲你明心了還是在欲界境界中生活，仍在祂掌控的範圍中，祂並不耽心；若同時以解脫果來講，你這時最多不過是初果、二果；二果人薄貪瞋癡，也還是在欲界中。什麼樣的情形祂會出現？通常是你得初禪以後。如果你的初禪是很荣的、很差的，一定會退失的，祂也不會出現，祂也是不管你的。可是你的初禪品質如果很好，半年內祂一定會來引誘你。祂眞的有三個女兒很漂亮，眞的很漂亮，會一一來引誘你；什麼世界小姐，都比不上啦！

當你能夠看透了天魔的境界，那你就超越祂的境界了；無妨繼續住世間受用五欲，但是祂完全無法影響到你，這就是菩薩。當祂發覺根本動轉不了你的時候，從此以後就永遠不會再來了，那你就是降伏天魔了，祂管不了你了；雖然你繼續在祂的勢力範圍裏面活動，教人們出離祂的掌控，但祂無法遮障你。這樣過度了天魔的境界，降伏了祂的境界了（你不是去降伏祂，而是降伏你自己的心，不被祂的境界所繫縛），這樣祂就無法影響你了，這樣就降伏了天魔。

最後一個就是生死魔，又名煩惱魔，也就是思惑煩惱。三賢位的菩薩沒有辦法過度生死魔的境界，初地的入地心、住地心也不行，要到滿地心。滿地心時可以過度，可以成爲慧解脫的阿羅漢；但是他故意不去斷除最後一分的思惑，能夠斷盡而故意保留著，所以叫作留惑潤生，這就是降伏生死魔的境界。這樣子四魔全部都降伏，也樂於去降伏祂們，當然你心中就有法樂；因爲你將會發覺，原來自己修行進步蠻多的。那當然是有原因的，這就是從斷我見、降伏我執、以及親證佛菩提所產生的功德受用，所以這樣一來，你當然有法樂來自己享受。

「**樂斷諸煩惱**」：菩薩斷煩惱跟二乘人不一樣：二乘是斷見惑、思惑煩惱；菩薩是斷見惑煩惱，思惑則是故意留下最後部分，不急著斷盡，留著一分思惑以潤未來世再生於人間。但是菩薩另外還破除無始無明煩惱，並且把無始無明的上煩惱（就是所知障的煩惱）也加以斷除。可是思惑雖然不全部斷盡，卻已開始努力在斷習氣種子及上煩惱，當這些煩惱都有一部分斷除了以後，他發覺自己縱使沒有離開胎昧的境界，也可以毫不猶豫的樂於生死中輪轉，來行菩薩道、荷擔如來家業、利益無量眾生，因爲他發覺斷煩惱不是不可能的，而自己已經確實親自斷除一部分習氣種子及上煩惱了，可以現前檢驗及觀察證明出來，所以法樂無窮。

「**樂淨佛國土，樂成就相好故修諸功德**」：菩薩樂於清淨未來的佛土，這是要從清淨自己的心性以及清淨隨學眾生的心性上面來著手的。菩薩在因地三大阿僧祇劫修菩薩行的過程中，如果只清淨自己的心地，不能同時教化眾生清淨心地，那他將來成佛會很緩慢，因爲佛土不是單靠他一個人來成就的，而是要與他座下的學人一起來成就：佛土的成就，要與其他有緣眾生的如來藏共同成就。所以如果他想要成佛，就一定要把他所度的眾生們的心，都教化清淨；當自己清淨了，所教化的眾生大部分也清淨了，他成佛的時候就成熟了，佛土就完成了。

到這個時候，接下來就只有一件事了，以一百大劫的時間布施內財、外財。這一百大劫的時間，反而不是把主要的時間放在度眾生上，反而是放在布施內財、外財上面。所以百劫修相好，對其他的菩薩而言，眞正是難行而能行，對他來講並不難行；但眾生看來是很難行，因爲當他辛苦奮鬥了三十年，掙得一片家業，忽然有人來勸募：「你把所有家業都捐給我，我需要你這一大片家業。」他不可以遲疑，必須當場就捐。今天全部家業都捐出去了，明天又有人來：「我需要兩顆眼珠子做藥引，請你布施給我。」他就得拿起調羹來，當場挖給他，不可以再想一下才答應，像這樣內財、外財全部都施。

他生生世世去獲取內財、外財，有誰想要，就馬上就布施，又轉入下一世去取得身體及錢財。一般人會想：「哎呀！這個要來跟我勸募的人，最好晚一點來。」他的想法卻不一樣：「最好趕快來，我又可以繼續往下一世再來修內財的布施，成佛的速度會更快。」這就是等覺菩薩的最後一百劫。諸佛的三十二大人相，就是這樣百劫生生世世很努力布施內財與外財而得來的，這就是「樂成就相好故修諸功德」。以前佛要入滅時有弟子問：「世尊！您走了，萬一沒有人供養我們，那我們怎麼辦？」佛說：「我有三十二個大人相，只要隨便一相就夠我的遺法弟子們吃喝不盡。」因爲他是整整一百劫大施而修來的，隨便一個大人相的福德都夠遺法弟子們受用不盡，一直到法滅時還是受用不盡，這就是百劫修相好。

所以三十二大人相，代表的是無量的福德；一百劫之中不斷捨身、受生，那些色身要是堆積起來會有多高？所流掉的血會有多少？你算算看，光是一個小劫，你就難以計算了，甭說一個大劫啦！所以菩薩樂於清淨佛國土，當他清淨自心的習氣種子，當他清淨弟子們的習氣種子時，他知道這都是自己的佛土在日漸成就當中，所以菩薩當然有法樂。看到自己的弟子們日漸清淨，他當然就歡喜，因爲這表示他成佛的時間一直在縮短，一直在提前。除非這個菩薩不懂淨土成就的道理，不懂佛土成就的道理，否則他對這件事情一定有法樂。當他在布施時，很清楚的知道自己的大人相正在一點一滴的成就，除非這位菩薩的修行還很淺，還不懂三十二大人相是如何成就的；當他知道自己的佛國淨土以及大人相都在成就中，當然有法樂。

「**樂莊嚴道場**」：莊嚴道場，有兩個意思；第一是大家所知道的——來共襄盛舉。俗話說：「有錢捧錢場，沒錢捧人場。」這也是莊嚴道場。如果說法時只有二、三十個人在聽，道場看來就不莊嚴；如果擠滿了人，你就覺得這個道場很莊嚴，這就是世俗表相上所說的莊嚴道場。有的人說：「我沒有時間常常來，我用另一個方式。」他就想辦法把道場硬體建築莊嚴起來，這也是莊嚴道場，但這些都是在事相上。我們前面講過道場，請問「道場在哪裡？」在各人身上啊！怎麼樣才是莊嚴道場？就是要使自己的四威儀像一個佛弟子，不要像世俗人一樣蹦蹦跳跳、大聲吆喝，又是講話粗魯、出口鄙俗，那麼這個道場就不清淨了、不莊嚴了。

另外，如果能夠從如來藏含藏的習氣種子的清淨上面來下手，那就是最究竟的莊嚴道場的法門。表相上的、事相上的莊嚴道場是護持正法的道場，以此功德轉成自己菩薩道的福德資糧成熟與圓滿；同時在事相上面莊嚴自己五蘊身心道場，也可以使自己的道業迅速成就。懂得這個道理的人在莊嚴道場時，不會一直愁眉不展；所以不管在事修上或是理上，在莊嚴道場時，菩薩一定都有法樂自娛，所以菩薩樂於莊嚴道場。

「樂聞深法不畏」：這件事情在現代來講，眞的很困難，很難做到。且不說別的，光說念佛就好：念佛人一天到晚心裡面想的是要淨念相繼，希望一心不亂，希望有把握得生淨土，可是當你告訴他們：「修學無相念佛可以讓你淨念相繼、一心不亂，必定得生淨土。」他們聽了就說：「哪有可能！你別騙我了。」就把你說的都否定掉，他不給自己任何機會，堅持說：「我就是要繼續持名唸佛！」唸了三十年還不能一心不亂，卻還是要繼續，不肯給自己一個增上的機會，因爲他們想：「無相念佛太深了，沒辦法練成功的。」有的人本來還稍微有一點信心，可是被他的師父一句話影響，又失掉信心了，因爲他師父這麼講：「無相念佛是諸地大菩薩們修的法門，你不可能修成啦！」又退回去持名唸佛了。

不但是一般的師父會這麼講，我當年求見淨空法師，想要把明心的法傳給他時，就曾經被淨空法師當面指斥過。我告訴他可以經由無相念佛而到達實相，他馬上對我潑冷水：「現在末法時代，講什麼實相、無相念佛，那是諸地大菩薩修的啦！」所以我想要把法送給他，他卻不斷的否定與懷疑。那是很早期的事，大約是一九九一年的事，是在無相念佛出版之前，那時他在杭州南路弘法。你想，我當面去說明，他都這樣了，何況是別人只看到書，難免也會這樣想；這就是不樂聽聞深法，聽聞深法時心有畏懼，這是現代很普遍存在的現象。諸位能坐在這裡聽聞深妙法而不畏懼，這是很稀有難得的，應作如是觀。一般人，你如果向他說：「現在仍然有可能開悟明心的，仍然有可能眼見佛性的，乃至仍然有可能修得道種智。」他們一定不信，因為聽到人家在講般若時，他怎麼聽都聽不懂，何況能開悟？所以他們認為是不可能的事，所以聽到深妙法時心中就恐怖畏懼。

可是他們有一點事實是沒弄清楚的，那個事實就是：講般若的大師們自己也不懂，所以他們當然聽不懂；這過失不在他們，而是講般若經的大師們。可惜的是現在佛教界的學人們都不知道這個事實，老是以為自己不行，其實是大師不行，不是他們不行。我們今天講這句話，將來整理在書裡面出版，當然還是會得罪那些大師們，我是無可奈何的；但我講的是事實，他們也是無可奈何（大眾笑……）。所以我跟他們都一樣無可奈何，這就是末法時代。能夠樂聞深法，並且聽聞深法以後心中沒有畏懼，願意勇往直前的修學，都很不簡單。所以諸位聽了這句話以後，應該在心中為自己鼓掌一下（大眾鼓掌…）。應該如此，因為深妙法確實很難令人信受，一般人聽了都會恐怖、畏懼。凡是聽了深妙法以後能信受而不恐怖畏懼的人，都是在菩薩道上已經修學很久的人，否則無法安住下來。當你樂聞深法而不畏懼，就知道自己不是新學菩薩，當然你就可以了知：自己佛菩提道的修學過程是在往世比一般人早走了很長的一大段路了。這也是法樂呀！更何況是找到如來藏而能以經典來印證時，法樂更應當不斷的出現。所以樂聞深法而不畏懼的人，都有法樂可以自己娛樂。

「**樂三脫門，不樂非時**」：三脫門就是三解脫門。三解脫門是從什麼而生的？一般說是從戒定慧而生。可是這個戒定慧而生的三脫門，有大、小乘的不同：小乘講的戒定慧是從解脫道來說的，大乘講的戒定慧是講三種增上學，就是增上戒學、增上定學、增上慧學，但這是諸地菩薩的修證，今天我們沒有時間來講它。我們要從什麼地方來講三脫門？要從三三昧來講三脫門。這個三三昧並不是從有覺有觀、無覺有觀、無覺無觀的根本禪定三昧來說，因爲那不是使人證得解脫的根本因，而是要從空、無相、無願智慧三昧來說三脫門。「空」有兩種：一種是蘊處界緣起性空的空，我們稱爲**諸法空相**；另外一種是從實相心本來解脫、空無形色而又能生萬法的空來說，又稱爲**空性**。

空相講的就是三乘共道的解脫門，也就是二乘法專修的解脫道。當一個修行人聽聞到正法，現前了知、現前觀察、現前證實：五陰、十二處、十八界都是緣起法，所以其性無常必滅，無常必滅故空。既然蘊處界緣起性空，當然蘊處界所擁有的世間財物，蘊處界所擁有的眷屬當然也空；既然空，就沒有一相可得；沒有任何一法具有眞實存在不滅的法相，所以空故無相。既然空而無相，就不需要在心中有所希望，心中無所希望就沒有願求，沒有願求就不必在有爲有作諸法上面追尋，對我所和對自我的執著就斷盡了，這樣就是二乘法的空、無相、無願三昧。這樣具足親證，就能出離三界輪迴，這是二乘法共於大乘的三脫門。但是二乘法三脫門的取證，不應該非時而證。什麼叫作非時而證？譬如 佛世尊正在弘傳解脫道的早期，所有的二乘阿羅漢們都不該急著入無餘涅槃，而應該努力幫助 佛陀來傳佈正法，教導眾生同證解脫。如果在 佛入滅前就急著要取證無餘涅槃，這個人就是非時取證；所以在二乘法中當然每個人都應該樂於三脫門的修證，但是不應該非時而證。菩薩更是如此，不但一樣要修證二乘法中的三脫門，更要從實相的親證上面來證三脫門；所以二乘法的空無相無願三昧，菩薩一樣要親證。

菩薩另外親證的三脫門，是從實相心第八識的本來涅槃性、本來自性性上面來親證；所以菩薩同時證得第八識心，現前觀察第八識如來藏的空無形色，現觀第八識的常住涅槃中，而又現觀第八識的種種自性以及能生萬法，證知法界實相的智慧境界。第八識有七種自性，這七種自性的體性能幫助眾生出生三界萬法，也能使修行人因爲祂的緣故而證得無餘涅槃，以及證得一切種智。在親證之後，菩薩現觀第八識本身一直常住於涅槃之中；祂是空性，雖然能生萬法，自身卻是空性，這就是祂的空三昧；菩薩由於這個空三昧，而能現觀祂無任何相，所以無相。《金剛經》說的不住於四相，其實是在講第八識自身本來就無四相（不是修行以後才離四相，而是祂本來就無四相），所以親證第八識以後有空三昧、無相三昧。再從這個空與無相來轉依，因此心中不再產生爲自己的利益打算而出生的願求；假使有願、有求，都是爲利樂眾生，這就是菩薩所證的空、無相、無願三解脫門。但是菩薩證這三解脫門時，仍然不樂非時而求，非時而求的人一定不是菩薩。

假使有人在大環境未成熟時，在自己的福德、定力、慧力都未成熟時而求證三解脫門，那就是非時而求。非時而求一定會產生煩惱，所以每天學佛修法時修學得很痛苦，到最後仍然一事無成，這就是樂三脫門時也樂非時求，所以菩薩出現在人間，或者他修證三脫門的時機，都是要有因緣的。假使非時而證、非時而弘，也會出問題：假使我在四十年前出家，然後給我三年的時間證悟了，第四年我就沒命了，因爲那個年代不可能容許有人出來說這種法。如果我在那個年代出來說如來藏法，又被逼而不得不破邪顯正，只要有一位大法師一通電話向政府說我是邪魔外道、擾亂佛教，我半夜就會被抓走了，後來到哪裡去了也不會有人知道，當然是屍骨無存，所以我們得要這個時機才能出來弘法。因此，弘揚正法或者親證三脫門，都有一定的時節因緣，不能躁進，躁進就會走得很辛苦。我們這十來年表面上看來好像很辛苦，其實並不辛苦，因爲我們一直是有次第在做的，不是盲衝瞎撞。所以菩薩樂三脫門，還得要樂於因應時節因緣，不樂非時。假使你樂於三脫門而又不樂非時，那麼你弘法的過程雖然一定會有波折，但是終究可以順利的達成你的目標，那當然還是會有法樂。

「樂近同學，樂於非同學中，心無恚礙」：菩薩一定要樂於親近同學。同學是說修學同一個法門的人。如果不樂於親近同學，表示這位菩薩離成佛之道還很遠，而且他還要經過一段很長的時間和同學們親近，將來他弘法與修道才會順利；否則他永遠都會是自己一個人，每一世所度的徒弟也都只會有兩、三人，這樣老死而往生。他的弘法與修道過程都會很辛苦，所有資糧永遠都不夠，這就是沒有和同一法門的同學們廣結好緣；所以說，樂於親近同學是很重要的。假使不樂於親近同學，就算他眞的悟了，未來世不論在哪個世界弘法都會很孤單，將來每一世都會覺得自己非常的孤獨，沒有知音；所以應當要樂於親近同學，才會有法樂，因爲可以互相增上、互相幫助。

並且要同時樂於在非同學中，心無恚礙。這一點諸位要學習，往往剛進來同修會時，發覺原來眞的可以開悟、眞的可以見性；一旦見性時，菩薩道的第一大阿僧祇劫就完成三分之二了，這在一世中是何等大事！當你發覺到眞的可以這樣，悲心發起來時，就一直想要讓自己的親朋好友乃至外面的學佛人都可以來到正覺同修會；他沒有私心，這眞的是菩薩。一般人會想：「我先來學、先悟了再講，以後度他們時可以慢慢度，因爲度他們來，他們會跟我競爭。」所以他來這裡學法時，度人的條件是：「等我悟了，我才會去度人。」這就是新學菩薩。久學菩薩心性卻不一樣，他想要趕快去度人來學，雖然自己還沒有悟，也希望大家趕快來。

可是問題來了，他去勸人來學的時候，十個人中倒是有九個會對他潑冷水：「你別被誤導了，我只怕你會跟著人家大妄語，你死定了！」然後他就會加以說明，可是人家一定會跟他講：「你眞的是大妄語，執迷不悟！」那他心裡面就氣起來了：「明明可以開悟的，你爲什麼要這樣講！」就生起瞋心而與對方相罵起來，這樣就是於非同學中心有恚礙。這是很多人剛來正覺時容易犯的毛病，諸位都要很小心提防，不要犯這個毛病，特別是對待家中的眷屬。假使你來這裡學禪淨法門，你的眷屬是專修唸佛，乃至在學藏密；不管他學什麼，你一定要很有耐心，只能以德伏人，不能以力伏人。你想要度人家，是要從你自己的轉變開始，不是去轉變別人，只有自己獲得功德受用而轉變了，才能轉變別人。出來弘法不是在降伏別人，而是在改變自己、示現智慧；當你自己變了，別人才會跟著變。所以菩薩於非同學中應當心無恚礙，並且樂於如此。能夠如此，你度的人就會越來越多。

諸位不可以跟我一樣，因爲我從過去多世以來一直與這一世一樣：如果要度哪個大師，說好話而度不來，我就公開破他，先剝奪掉他悟者的身分；有時候甚至於貼告示、貼榜文（古時候是貼榜文，好像大學聯考放榜一樣張貼），我就這樣做，逼他走投無路，最後不得不來找我；但是來找我時，我一定會幫他悟，我就是這樣做。雖然牛無吃草意，我卻硬把牛頭按到草裡面去吃。當他不得不開口時，就得要吃一口，這是不同的作略。但因爲你們要度的不是有名望的大師，是一般的學人，就不需要用這一招。你們度的對象不是大師，而是一般的學人；一般的學人沒有面子的問題，所以你們要度他的時候，不需要剝奪他的面子，你要做的反而讓他認同你；認同了你，就會跟著來學。你走在前面得法，他在後面跟著得法，未來世你出來弘法時，那些人就會是你的徒弟。所以未來世你若想要弘法，這一世就得好好去接引人；你接引來的人，未來世都是你的徒弟。

你能夠做到於非同學中心無恚礙，才能夠度到你未來世的徒弟。能夠度得未來世的徒弟，就表示你的佛國淨土也在次第成就當中；所以當你懂得這個道理，就樂於非同學中心無恚礙，你當然就有法樂了。因爲你很清楚知道你去度人時，未來世會產生什麼樣的結果，所以你有法樂。不過要吩咐諸位的是：當你去度那些人的時候，不必向他說明這個道理；因爲你若說明了這個道理，他會想：「喔！原來你是爲了成就你的佛國淨土。」那你又度不成了，雙方都失了大利益。所以有很多的法都只能自己知道，對淺學者都不能講；但是爲了讓你們知道佛菩提中比較深奧的內涵，我應該告訴你們。而你去度人時就不用講，講了就是扯自己後腿，也使對方失去大利益；因爲他會在這上面用心，而不會在**跟你來學以後能得到什麼法益**上面去用心，因爲他們是尚未入門的俗人，而你是學人，不一樣的。

除此以外，還要**「樂將護惡知識」**：爲什麼還要將護惡知識？因爲除了從他自身的利益來考量以外，你還得要從和他有因緣的眾生利益上面來考量，所以你應該要利樂於將護惡知識。「將」是攝持、執持的意思，「護」是保護。對於惡知識，我們的作法有兩方面：第一、先把他的面子剝除掉，讓他不再有面子上的顧慮。怎麼剝除他的面子呢？就是指名道姓把他寫出來、舉證出來，把他破斥。第二個部分，是詳細的說明他的法錯在何處，讓他如實了知他的法義爲什麼錯了，讓他可以自己確實的檢查，果然是錯了。即使他在健壯時不能做懺悔補救的動作，至少在死前還是能有機會來做補救。我們用這種方法來將護惡知識，也會同時利益到和惡知識有因緣的許多學人。所以我們書本出版以後，雖然沒有直接去評論到李元松老師，但他還是能夠自我檢查，所以捨報前廣寄懺悔信給各道場（包括大陸的名山道場），懺悔自己的因中說果。這樣我們就救了他，跟他學的許多學人也能趕快把因中說果的惡業消除掉；當他公開說明自己以前悟錯了，證阿羅漢果的大妄語戒罪就消滅了。所以，身爲菩薩，不應該對惡知識起瞋。

外面有些人不瞭解，總以爲我在寫書破斥藏密、破斥印順法師時，心中可能是充滿了瞋恨的；因爲我在書中的破斥很深入，文筆很犀利。事實上，譬如我在寫《狂密與眞密》時，我寫得飛快，四輯五十六萬個字，三個半月就寫完了，你說我哪有時間去起瞋？在那邊起瞋時還能寫嗎？（大眾笑…）五十六萬字是打字行打字小姐一年的工作量，但我一天做十幾個小時，三個半月就寫完了。我如果在那邊瞋，還能飛快的打字嗎？一定是每打錯三個字才能打對一個字啊！但我打字寫書時反而是很高興，因爲匡復正法、救護眾生的工作，又有一部分快要完成了；我爲這個事情高興，當然不曾起過瞋。將護惡知識的過程中，固然你有很多的手段去做，但是絕對不該有瞋恚心。所以我們不像外面有些人寫書或寫文章要罵我時，寫得手都在抖，但我們卻是快快樂樂的去做。菩薩如果能夠樂於將護惡知識，心中一定有非常深沉的法樂；如果沒有很深沉的法樂，你辨正法義時不會有法樂。所以我們常常說：被我們評論的大師們，如果他們願意來學，我們也決定會保證幫他們開悟。只要他能照規矩來學上幾年，保證他會開悟。開悟這件事情比起這個薄薄的臉皮來，比起短短一世的名聞、利養與眷屬，是哪個重要？換了我，我是不管臉皮等等的。所以諸位也要學這一點，要樂於將護惡知識，這樣你心中就沒有一絲一毫的瞋恚，並且在寫書或說法破斥惡知識時也有法樂可以享受。

「樂親近善知識」：親近善知識，說來容易其實不簡單，因爲一般人親近善知識時，他都會看表面：「這個善知識天氣熱了還不是照樣流汗？肚子餓了他不是照樣要吃飯？早上起床不照樣要上洗手間，那算什麼善知識？他又沒有三頭六臂！」這是一般人的想法。「如果沒有三頭六臂嘛！至少他應該有神通吧！」認爲有一些特異功能了才叫作善知識。既然世俗人這樣想，當然有些人就去學一些魔術來籠罩人，讓人家以爲他眞的有特異功能、眞的是善知識。所以親近善知識時還得要有正知正見，否則親近不了。如果要籠罩天下人，最好的辦法就是聘請十個保鑣，每次出門拿著大幢前後導護，排場很大，眾生就迷信：「哎呀！這一定是善知識！」可是看看 維摩詰菩薩，他出門時有沒有保鏢？沒有欸！也沒有人拿著高廣寶幢爲他遮陽。所以要親近眞正的善知識，還得要本身具足正知正見，否則就會像孔老夫子的一句名言：「唯小人與女子爲難養也。」當然這不是罵妳們女眾，因爲來到這裡就不算女人了，有了丈夫心量才敢求悟。孔老夫子說：「近之則不遜，遠之則怨。」你讓他親近了，他就不信你了，他想：「你也一樣要吃飯，你也 樣要睡覺，算什麼善知識？」可是你要是不讓他特別親近，他心裡面就怨恨你，不學了，這就是一般人的心性。

所以，如果這個善知識住得很遠，在美國，根本很難見到他：「啊！這個一定是善知識。」如果住在我家隔壁，那一定不是（大眾笑…），這就是世間人啦！所以親近善知識並不容易。因此《華嚴經》善財童子才會說：「善知識者出興世難，至其所難，得值遇難，得見知難，得親近難，得共住難，得其意難，得隨順難。」相信善知識也很難，與善知識能夠共住了，要得他的法也很難；得他的法以後，能夠吸收而不退轉的也很難，事實確實是這樣。但是菩薩不一樣，菩薩有正知正見，所以他不從表相來看善知識。

華嚴五十三參，善財大士參完了這五十三位大善知識而成爲等覺菩薩，可是你們看看那些大菩薩們，有的顯現窮凶極惡之狀，還有大菩薩顯現爲高級妓女，你想像得出來嗎？看不出來。所以有人推介善財童子去見婆須蜜多，當他去探訪尋找時，問人家說這位尊者在哪裡，人家用不屑的口氣告訴他那是個高級妓女，住在何處。可是善財童子沒有因此就起輕心，還是以殷重心、恭敬心，去見婆須蜜多。見了她，聽聞一席法，他又跳過一個階段去了。假使諸位未來世遇到一個大善知識，他是個屠夫，你也得跟著他學，千萬不要看表相；所以親近善知識眞的不容易，要有正知正見。

如果你能樂於親近眞正善知識，一定是有法樂的人；因爲你會從他所教導的法裡面，獲得永續的、增上的利益，一定每天都在進步；剛開始時你不知道，但是兩、三年以後，你會發覺自己眞是今非昔比。你們來同修會學法，跟著親教師修習兩年半下來，還沒有去禪三參禪，也還沒有找到如來藏，卻已經可以發覺到自己跟兩年半之前相距太遠了，增上太多了，這就是親近善知識所得到的善果；所以當你樂於親近善知識時，一定是有法樂的。你發覺自己進步神速，來同修會不過三年，跟你三年不見的同修們，聽到你一開口，就知道你完全不一樣了；這都是由於樂於親近善知識所得，所以樂於親近善知識的人一定有法樂。

「**樂心喜清淨**」：樂於使自心喜歡住在清淨的境界中，這就是法樂的另一種。一般人初學佛，也就是說他是新學菩薩，過去無量世以來沒有學，是到十生前、百生前、或者一千世以前才開始學佛的；當這種人修學佛法，聽到上面法師說：「菩薩修道第一件事，就是修布施波羅蜜。」他心裡面馬上想：「一定是要我的錢，我先把口袋捏緊了再講。」他會這樣想，他心不清淨。人家法師出家了，又沒有子女，他收到的供養又不是要交給他的子女，只是用在教導正法上；想要修菩薩道，本來就是從布施開始，有基礎了才能進修持戒，一步一步漸次修到般若。可是他聽了，心裡面想：「又要我的錢了！」這就是「樂心不喜清淨」。如果是久學菩薩，他聽了會認為這是理所當然的：因為我如果布施這一度沒有修好，還能修什麼持戒？持戒沒修好，能修什麼忍辱？他認為這是理所當然的，不會把人家的教導想到不清淨的貪財上面去，這就是久學菩薩；這種人當然不是在過去世只親近過一、二、三、四、五佛，一定親近了很多佛，才能夠具足六度。具足六度的人才能在聽聞實相法時，歡喜信受而不懷疑。凡是樂處於心喜清淨的狀態，他在自我反觀之後，當然會知道自己是久學菩薩，就會知道自己開悟的因緣最多不會超過十輩子，十世之中一定可以開悟，這就是久學菩薩樂於心喜清淨而有法樂。

「**樂修無量道品之法**」：菩薩有四宏誓願在身，其中一個就是法門無量誓願學。菩薩的法跟聲聞道不一樣，聲聞道的法不過是斷見惑與思惑。所以聲聞道的法單純很多，法義上所需要修學、實證的也少很多。聲聞道的法在菩薩道來講，只有千分之一、萬分之一、千萬分之一而已。但是菩薩的法道所要修證的法無量無邊，所以有時佛說：「我所已說法如爪上土。」祂就在地上抓了一把泥沙，在大拇指上面撒下來，最後留下來只有一點點，祂說：「我所已說的法就像這麼一點點而已。」很多聲聞人不相信 佛說的「所未說法如大地土」；但事實上確實如此，因為大乘法中有無量無邊的法，說之不盡，所以在人間說法四十九年後，還要到色究竟天不斷的宣說。所以菩薩的法既然又深又廣，當然修菩薩的道一定要樂於廣修無量道品之法，不應該得少為足，凡是得少為足的人都是新學菩薩。如果能夠樂修無量道品之法，這個人一定不會明心開悟就溜走了，因為他會想：「我來到正覺講堂開悟之後，盡形壽再繼續學下去也學不完。」他會想：「哎呀！太好了，正覺講堂竟然可以有無量的法等著我去修證，太幸福了。」但如果是新學菩薩，他一悟了就想：「我悟了！這樣就夠了，如果整整一世還要再不斷的學下去，那太苦了。」他的想法剛好顛倒。這就表示他不樂於修無量道品之法，這一定是新學菩薩，就不願意永續的繼續往上進修，就沒有廣大法樂可說。久學菩薩發覺悟後還有很多法要學，這樣不斷的一世學下去，過完第一大阿僧祇劫並不是不可能的，他一定是法樂無窮，這就是菩薩所擁有的法樂。你看 維摩詰菩薩說了這麼多的樂，從常樂信佛，樂欲聽法，到樂親近善知識，樂心喜清淨，樂修無量道品之法，都是屬於菩薩的法樂。

持世菩薩轉述了 維摩詰菩薩爲諸天女所說的法樂之後，他又說明那個過程：「維摩詰菩薩這樣說了法樂以後，天魔波旬就向一萬二千他化自在天的天女說：『我想要跟妳們大家一起回天宮去。』可是這時天女們說：『你既然把我們一萬二千人送給這位居士了，不巧的是我們跟這位居士有法樂，我們覺得很快樂，所以不想再回去天宮享受五欲之樂了。』天魔波旬沒辦法了，只好向維摩詰菩薩說：『居士啊！你可以把這些女人捨棄給我！一切所有都施給別人的人，才叫作菩薩。』（大眾笑…）祂也很會用這一招。「這時維摩詰菩薩就說：『好的，我已經捨了，你就把她們帶回去吧！她們回去以後，使一切眾生的**得法願**都能具足。』」於是這些天女們當然要請問維摩詰菩薩，是回去的好？或是跟著居士比較好？

我們且先回頭來說明**得法願**。一切眾生不管多麼的執著，他們對佛法的親證，其實都有一個希望存在。不信的話，你們出去遇到路上的人，你們就告訴他說：「佛門裡面有明心見性，如果我現在可以當下幫你開悟明心，你要不要？」多數人一定會跟你說要，不管他有多麼的貪著、多麼的執著；你去找任何一位大學教授，他也會跟你說要；即使他信基督教，也會想要，這就是得法願。雖然他們心裡面也許想：「反正我多得一個東西也沒有什麼不好嘛！」他們不知道的是：明心是要捨掉執著。他們不曉得，所以也很想要得，心想：「開悟好像很玄、很妙，得到了也會對自己有益。」所以也想要得，這也是得法願。更何況是生在欲界天中，尤其是欲界中最高的他化自在天，那些天人們當然也很想要得到佛法，因爲他們也知道欲界天的境界不究竟，所以「維摩詰菩薩就說：『好的，我捨掉天女了，你都帶回去吧！使一切眾生**得法願**可以具足。』」可是天魔波旬他聽不懂這個道理。今天諸位聽了就懂，可是當時祂聽不懂，就希望把一萬二千位天女帶回去；這是因爲天魔波旬最喜歡的就是擁有很多眷屬，祂的眷屬欲很強。

維摩詰菩薩捨了這些天女，這些天女當然要問他：「既然你已經度了我們，現在我們又如何能夠在魔宮裏面安住呢？」這話也問得對啊！可是 維摩詰菩薩說：「諸位姐妹啊！有一個法門叫作無盡燈，妳們都應該要學；這無盡燈就譬如一盞燈可以展轉點燃百、千燈，原來黑暗而沒有光明的地方就都變得一片光明。這些燈都亮了以後，光明就會一直存在。就像是這樣子，諸位姐妹們啊！一位菩薩能夠開導百、千眾生，使他們發起無上正等正覺之心。這百、千眾生發起了無上正等正覺之心以後，這位菩薩本身的法道也仍然存在，不會消失；就像第一盞燈點了百、千燈以後，第一盞燈的光明還是存在一樣；那麼其他的人隨著這位菩薩所說的法來增益他們一切的善法，讓一切善法都可以增益而且滿足。這樣菩薩為百千眾生說法，每一位菩薩得了他的法以後，也都學著這樣做，就能法法相傳無盡，這就叫作無盡燈。妳們一萬二千位的天女，雖然住在魔宮裏面，但是妳們可以用這個無盡燈來幫助無數的天子與天女來發起無上正等正覺的心。如果能夠這樣做的話，妳們就是報了佛恩，同時也大大的饒益一切的眾生。」

也許有人有個問題說：「這不是一萬二千位天女嗎？既然是天女，為什麼回去以後住的地方卻是魔宮？」這是屬於世界悉檀的部分，可能很多人都不會注意到這個問題。天魔波旬是欲界中福德最大的人，祂在欲界中，願意不斷的做種種大布施，可是祂卻排斥正法，這就是天魔波旬的行為。因為祂做很多的大布施，可是對於出三界的佛法卻很厭惡；不但自己厭惡，也不願意眾生出三界，所以就憑著欲界中最大的福德而出生到欲界的第六天他化自在天去。祂的福德有兩方面：第一方面是因為祂做很大的布施，另一方面是因為祂有很深厚的未到地定，而不能發起初禪。有這兩個福德，所以祂生為他化自在天的天主。他化自在天的天主有很深厚的未到地定的定力，不只是欲界定；可是祂為什麼始終無法發起初禪？因為祂不離欲，不是講祂的身行不離欲，而是講祂的心不離欲。所以憑著最深厚的未到地定的定力，以及在人間做最大的布施，就導致祂的異熟果報成為他化自在天的天主。

假使有人修了大福德，並且具有很深厚的未到地定的定力，而又執著那個定力；這個人既不學佛，一定會成為他化自在天的天主。智者大師雖然沒有悟，但是他在《摩訶止觀》裡面講了一句非常好的話：「魔是未到地定果。」天魔就是未到地定的果報，因為祂是欲界中定力最好的人；可是心中不斷欲貪的緣故，因此祂到不了初禪境界，生不了初禪天，所以魔是未到地定果。所以說，這一萬二千位天女回到天界以後，她們住的地方卻是魔宮，而魔宮就是他化自在天的宮殿。所以假使你們未來學打坐，定中遇到有天人從他化自在天來，你就知道祂們的本質是什麼。但是也許來的那個天女正好是這一萬二千位之一，那就沒問題；否則你會被她搞亂了定境，然後可能導致精神上的失常。

不過菩薩不怕這個，所以菩薩度人時，不管對方是什麼身分。有時候來學的人是一個流氓，菩薩也收他為弟子；來學的是黑道大哥，菩薩也收。所以菩薩不管這些，他只看對方的緣熟了沒有。假使緣熟了，黑道大哥也可以悟；可是如果緣不熟，皇帝也悟不了，菩薩這樣看待學人的。所以這一萬二千位天女，持世菩薩不敢要，維摩詰卻向魔說：「你送給我。」他當然有用意；送給他以後教導她們佛法，讓她們發起無上正等正覺的大心，然後要她們回他化自在天宮去，告訴他化自在天的所有天子與天女們，教祂們同樣發心。這樣子，一個人傳一人、十人，並且還會繼續再傳給別人；被她們傳了這個法的人，也一樣會再轉傳給別人，被傳的人又會繼續轉傳，那可是比老鼠會還要厲害，效果一定是很好的。

因為真實的正法不怕比較，只怕眾生不肯比較；只要你的貨是好貨，都不怕比較；所以一個人回去就可能導致一百個人、一千個人發菩提心。如果一萬二千人回去，那魔宮不必很久就會變成一個很多人在學佛法的地方了，這個才叫無盡燈。所以我們不要像人家辦個園遊會，晚上每人持一根蠟燭在那邊傳遞；那只是在遊戲，真的無盡燈不是這樣傳法的，是把真實的正法一個接一個不斷傳下去，一個人傳到後來可以變成百、千、萬，這樣才是真的無盡燈。以這個方法把佛的正法弘傳出去，讓無量眾生得到饒益，這才是真的報佛恩。我們每天買供品供佛，其實諸佛都不看在眼裡；所以你若不供，祂們也不會不高興，因為意不在此。佛所掛念的是眾生能不能得度，以及能不能成就佛道，這才是 佛所注重的。佛所看重的是我們能不能把真實的正法傳給有緣的眾生，這才是最重要的。

維摩詰菩薩就是奉行這個佛旨，所以就把法傳給這一萬二千位天女，讓她們成爲散播佛法的種子，回去把種子種在他化自在天的魔宮裏面去。這個很厲害，這是從內部把它做質變。我們以前做過一次，但沒有成功。我們以前奉命生到西藏去，要從西藏內部改變藏密的法義，但是沒有成功。爲什麼要這樣做？因爲明朝中葉以後就已經都是藏密的雙身邪淫邪法，所有的皇帝都這樣信；明朝初葉之前的元朝也都是藏密的法，明朝中葉到明末以及接下來的清朝二百餘年，全部都是藏密的法。因爲，明朝中葉以後及整個清朝，都是信奉喇嘛教的；這樣一來，中原根本沒有辦法弘傳正確的佛法，並且清朝皇帝還特別壓制如來藏正法，不讓你傳，我們只好去西藏去投生，從內部把它轉變。可是眾生的業力所致，我們還是沒辦法成功，算是失敗了。但是這一萬二千位天女聽了等覺菩薩的開示以後，把佛法種子散播到他化自在天宮中去，並且會私下不斷的去傳播，所以這個力量是不可小看的，這也就是 維摩詰菩薩說的無盡燈；一燈各傳百千燈，傳下來就不得了了。

所以假使有別的道場派人來學法，我們也不怕；因爲一旦來學的人證悟了，回去以後一定會以經典、論典檢查，將會發覺完全正確無誤；然後就會發覺他的師父悟錯了，接下去好戲就上場了。所以我們都不怕人家來盜法，凡是來盜法的人證悟了，一定不會回去認同他師父的常見外道知見。所以，只要是可以經得起檢驗，就不怕人家盜法，因爲盜法的人最後一定會發露懺悔，成爲正法中人。這種事情在佛的年代就有了，佛也明知道外道來盜法，還是故意幫他證悟成爲阿羅漢，成爲阿羅漢以後就會懺悔。所以維摩詰菩薩這個做法的目的，就是要讓一萬二千位天女，把正法的種子帶回去天宮散播，她們的身分最適合在那邊散播。

這些天女們聽完無盡燈法門之後，就向維摩詰菩薩頂禮，頂禮之後隨著天魔波旬回到他化自在天去了，因此人間就忽然看不見她們了。請問諸位：「**佛教是不是只有人間才有？**」所以印順的**人間佛教**眞的是想錯了。由這一句話就顯然可以知道，他化自在天也是有佛法的。不但如此，欲界的忉利天釋提桓因（也就是玉皇上帝），祂也有一個善法堂，祂常常在善法堂中宣講佛法，所以忉利天也有佛法，不是只有人間才有。再往上，欲界第四天的兜率陀天，彌勒菩薩即將成佛，祂不也是在兜率內院正在講唯識種智嗎？所以兜率天當然也有佛法。再不然，色界也有報身佛在那邊爲諸地講一切種智妙法。《維摩詰經》這一段經文也幫我們證明：**他化自在天雖然是魔宮，但也有佛法**。雖然天魔波旬聽了不高興，可是祂也禁不了啊！因爲這一萬二千位天女回去以後，平常私下聊天也會講佛法啊！所以天魔波旬來向持世菩薩搗蛋，可以說是偷雞不著又蝕了好幾噸米！但是由誰成就了這個功德呢？答案是維摩詰菩薩。持世菩薩把他遇見維摩詰菩薩的過程與內容向佛稟報了以後，他說：「世尊啊！維摩詰菩薩有這種自在的神力，並且又加上智慧的辯才，我根本無法想像，所以我不堪任去見維摩詰菩薩、不能探望他的病。」

【佛告長者子善德：「汝行，詣維摩詰問疾。」善德白佛言：「世尊！我不堪任詣彼問疾。所以者何？憶念我昔自於父舍設大施會，供養一切沙門、婆羅門及諸外道、貧窮、下賤、孤獨、乞人，期滿七日。時維摩詰來入會中，謂我言：『長者子！夫大施會，不當如汝所設，當為法施之會，何用是財施會為？』我言：『居士！何謂法施之會？』答曰：『法施會者，無前無後、一時供養一切眾生，是名法施之會。』曰：『何謂也？』『謂以菩提起於慈心，以救眾生起大悲心，以持正法起於喜心，以攝智慧行於捨心，以攝慳貪起檀波羅蜜，以化犯戒起尸羅波羅蜜，以無我法起羼提波羅蜜，以離身心相起毘梨耶波羅蜜，以菩提相起禪波羅蜜，以一切智起般若波羅蜜教化眾生而起於空，不捨有為法而起無相，示現受生而起無作，護持正法起方便力，以度眾生起四攝法，以敬事一切起除慢法，於身命財起三堅法，於六念中起思念法，於六和敬起質直心，正行善法起於淨命，心淨歡喜起近賢聖，不憎惡人起調伏心，以出家法起於深心，以如說行起於多聞，以無諍法起空閑處，趣向佛慧起於宴坐，解衆生縛起修行地，以具相好及淨佛土起福德業；知一切衆生心念，如應說法起於智業；知一切法不取不捨，入一相門起於慧業；斷一切煩惱一切障礙一切不善法，起一切善業；以得一切智慧一切善法，起於一切助佛道法；如是！善男子！是爲法施之會。若菩薩住是法施會者，爲大施主，亦爲一切世間福田。』世尊！維摩詰說是法時，婆羅門衆中二百人皆發阿耨多羅三藐三菩提心，我時心得清淨、歎未曾有，稽首禮維摩詰足，即解瓔珞價直百千而以上之，彼不肯受；我言：『居士！願必納受，隨意所與。』維摩詰乃受瓔珞，分作二分，持一分施此會中一最下乞人，持一分奉彼難勝如來；一切衆會皆見光明國土難勝如來，又見珠瓔在彼佛上變成四柱寶臺、四面嚴飾不相障蔽。時維摩詰現神變已，又作是言：『若施主等心施一最下乞人，猶如如來福田之相，無所分別；等于大悲，不求果報，是則名曰具足法施。』城中一最下乞人見是神力、聞其所說，皆發阿耨多羅三藐三菩提心。故我不任詣彼問疾。」如是諸菩薩各各向佛說其本緣，稱述維摩詰所言，皆曰不任詣彼問疾。】

講記：接下來是第四位菩薩，他是長者子，名叫善德。既然是長者的兒子，他顯然不像持世菩薩，所以一定是在家人。佛向長者子善德說：「你去看望維摩詰的疾病吧！」善德菩薩向 佛稟白說：「世尊啊！我也是不堪任這個任務，我沒辦法去探望維摩詰菩薩的病狀，為什麼呢？因為我想起以前，我在父親的宅舍施設大施的聚會，供養一切出家在家的修行人和外道、貧窮、下賤、孤獨、乞丐等人，我對外宣稱這個大施要做七天。當時維摩詰就來到我布施的聚會場所中來，他向我說：『長者的兒子啊！所謂大布施的聚會，不應該像你所設的這樣子；你應該做法布施的聚會，何必做這種財物布施的聚會？你做這種聚會要做什麼呢？』我就跟他說：『居士啊！你說還有法布施的聚會，什麼叫作法布施的聚會呢？』他答覆我說：『法布施的聚會，是沒有前後，在同時間供養一切眾生，這才叫作法布施的聚會。』」

佛法布施時，是一個人施，眾人同時聽、同時得。財物布施則一定要一份一份的發，人與物都有前後，不能無前無後一時供養。善德菩薩說：「我當時不瞭解這個意思，所以就問：『你說這個無前無後一時供養一切眾生，這是什麼意思呢？』維摩詰菩薩就告訴我說：『一時供養一切眾生，就是法布施之聚會。這意思就是把佛法來告訴眾生。也就是說教導眾生以菩提，就是以覺悟來發起自己的慈心。』」慈與悲不同，慈是給予眾生快樂，但這個快樂不是世俗之樂，而是法樂；也就是說，要如何眞正的發起想要利樂眾生的慈心呢？「『答案是要以覺悟佛菩提來發起慈心，要以救眾生來發起大悲心。』」

世間有一句俗諺說「婦人之仁」，因爲古時的婦人大多沒讀書、不識字，不像你們現在個個飽讀詩書、富有五車。你們現在讀的書都比古時的婦人多上很多倍，古時的婦人，有很多人是斗大的字識不了一籮筐。在那種情況下，特別又是大門不邁、二門不出，不懂得世面，所以對孩子總是只有溺愛。但是男人家一天到晚在外面行走，他的看法就不一樣了；他知道溺愛會害了孩子，所以就罵他的太太是「婦人之仁」。這看來是有一點輕視女性，不過古時確實是這樣。婦人之仁，就是說他那個仁愛之心不能稱爲大悲心，只會從小處著眼來看顧他的孩子，怕他難過就不教導他，就溺愛他，但這個不是大悲心。

就像現在一樣，對於誤導眾生的大師們，對於被大師誤導的眾生們，我們不用婦人之仁來做事；明知道他們讀了會難過，更要明確的指正出來。雖然他們剛聽到我們的指正，在前幾年中會很痛苦（那些大師們被我在書上評論到他們的法義錯誤以後，可能整整兩、三年的晚上都會睡不著覺，很難過），但是三、四年後，總是會漸漸的平靜下來，十年、二十年後總是會理智的去檢討，捨報前總是會希望有機會悟入，所以得要一段很長的時間才能接受。我們如果怕得罪人、怕他們難過就不講、不寫，那他們將永遠無法回歸正道。所以大悲心的作爲顯現出來時就是破邪顯正、救護眾生。一定要想辦法把眾生救回到正確的佛菩提道、解脫道上面來，不要讓他們在錯誤的路上繼續走下去，這樣才能說這個人具有大悲心。做這種事，自古以來都是吃力不討好的，從來都是不受凡夫歡迎的。古時的禪師們，如果努力去摧邪顯正救護眾生，往往會被人家揑造事實來無根毀謗，這是無可避免的。所以如果我死後一百年，可能人家就開始編造事實說：「蕭平實當年死狀很慘！」就會漸漸編出來了，這是很難避免的，但我們已經可以預見了。可是有世間智慧的凡夫們終究會被你所救，終於回到正道來。不怕被毀謗而願意救護眾生，才是有大悲心的人。所以諸位如果要長養大悲心，就得要從救護眾生上面來著手；這是長養大悲心最好的方法，所以說**以救眾生起大悲心**。

「**以持正法起於喜心**」：當諸位來到同修會明心了以後，只要你一天不退轉，這一天中你就是持正法者。假使大家都死光了，剩下你一個人還在人間不退轉，那就表示人間仍然還有了義究竟正法繼續存在，所以你當然就是唯一的持正法者，正法就是這樣持；只要你還在，正法就在，就沒有斷滅，你總是有機會再度上幾個人。這樣一代一代傳下去，正法就一直在人間存在。所以你如果能夠執持正法，並且把它傳下去，那你就是持正法者；捨壽了見到佛來接引時也是心安理得，不會愧對於佛。這樣子想起來，難道你心中沒有一絲一毫的喜心嗎？一定會有。當你出世度眾，能夠讓正法延續下去，而你成爲那個正法鐵鏈中的一環——不可或缺的一環。就像正法在廣老走了以後，因爲他在世時只有他一個人持有正法；他走了以後，我們再無中生有，又把它生出來，又連接上去，諸位就正是這個正法年代鐵鍊中的一環，諸位之中較年輕的人，將來還要再傳下去；因爲這一世我會度很多人明心，度一百零八位見性大概無法達成，但明心是沒有問題的，可以越來越多，這樣總該不會斷了吧！除非太空中又來一顆大彗星撞上地球，不然這個法鐵定會繼續傳下去；這就是我可以無愧於佛，捨壽時可以坦然見佛的原因。這樣想起來，心中還是蠻歡喜的，這就是**以持正法起於喜心**。

也許你說：「**我明心以後，也沒度什麼人。**」難道在這個正法弘傳下去的過程中，沒有你奉獻的一份心力嗎？有啊！你也奉獻了一份心力，不管你是在哪一方面來奉獻，你總是使上力了吧！當然也應該有一分喜心。因爲在了義究竟正法中所做的任何事與業，果報都特別大。在了義究竟正法上面做一個小善事，未來的福德不可思量；做一件小惡事，未來的果報也是不可思量。就好像你若殺了王子，一定比殺了一個小人物的罪大很多倍；又像是你去幫一個小人物，未來得到的回報一定比你幫王子所得到的回報小。所以你既然在了義正法上面奉獻了一份心力，未來果報無量無邊，當然應該在這上面生起喜心才對啊！

「**以攝智慧行於捨心**」：一般人學佛時總是想：「我要得到更多、得到更多。」得到的是什麼呢？得到的是：我靜坐可以一次坐三天，讓人家很恭敬我。或是：我可以進入四禪息脈俱斷好幾天，我出定了，人家就會恭敬我。或者說：我可以發起神通，讓人家恭敬我，供養就跟著來了。這就是不能捨而想要得。但佛法不是這樣學的，在解脫道上只有捨而無得，佛菩提道也是捨，表面上看來有得，其實也是無得；因爲解脫道中要你捨盡一切，把你的所有全部捨光了，還要把自己也捨盡了，把十八界五陰全部捨光了以後才是無餘涅槃，可是這要有智慧啊！沒有智慧就無法捨，就把自己抱得緊緊的：「我這個覺知心常住不壞，我這個覺知心要進入無餘涅槃。」這就是不能捨，不能捨就不能證涅槃，不能證涅槃則是因爲他沒有智慧而不肯捨掉自己；這不但是現代所有大法師、大居士們的落處，也是古時很多假名大師們的落處，都是因爲不能捨。

解脫道如是，佛菩提道亦復如是。從表面看來，佛菩提道的實證好像是有得，譬如說明心了：「哎呀！現在終於獲得明心的境界了。」可是請問：「你又得到什麼了？」沒有啊！那個眞心是你本來就有的，一直就存在著的；我只是幫你找到你自己本有的心，我又沒有給你另一個心，所以還是無得。並且明心以後，不再認取五陰自己了，還是捨。那麼眼見佛性呢？見性也是捨，表面看來有得：「哎呀！我現在得到見性的境界了，山河大地上都看到我自己的佛性。」好像是得，可是山河大地上看到了自己的佛性，這佛性也不是我給你的，而是你本來就在的東西，只是你從來看不見，我又沒有給你佛性。並且從見性以後，反而說：「哎呀！我太虛妄了，山河大地太虛妄了，根本用不著執著。」還是捨。一直到佛地，一切種智成就，四智圓明，那時有得嗎？還是沒有，還是自己心裡面本來有的法。但是沒有經過捨，就不能得這一些智慧境界。可是獲得智慧境界時還是無所得，無所得才是正法。

但是想要能捨，得要有智慧；若沒有智慧，就無法捨。世間的大善人是因爲他能捨，捨的是外我所——我所有的財物、名聲、眷屬。可是佛門一乘法中的聖人捨什麼呢？捨五陰、捨十八界，是捨盡自己。但這個捨不是世間人所能，要有智慧才能捨。想證大乘菩提，更得要有智慧，否則就捨不了五陰、十八界。菩薩知道要捨五陰、十八界，可是也很清楚知道外財也要能捨，因爲他很清楚的知道**凡是布施必獲其利**；因爲善業造了以後，種子都在自己的如來藏中存；既然證實如來藏了，就知道所有善惡業種都會寄存在如來藏中，誰也搶不走。既然要世世行菩薩道，總得每一世都有資糧吧！既然要成佛，總得要具足廣大福德吧！所以菩薩就捨棄我所。但是能夠這樣捨棄我所，是從哪裡來的動力呢？是從智慧來。假使沒有親證如來藏，你教他生生世世一直捨下去，那眞是難以爲繼；所以行捨都要憑智慧，而不是憑一時的衝動。憑一時的衝動，有可能現在一捐就是三十億元，但是明年以後就永遠不再捐款了，不管多小的錢都不想再捐了，那就是智慧夠不夠的問題了。所以要能夠攝取智慧，才能眞實行於捨心，生生世世常不間斷。

「以攝慳貪起檀波羅蜜」：要能夠含攝慳貪的心，把這個慳貪的心轉變成布施波羅蜜多，很不容易；但其實也可以用方便法來做到，譬如對一個普通人，我們可以告訴他：「你會貪著財物就表示：擁有財物的本身就是貪，你把財物布施出去，就把貪心布施出去了。每天樂於接受你布施，他就是不斷從你這邊接過貪心去了。」所以有智慧的人再怎麼苦，都不願被人家在電視上報導多麼困苦；若有人捐錢來，他也不想要，因爲錢越多就表示自己的貪越多。收了別人救濟的錢財，這個貪要怎麼斷呢？就很難。而且未來世要怎麼還，也是個大問題。在接受人家幫助之前，一定要先想這個問題。如果人家一捐就是一千萬、兩千萬、三千萬、五千萬，這一世接受了，未來世想想看會滾成多少負債？有智慧的人想：「我這一世拿了，未來世怎麼辦？」披毛戴角都難還。人家把貪心送給他，他很快樂的接受了，未來世畜生道正報的原因是什麼都不知道，所以未來世如果在田裡拉著犁，就不要感歎。這是很現實的問題，因爲所有的因緣果報已經寄存在如來藏中，一絲一毫都逃不掉。我們有智慧，就把慳貪的心布施出去，故說以攝慳貪起檀波羅蜜，也就是由布施到達解脫的彼岸。一直布施，到最後內財也施，這樣才能成就佛道。

「以化犯戒起尸羅波羅蜜」：尸羅就是持戒。持戒，一般看來是獨善其身，可是身爲菩薩道的修行者，不應該是獨善其身的人，所以應該要方便教導眾生瞭解持戒的好處，要方便化導眾生瞭解犯戒的惡處；在這種作法之下，自己就可以經由持戒而到解脫的彼岸。有的眾生不知持戒的功德與違犯的分際，你若能教導他們了知犯戒的分際，他們就不會再犯戒，這也是布施無畏給眾生，這樣你就是一個能夠教化犯戒者不再犯戒的人，你就起了持戒波羅蜜的功德了。又譬如外道不願持戒，看到我們佛教修行人要受五戒，又受出家、在家的菩薩戒，或受聲聞出家戒，他們覺得不能想像；可是他自己又不願意受戒律束縛，就編造一些荒誕不經的話來爲自己取得不正當的理由而不受戒，所以外道們常常會講：「你們佛教中有好多人都犯戒，都不清淨啦！」佛子們聽了都覺得不好意思。

假使你覺得不好意思，其實是你錯了。以後你們出去聽到人家講：「你們那些比丘犯戒了，你們優婆塞也犯戒了。」就告訴他：「請問你受戒了沒有？」他可能一時沒想到自己的問題，就說：「我們沒有受戒，所以我們不犯戒。」可是他講完時若是夠聰明，自己就知道錯了，你就告訴他：「你連持戒都不敢，有什麼資格說人家犯戒？等你持了戒而不犯戒，才有資格說人家犯戒。所以我們持戒，有時犯了小戒，卻是眞正的菩薩；你從來不持戒，所以你是外道。」要教導他們這個知見。如果是學佛人，他會想：「這菩薩戒若犯了十重戒，只要犯一個就下地獄了，不得了！」你要教導他們：「受持菩薩戒，即使犯戒而下地獄了，但在地獄中，比那些造惡業而不持戒的人，日子還要好過一些。」你要這樣教導他們。

有時說：犯了十重戒，戒體就不存在了。可是《梵網經》卻說「有犯不失」，換句話說，他縱使犯了重戒而下了地獄去，他還有戒體的威德，獄卒也是要另眼看待的。那有什麼不好？將來出了地獄，憑著這個戒體的功德，修行還是會比不受戒的人快，所以當然還是要持戒。縱使可能會違犯，還是要受持，所以佛說「有犯不失」。你如果用天眼看到地獄中有菩薩，那也沒什麼奇怪，所以要教導他們不要害怕受菩薩戒。你能夠這樣來化導犯戒者，你持戒波羅蜜的功德自然而然就漸漸顯現出來了，這就是以化犯戒起尸羅波羅蜜。

「以無我法起羼提波羅蜜」：羼提波羅蜜就是忍辱波羅蜜。忍辱這個忍，最難的是忍於無我，而不是被人家打罵時能不能安忍。被人家打罵，那是很多世間人所能安忍的，譬如說被老闆罵，通常都能安忍，因爲想要領他的薪水；被上司罵也是可以安忍，因爲回嘴的話對自己絕對不利，升遷永遠無望。如果被一般世人罵，還是可以安忍，因爲我如果回嘴，也許惹來扁鑽一捅，不更倒楣？但無我是最難安忍的，無生忍、無生法忍，爲什麼都用忍字？就是你能不能接受的問題。很多人努力修學佛法十幾年、二十幾年下來，他說能接受無我，他也自認爲已經實證無我了，但是當你向他說：「**離念靈知就是常見外道的我。**」他就不能接受了，就開始匿名寫文章罵你。我就是這樣被罵的。既然把離念靈知這個我抱得緊緊的，怎麼可以說他能夠接受無我呢？那就表示他於無我法不能忍，他能忍的是有生之法的離念靈知心，不能忍於無生之法的如來藏，所以說他不得無生忍。

離念靈知是有生之法，每晚斷滅，每晨出現；每日如此生滅不斷，是有生、有滅之法。有生之法的離念靈知正好是世間人所最執著的自我，而當代所有大法師們都接受了，這表示他們都沒有無生之忍，都不能忍於無生，所以他們最多只能接受世間法的忍；寒熱苦痛、被打、被罵，他們能忍，甚至被殺也能忍，因為他想：「老子死了，二十年後還是一條好漢。」可是他沒想到：「謗如來藏，死後能當狗熊就夠好了。」因為那是地獄業。這表示他們都不懂無我法，都落在自我裡面，如此想要能夠安忍於無我而到彼岸，是不可能的；所以生忍而能到彼岸，一定是以無我法才能成就。因此，斷我見這個解脫道的見道，是一切學佛人的首要之務；只有實證無我（現觀十八界五陰的每一界、每一陰都虛妄，都沒有眞實常住不壞的我），才能夠以無我法生起**忍波羅蜜**的功德。

「**以離身心相，起毘梨耶波羅蜜**」：毘梨耶就是精進。精進很不容易，所以我很佩服諸位，兩年半每週都要來上課而能夠完成課業；同時對每週二的講經也都不錯過，這眞的不容易。如果說每一個月來上一次課就可以參加禪三，我告訴你：「我們這三間講堂絕對不夠用。」但是我們規定每週都要來，所以今天還可以夠用。精進很不容易，這兩年半每週來上課及聽經，眞的不簡單。可是還有更不簡單的，就是明心以後還繼續來學法而不中斷。一般人的想法是：「我這一世只要能明心就夠本了，其他的就不想要了。」所以有些法師明心以後就不來了，我們也隨喜；畢竟佛菩提種已經往外散播出去了，那也是好事一樁。所以說，我是開雜貨舖的，有人要老鼠糞，我也有老鼠糞；要稻穀，我也有稻穀；要金塊，我也有金塊；你想要精彫的金龍，我也有極莊嚴的金龍；你要高廣金殿，我也有，我通通有。我這裡是當代佛教界最大的雜貨舖，佛教界還沒有人像我能開設這種雜貨舖的。但你們能在明心以後再繼續進修上去，眞不簡單。

還有人是明心又眼見佛性以後還繼續在學，又肯出來當無給職的親教師，這更不容易；因爲我們會裡的親教師跟外面不一樣，既不領薪水，又要付出自己的時間與金錢，這眞的很不容易；甚至於要長期的長途奔波，更值得讚歎，這都是精進啊！所以精進有不同層次的差別，可是要能夠全心全力的爲正法付出、爲眾生付出，如此長期的精進，一定要能離身心相，因爲娑婆世界的眾生不容易同事。

如果你沒有離身心相、沒有實證無我，你幫助了眾生，他反而咬你一口，你就受不了了，一定會退失掉：**我不要再利益眾生了！**可是你如果能離身心相，就能接受，就能繼續精進的利樂眾生、弘法度眾。所以要以離身心相的功德才能夠生起精進波羅蜜多；以這個道理來教導眾生，也讓自己離身心相來生起精進波羅蜜多，這也就是法施。

「以菩提相起禪波羅蜜」：菩提就是覺悟，禪稱爲靜慮。禪與定，很多人含混不清，學佛學了十幾年，禪與定的分際也分不清楚。那些大師們教人家佛法已經二十幾年、三十幾年，可是對於禪與定的分際，仍然是分不清楚；這是五年前的台灣佛教界很平常的現象，這五年來已經比較沒有這個現象了；因爲我們的書現在已經印出很多本了，把禪與定的分際也講過很多遍了，現在大家終於瞭解：禪是靜慮，定是制心一處。禪是把自己的心安住於一個安靜的地方，不受打擾來思惟佛法：**如何得證解脫與涅槃，如何得發起般若實相智慧。**這種靜慮才叫作禪。定是指世間定，就是從欲界定、未到地定、初禪乃至上到非想非非想定，都是制心一處的功夫，或是心得決定而不動搖。所以禪波羅蜜就是靜慮而到彼岸。禪能讓人開悟，定不能讓人開悟；禪能讓人實證解脫，定不能讓人證得解脫。

定境修得最好的就是非想非非想定，但還是出不了三界；但是當他藉著定力而去做靜慮的功夫，終於實際上理解到原來非非想定中的覺知心還是緣起法；當他知道這一點時，把覺知心自己滅了，他就得到滅盡定，就有能力隨時出三界；所以他出三界也是從菩提相而出三界，這就是二乘菩提。當他覺悟到覺知心是虛妄的，因此把自己全盤否定了，我執斷盡了，他就生起了禪波羅蜜，也就是生起靜慮到達彼岸的智慧功德了，這是通二乘的**菩提相起禪波羅蜜**。大乘法則是要經由靜慮，就是像諸位去參加精進禪三參禪，那就是大乘靜慮；以這一種靜慮去找到你的如來藏，你就開始一分一分的生起般若實相的智慧，這叫作覺悟，覺悟就是菩提；這就是大乘法中**以菩提相起禪波羅蜜**，這樣教化眾生，就是法布施。

「以一切智起般若波羅蜜，教化眾生而起於空」：當你起了禪（般若）波羅蜜，終於知道禪是應該如何修，但你畢竟只是得到根本無分別智，還沒有生起別相智——後得智無分別智還沒有出現，無法教化眾生；那你得要繼續深入觀行，使後得無分別智（也就是般若的別相智）具足了，牢關就可以通過了，你就有能力成爲慧解脫者，但是卻故意留一分思惑繼續生生世世在人間受生來自度度他，一直到究竟成佛。這就是說，關於禪的智慧（般若實相智慧到達彼岸的眞實正理），你已經具足了知了，這叫作一切智；以這個一切智來發起般若波羅蜜，來教化眾生而起於空性正見，這才是眞實的法布施。

還要教導眾生「**不捨有爲法而起無相**」：在佛門中，上從大師，下至一般學人，都要捨掉有爲法而取證無相，所以很多人學禪，常常聽到這樣的開示：「學佛就是要實證無相，你在那邊分別說『離念靈知心是妄心』，那你就有相了。你在說人家的法不對，你就是在講是非，就是有相。所以我們都不要管，我們只要保持沒有語言妄念就是無相了。」我相信諸位來到同修會共修以前，大部分人都聽過這樣的開示。以前有很多人罵：「你蕭平實一天到晚在說人家的法不對，念頭不斷，你就是有相，說別人的是非時就是沒有悟了。」很多寺院大殿牆壁也貼著：不怕念起，只怕覺遲。對不對？（大眾答：對！）對啊！這很常見。自從我們《起信論講記》印出來以後，現在這樣貼的人比較少了。以前到處看得見，鄉下寺廟裡面都看得見，現在不太有人敢貼了。因爲馬鳴菩薩說：「前念不覺，因此起了念，可是後念發覺前念而把前念降伏了，後念清楚明白而離念，說它叫作覺，這個仍然叫作不覺。」所以當代大師的知見都是錯誤的，都自稱已捨掉有爲法而仍然落在有爲法中，誤會了取證無相的正義。那叫作癡人說夢，因爲三乘菩提都不是這樣修的。

以二乘解脫道來講，如果把覺知心捨了，進入無心定中，那就無法觀行蘊處界的虛妄。既無法觀察蘊處界的虛妄，又如何實證無我呢？所以還眞不能捨掉蘊處界有爲法。要有蘊處界有爲法的繼續存在才能觀行，才能實證蘊處界有爲法全部虛妄。二乘菩提已然如此，大乘菩提更是如此，必須要以有爲法的五陰十八界來做靜慮觀行，才能證得無相法的如來藏，才能證得無相法的無餘涅槃的實際，而不是把有爲法的蘊處界自己變成無爲法。所以我們應當教導眾生：不捨棄一切有爲法，而生起無相法的種種功德。這樣教導眾生才是眞實的法施。

「示現受生而起無作」：在三界中處處受生，永遠都是有作之法。可是眞實的無作之法卻是不斷的在三界中處處受生才能發起；因爲佛菩提道的行門，本來就不能夠捨離世世處處受生。因爲佛菩提道的修行，最終的成就境界是一切種智的圓滿；可是如來藏中的一切種子，它的實證與觀行，卻必須要在生命存在的當下，才能夠取證、觀行。如來藏中的種子無量無邊，不是三、五生，也不是一大阿僧祇劫、二大阿僧祇劫就能觀行完成，所以必須要生生世世在三界中處處受生，不斷的死而復生，生了又死而再投胎，世世繼續修習一切種智，歷經三大阿僧祇劫的修行以後，才能具足圓滿一切種智的智慧，這樣才能夠說這個人的無作之法已經具足圓滿了，所以菩薩自己示現受生而起無作之法，也同樣教導眾生，這就是眞正的法布施。

「**護持正法起方便力**」：護持正法是最容易使你發起方便波羅蜜的方法。今天正要講這一句，碰巧遇到一位師兄同乘電梯，我就問他：「你寫得怎麼樣啦？」因爲我叫他要寫一本書，所以他好歡喜。爲什麼歡喜？因爲他寫這一本書，發覺自己的智慧不斷在快速增長，甚至在夢境中也在增長，你說歡喜不歡喜？這表示：爲了護持正法而去寫這本書的結果，使自己的智慧增長很快，因此能夠生起許多方便力，將來就更有能力來救度眾生，更有能力來承擔弘揚 佛陀正法的能力，所以說，以護持正法的方式來生起方便力，是最好的方法。

在我們同修會中寫過書的親教師們都知道這一點，沒寫過書的人就不知道；只要寫完一本書，智慧就跳一大段上去了，一向都是這樣。所以你也可以用這個方式，去接引眾生來修學正法；在你寫書爲人解說正法的過程中，只要寫了一年，你會發覺這一年過去之後，智慧比一年前增長太多了！因爲當你在接引人，爲人宣示正法與邪法的差異所在時，你的智慧就會無形中不斷的勝妙、深廣起來。所以護持正法能夠生起方便力，你度人的方便善巧將會越來越多，把這個道理來告訴眾生，也就是眞正的法布施。

「**以度衆生起四攝法**」：四攝法是布施、愛語、利行、同事，很多人耳熟能詳，可以朗朗上口，乃至爲人說明都沒問題。可是沒有眞實去做的時候，這四攝法還是不能成就，所以要確實去做。但是這四攝法想要成就，最好的方法就是去度眾生，因爲出來度眾生時，你會嘗到度眾時的酸甜苦辣，五味雜陳。五味雜陳時，你要怎麼度眾生呢？要布施，把法布施給眾生，第一攝就完成了。可是你把法布施給眾生時要心地調柔，說話還要溫柔，眾生才會接受，所以你必須要愛語。所講的話都是眾生喜愛聽的，用眾生喜愛聽的話來修法布施，所以不能夠粗言惡語，要用愛語來說佛法。講話要溫柔，舉止要很適當，不能粗魯，這就是愛語。這個愛語用在什麼地方？用在對眾生法布施上面，用在度眾生上面，能夠這樣做到，第二攝愛語就成就了。

可是只有如此嗎？不然！你還要陪著眾生一起做事。眾生在學佛法的過程中，有很多事要做，你陪著他們做，他們就能接受你。所以你會看到我們親教師常常會陪著諸位做事，這就是同事。爲大家做事，做的不是利益自己的事；跟大家一起做的事是在利益大家，就叫作利行，是利益眾生之行，這樣就是四攝。可是這四攝法不是只有一個人在家裡思惟去做，做來做去是爲自己利益。對自己不用愛語，對自己可以用罵的。對眾生要用愛語，講話要和氣，身段要柔軟，眾生就接受你；所以你所說的法，他就願意接受。所以四攝的成就，要在度眾生當中成就，而不是自己躲起來隱居修行成就的。把這個道理付諸於實行，也告訴眾生，就是以度眾生起四攝法。

「以敬事一切起除慢法」：敬事一切就是恭敬的奉事一切人。善知識對眾生，有不同的觀點，一般人做不到。最大的善知識就是 佛陀，佛陀對一般的女人，都用一個字稱呼：姊。祂看到女人，需要說話時就叫她：「姊！」那個女人聽了心裡面一定好窩心：「佛陀叫我『姊！』」然後 佛說什麼，她都接受了，這在經文裡面常常可以看見。有某個女人提出不同的看法，佛就說：「姊！應當如此如此。」她就接受了，你看「姊」這個字多好用，這叫作敬事一切。佛不需要除慢法，可是我們需要除慢法，所以將來你們出來當親教師，遇見某個女人，比如說在外面不管遇見哪個女人，她不太能接受，你就告訴她：「姊！法是應當如此。」她就聽得進去了：「他叫我姊姊呢！」

比如說遇到個男生，你就說：「大哥！你應當信受，如何如何…」他就接受了。

佛陀有很多方便，祂教導我們的就是以敬事一切來起除慢法。當你能夠稱呼對方爲兄、爲姊，你自己就已經把慢心丟了，所以除慢的最好方法就是敬事一切。從一個實際上的現象，我們也應當敬事一切，譬如說一個看來是剛剛在學佛的人，絕對不要看輕他，因爲這個人很可能十年後，會成爲佛教界一個很重要的人，你看不出來的。很多祖師都是這樣的，他們剛學佛，去到一個道場，誰都瞧不起他；可是那些瞧不起他的人都沒有想到：這個人五年後會成爲他們寺院的住持，怎麼樣都想不到他會成爲他們的和尚！但這種例子，自古以來太多了。

有許多人後悔在十年前無根據的恣意謾罵蕭平實，他們現在後悔了；可是當年恣意謾罵時，從來沒想到蕭平實今天寫出這麼多東西來，是他們所無法理解，卻又無法推翻，始終找不到毛病，眞的想不到。同樣的，諸位剛來到同修會時，也沒有想到有一天自己眞的會開悟；甚至於有的人還能眼見佛性，從來都沒有料想過。本來只是抱著一點點希望：試試看吧！結果沒想到試成功了。你是如此，別人又何嘗不能如此？所以當敬事一切，不要隨意看輕任何人；因爲對方過去世曾經有過如何的經歷，你並不瞭解，所以不要隨意看輕一個人。以這樣的心態來敬事一切，自然而然心中的慢法就除掉了。這個道理自己要去做，也要告訴眾生，這就是法布施。

「**於身命財起三堅法**」：身、命、財，諸位都可以瞭解。在人間，色身存在時，命就在；色身壞了，命就消失了。如果身壞命終，所有財產、名聲就不歸你所有了；所以財產、名聲都依於色身的存在而有，沒有任何人可以說，他的色身壞了以後，他仍然能擁有財產、名聲。假使有這麼一個人，我要趕快拜他爲師，因爲這個人太厲害了，色身壞了還能擁有財產、名聲，佛法中都做不到呢。所以是依色身的不壞而有命根，有命根才有財產、名聲。可是色身終究會壞滅，所以命根也會不存在、也會壞失；命根壞了，財產、名聲跟著也非「我」所有。所以世間人說「我的財產」：買到了一片地皮、一棟房屋，政府就發給你一張所有權狀，證明你的所有權。其實那個所有權是方便說，應該叫作保管權，因爲你不能永遠擁有它，你只是暫時掌控它。保管期間你可以任意用，保管期滅了就是捨報時，該移交給別人了。所以身、命、財三個法都是不堅之法，我們要用這個不堅固的法來換取堅固法。

堅固法，譬如說：第一、**法財**。法財是堅固法，因爲只要你親證了實相智慧以後，誰都搶不走。外道說力量最大、威力無窮的上帝或者阿拉，當你悟了，有法財了，阿拉、耶和華都搶不走。一貫道說王母娘娘，說她最大，說釋迦佛也是她生的，好啊！請問她有這個法財嗎？沒有啊！因爲一貫道的老母娘連我見都沒斷，連明心都沒有，她怎麼能生 佛呢？那不是一個荒唐的笑話嗎？現在你有這個法財，你能斷我見，也能明心而證如來藏；甚至於將來也有別相智，也有見性的境界，也有種智，這些都是法財，但這個法財沒有誰能夠把你搶走。即使上位的菩薩也無法把你搶走，他所能做的就是幫你增長更多的法財，無法使你消失掉，這才是堅固財。即使你未離隔陰之迷，但是下一輩子可能這裡佛法都滅了，當你再來這裡時，仍可能重新再自己悟入，不會永遠失去的。我就是一個現成的例子。我在一九九〇年悟入時，這人間已沒有明心的法，但我還是可以自己悟入，並沒有失去啊！所以說是堅固的法財。

還可以有七覺支啊！你用身、命、財來修行，來發起七覺支。從最初的、基本的定法開始修，到最後你證得實相，大乘法的七菩提分發起了，心中有無量無邊的喜樂，這個喜樂別人都搶不走；乃至未來世中還會世世跟著你，讓你不斷的受用它，這也是堅固法。最重要的一個堅固法就是**法身**，身命財是虛妄而有生有滅的，但是你可以藉這個不堅固的身命財來實證法身。實證了法身以後，你可以現前觀察到祂是堅固不壞法，沒有任何人能毀壞祂；因爲世、出世間的萬法中，沒有一法能夠用來毀壞這個實相心，所以祂叫作堅固身。這個心既然是堅固不壞的，無法毀壞祂，所以才叫作常住法身，祂才是眞身。一切可壞的法都不可能是眞身，所以這也是堅固法。我們懂得這個道理，用不堅固的身命財來修行，來證得這三個堅固法，這就是於身命財起三堅法，能夠這樣修，而且能夠這樣教導眾生，這就是眞正的法施。

「於六念中起思念法」：很多人學佛時，總是誤以爲學佛的修行方法就是打坐，打坐時什麼都不要想起來，要忘光光；如此打坐想要達到的境界就是一念不生，什麼都空掉。可是他們不懂，學佛不能忘念，這個忘念不是女字旁那個妄，而是心字旁那個忘；是不能把正念忘掉，不能把正法忘掉。如果你所學的法、所證的法能夠憶持不忘，那就是念心所的成就，所以學佛不是把所有的法都忘光光，反而是要具足一切法。

甚至在四阿含中，佛也處處說到有六念法門，是佛弟子們所應學者。如何是六念？念佛、念法、念僧、念施、念戒、念天，不應該忘掉。這六念法門當然有它的緣故，譬如念佛，並不是把六字洪名、四字洪名掛在嘴邊，而是說要繫念於 佛，或繫念於佛的一切功德莊嚴，才叫作念佛；這不是大乘經中才開始講的，是四阿含二乘法中就已經常說了。再來是念法，是要憶念一切法，一切大乘中的世、出世間法都要憶持不忘。在阿含講的二乘道中，是要把四聖諦、八正道、十二因緣等等三十七道品念持不忘，這才是**念法**。再來是**念僧**，佛陀很忙，所以當然要有僧眾來幫忙攝持大眾，所以要念僧；**隨聲聞僧**修學得證涅槃、得證二乘菩提；**隨菩薩僧**修學得證涅槃實相、得證大乘菩提，所以要**念僧**。一般人學佛要念於施，所以要**念施**。在家眾以財施、無畏施爲主，兼做法布施；出家眾以法布施爲主，有時候兼做一點財施、無畏施。爲什麼要**念施**？因爲布施是成就諸法的很大助力，所以要念施。念施之後要**念戒**，爲什麼要念戒？因爲戒是修行諸功德法的根本，沒有人是不成就戒法而能成就菩提的；在凡夫地一定要持戒，如果犯戒犯得很嚴重，十重戒屢犯不改，五戒屢犯不改，而說他能證菩提，沒有這回事；所以說戒是菩提的根本，因此還得要念念不忘於戒。

然後還要**念天**，爲什麼要念天？我們不是學佛嗎？爲什麼要憶念於諸天？並不是教諸位憶念諸天，而是教諸位憶念諸天的功德。天有四種。第一是生天，是生到欲界天、色界天、無色界天的有情，叫作生天；就是說他生而爲天，出生在天界了就是天。爲什麼要憶念生天？因爲生而爲天，那些天界的有情，他們必定有其功德才能生到天界；他們的功德，我們要念持不忘，作爲我們學佛的基礎，所以要念生天。第二種是世間天，我們前面講過，譬如說國王、總統，都屬於世間天。爲什麼他們能夠成爲世間天？一定有其往世的因緣，從來沒有天上掉下來的禮物，他一定有過去世的因緣。既然是這樣，我們想一想世間天在人間有沒有威德呢？一定有！這個威德也是學佛人所應該具有的；雖然你可能修行之後具有那個威德，但你不必去獲得那個威德，也不需讓威德在你身上顯現。所以有的人既不做官，也不是很有錢，可是讓人家見了就會恭敬他，這就是他有世間天的威德，只是他不樂受那個果報，學佛人總是這樣。除此以外，還有解脫天；凡是證得解脫果的人，從初果到四果都屬於解脫天，證得辟支佛果的人也是解脫天。解脫天有他們的功德，值得敬仰，所以一切凡夫應該要念天——念於解脫天。最後一種是第一義天，凡是明心不退的人就叫作第一義天，雖然他在人間，但也是天，而這個天是其餘三天所無法相提並論的，因爲即使阿羅漢、辟支佛也不懂得實相，而這個人證得實相了，所以他是第一義天。第一義天有實相般若的功德，不是解脫天所能了知，而且在第一義天中，有的人是兼具解脫天三、四果的功德，至少都有初果的功德，所以這不是一般凡夫所能知道，因此佛陀教導眾生們要念天，特別是憶念第一義天。世俗人則是對這四種天都要憶念。

念佛、念法、念僧、念施、念戒、念天，就是六念法門，這是二乘法中、大乘法中都有的法。由此看來要能夠憶念這六法，能於這六念法門中起思念法，才是佛法的修行。可見佛法的修行不是在打坐求一念不生，那種修法是以定為禪，沒有辦法證悟般若，也無斷我見。所以學佛反而不是要求一念不生，反而是要在各種境界當中，對這六念法門加以憶念思惟；這樣教導眾生於六念中起思念法，才是法施之會。

「**於六和敬起質直心**」：六和敬，第一是身和同禮，也就是說在共修團體、共修道場中同住，必須要先守持這個規矩：身和同禮。在佛門中要禮敬三寶，不可以說我喜歡哪一尊天神，另外來禮拜，與別人不同，那就不是身和同禮。只有三寶可以受我們禮拜，這叫身和同禮。除此以外，要口和同讚。在佛教道場中修行佛法，卻在讚歎外道天神，那就變成和別人所讚不同，就會起紛爭。譬如有人以盜法的心態來學，自以為悟了，而且自以為已經過三關了，然後說要去註解外道的經典，說某一個神或者某一個人是證悟者，寫了稿子來要我幫他修改。我說：「我可以幫你修改，但是就算改了，你也不許出版；因爲我改了以後會顯示這個外道天神根本沒有悟，你如果想要註解說他眞的有悟，那麼對不起！那是你在逼我另寫一本書來註解說那位外道天神根本沒有悟。那是你逼我對那個天神加以破斥，這個責任歸你，不在我。如果你堅持要出版，我就會寫，因爲明明沒有悟，你不可以把他曲解而硬說他有悟。如果他有悟，他就不會成爲外道的天神，必然會成爲菩薩。」這表示說，這個人雖然到同修會來，他不是跟我們一樣口和同讚。現在顯現出來的，是他跟我口不和、讚也不同。

第三是意和同信，大家心裡面想的應該是同樣的，所信受奉行也是一樣的。不能身在佛門，結果信的是外道，那就跟大家意思不一樣了。不能與大眾同信，當然意就不和，一定會起爭執。第四、要戒和同持，在戒律上大家沒有異議，一體信受奉行。如果大家都持戒了，他這個人不持戒，一天到晚做的事情跟持戒的精神都違背，這樣就無法共住，所以一定要戒和同持。接下來，還要見和同說，同一個道場中，大家的見解是互相融合的，見解是一樣的，所以所說的法也相同。如果有一個人見解跟大家不和合，當然他說出來的法就跟大家不一樣，那他就得離開。這就像以前我在農禪寺時一樣，我得要離開，不離開不行；因爲他們講的是要意識一念不生，要意識心放下我所的煩惱，說這樣就是開悟；我講的是要證第八識如來藏、是要眼見佛性，跟他們大眾都不一樣；所以我雖然很勉強想安住下去幫他們的忙，最後還安住不了，被我這世的師父在幹部會議中公然否定，等於是掃地出門。這就是說：見不和、說法就不同。我講的是如來藏，如果你們來了，硬要說離念靈知心才是眞如，那麼對不起！你得要離開同修會，不會是我離開，這叫作見和同說。如果你說的不同，我縱使不管，親教師也會管；親教師不管，助教也會管；助教不管，班級義工也會管。所以一定要見解相同，說出來的才會一樣；見解不同，說出來的法不一樣，就無法共住。

最後是利和同享。如果是出家眾、常住眾，那麼供養來了，依照戒法不許捉持金銀生像；換句話說，供養來了就是要歸到常住所有。常住大眾共用。我們同修會，現在的著眼點是在哪裡？我們只有一套帳，凡是有人護持來，都是大家共有的，不能用到私人身上去，這就是我們的原則，這就是我們的利和同享；做出來是大家的，不是某一個人單獨所有。這六種叫作六和敬，以這六種和來共住，大家互相尊敬。但是六敬法必須在一個前提下才能實現，也就是**起質直心**。心地本質應該是直爽的，不是以自己個人利益的盤算來受持六和敬；而是以調柔的、直爽的心地特性來受持六和敬。教導眾生時也應該起質直心來奉行六和敬的法，這才是法施之會。

「**正行善法起於淨命**」：在正法上面都應該以善心所來奉行，不該與惡心所相應；也就是說心地直爽不彎曲，對於善淨諸法要從正面來看待，不要扭曲，這樣來奉行善淨諸法，才能夠生起清淨的法身慧命；也藉這個來維持我們在人間這個生命的清淨本質，以正當的職業謀取生活上及修行上所需的錢財資糧，才是淨命而非穢命。以這個道理來教導眾生信受奉行，才是法布施的聚會。

「**心淨歡喜起近賢聖**」：心清淨了並且也起歡喜心，才能夠生起親近賢聖的心情。如果這兩個條件沒有具足，心不清淨，心中也沒有歡喜心，那就無法生起樂於親近賢聖的心情來。賢位是講十住、十行、十迴向位的菩薩們，聖位是從初地開始。如果眾生心中沒有清淨心，總是以自己不淨的心來測度菩薩們，就無法對三賢、十聖的賢聖們生起歡喜心；所以說，清淨心是生起歡喜心的基礎，自己的心清淨了，才會知道賢聖們的心如何清淨；但是這個清淨是就各人所知而判定的，一般眾生聽說有個初果人，他就想初果人是很清淨的，但是他對清淨的概念很粗糙。初果人看見阿羅漢，他又想阿羅漢是更清淨的，但是怎麼清淨，也是他心中自己想像出來的。阿羅漢想菩薩是更清淨的，可是菩薩如何清淨？老實說阿羅漢也不知道，因爲菩薩在欲行禪，他們無法想像。所以結夏安居時，文殊師利菩薩去王宮裡面跟宮女們住在一起，度了那些宮女們；大迦葉不明白菩薩的清淨心地與作爲，說文殊沒有同在一處結夏安居，所以在自咨日要把文殊趕出去，所以等到文殊菩薩回來自咨時就準備要打雲板，想要趕文殊出去，不許文殊再住於道場中，當他才一舉槌，想要擯出文殊之時，沒想到忽然間看到百億世界中，一一世界各有一文殊、各有一迦葉，這時他不知道應該要趕出哪一個文殊，佛就問他：「迦葉啊！你到底要擯出哪一個文殊？」結果就這樣不了了之了，趕不成了。

等覺菩薩知道佛一定是清淨得不得了，絕對是究竟的，但佛是怎麼清淨，等覺菩薩也只能想像，所以「清淨」各有不同層次。初地看三地菩薩的清淨也只能想像，所以菩薩的清淨是你無法想像的。也許哪天你看見哪個菩薩跑到狗肉店去吃狗肉去了，但是你不能說他不清淨，因爲他一定是某一個特殊的因緣必須這樣示現，絕對不是每天去吃狗肉；假使每天吃狗肉，你就打他一棒，包你沒罪。所以心清淨是對賢聖起歡喜心的基礎，但是眾生往往由於自己會想些不如法的事，就認爲菩薩跟自己是一樣的不淨，就會認爲佛也是跟自己一樣的不淨，所以有人會去誣衊佛、菩薩。因此說：「眾生看佛，佛是眾生；佛看眾生，眾生是佛。」然而清淨心是生起歡喜心的基礎，有了歡喜心就會自然而然樂於親近賢聖。你若能夠把這個道理教導眾生們，這才是眞實法施之會。

「不憎惡人起調伏心」：對於惡劣的人，我們要教導他，但是不要起厭惡之心；再怎麼厭惡，都希望他有機會回歸正法，改惡修善；所以要把去惡修善的道理、因緣果報的道理告訴他們，但是心中不要生起憎惡之心。能夠這樣做，自己的心自然也漸漸的能夠調柔而降伏下來；不但自己這樣做，也把這道理告訴眾生，這才是眞實法布施之會。

「以出家法起於深心」：出家法，很多人誤會了，他們說：「剃頭著染衣，離開世俗家而住到寺廟，叫作出家。」但那是二乘人的觀念。在大乘法中的出家，不是這樣看，而是說你的心有沒有出家。如果心中一天到晚想的是世間的享樂，一天到晚把自己執著得很緊，不肯死掉自己，我見根本就不肯斷，這就不是出家；因爲出家講的是出三界家，出三界家才是眞實的出家。所以在末法時代，身出家而心不出家的人比比皆是。不論你出去到哪裡，撞見的大多是身出家、心不出家的。所以雖然出家了，我們一再的告訴他們、指示他們：「這離念靈知是意識心，離念靈知不是眞實心。」他們硬要跟你狡辯，穿著僧服，用他出家的法號寫文章來跟你辯說「離念靈知才是眞心」，後來更用化名不斷的狡辯。這就表示：他的我見斷不了，口說出家，其實心不樂出家；他要的是三界中的心，他不想出三界。因爲離念靈知永遠在三界中，出不了三界，這就是身出家、心不出家。等而下之，就是每天想：「明天做什麼好菜來吃。」都在飲食上面用心。年節到了，想想：「我今年應該做一套比較名貴的僧服來穿。」這都是身出家、心不出家。

但是在佛法中，應當要以出家法作爲依歸，什麼是出家法呢？斷我見、斷我執，是解脫道出家法。在大乘法中除了斷我見、我執以外，還要證佛菩提，因爲實相心才是能出三界家的眞實心；這樣修證的法，才叫作出家法；以這種出家法才能起於深心，沒有這個出家法就起不了深心。唯有轉依了能出三界家宅的如來藏，把我見徹底斷盡，才是眞正的出家法；以這樣的出家法來轉依之後，就不必特地要斷盡思惑而出三界。如果一心想要斷盡思惑而出三界，這個人就不能生起深心，因爲他是自了漢；這種自了漢，很多禪師都想要剁他們腳後跟。所以黃蘗禪師遇到一個阿羅漢，就開口罵他：「你這個自了漢！早知道你是這樣的人，就該剁了你的腳後跟。」這阿羅漢被罵了，還心甘情願的讚歎他：「你眞是個菩薩！」

然後就飛走了。那種自了漢只顧自己，他不能起深心的，他只想：「我隨緣度眾，死了就入涅槃，不再來三界中。」但菩薩轉依實相心，轉依眞實出家法的如來藏之後，才能夠生起深心，願意生生世世在三界中流浪生死；這樣來利樂眾生，來成就佛土。如果沒有這種實相心的眞實出家之法，就無法生起深心，捨報之前會斷盡思惑，捨報就不再來三界中；所以於大乘法中，才能以出家法起於深心。能夠這樣子信受奉行，並且教導眾生這個眞實道理，這才是眞實法施之會。

「以如說行，起於多聞」：如說而行，能夠發起多聞的功德，可能諸位想不到會是這樣。也許有人不太相信這一點，但是你如果出來弘法（是悟後出來弘法，不是講悟前；因爲悟前出來弘揚，越弘揚結果越倒退，因爲原來錯誤認知的邪見，他會自我催眠而更加的堅持，所以得要是眞正的開悟以後出來弘法），如果悟了以後出來弘法，那就是依照 佛所說的三乘經典如說而行。這樣弘法下來，你會發覺眞的能夠生起多聞的功德，因爲在你弘法過程中，必須要依照 佛所說的聖教去做；而這些聖教常常是以前你所不懂的，往往弘法一年、兩年之後，你眞的懂了；當你去閱讀經典中的聖教，就會發起多聞的功德，這是弘法時常常會產生的。由於你如說而行的緣故，諸佛菩薩自然會加持你；雖然你感覺不到加持，其實已經加持了，所以許多你不懂的妙法，當你需要講它的時候，你一讀就懂了，似乎是很奇怪的事情。越修行到後來，越發覺得　佛不可思議、大菩薩們不可思議，到最後不敢再說、也不敢再起念：自己真的很厲害。

有些人悟了以後剛出來弘法，心想：「我真厲害，能說這麼妙的法。」可是越到後來越覺得自己不行，原來都是　佛的功德；只有如說而行，才能起多聞的功德。這是眞實話，這也是我自己的經驗。我七、八年前開始講《成唯識論》（編案：已於四年中講完一遍），原因是因爲我曾答應要講，可是我其實還沒有去把它讀過；因爲我悟後請出〈大正藏〉的《成唯識論》，只讀一頁半就讀不下去了。可是正要開講前一週，請出來一讀：「咦！我眞的懂。」就開始講出來。爲什麼能夠有這個多聞的功德？因爲如說而行。就是依照　佛所說的爲眾生去做，不想爲自己謀什麼利益，只是單純的爲住持正法，爲有緣的人去做；所以如說而行時，多聞的功德就出現了。能夠把這個道理付諸於實行，並爲眾生說明，這就是法施之會。

「**以無諍法起空閑處**」：這個空閑處，不是指一定的處所，而是指自己心中。如果心中沒有罣礙，就是空閑處。如果心中有罣礙，住在山中還是不空閑。可是爲什麼心中會有罣礙、老是放不下呢？因爲昨天張三罵我罵得太無理了，所以心中就一直想：「我明天要怎麼回敬他。」想一大堆：要怎樣跟他辯論辯贏。所以他雖然住在山中，還是不空閑。如果與人完全無諍，住在鬧市裡也是空閑；無妨門前車流滾滾，可是自己心中無事，那就是空閑處。

我們會裡面有很多人正在寫書，寫書時有一個原則，就是你正在寫的時候，可以文思泉湧，手都來不及寫；但是一旦離開書桌，什麼都放下了、都不想了，什麼事兒都沒有，也不再去想它。我們寫書是這樣寫的，所以離開了電腦桌以後，什麼事情都不想；吃飯就是吃飯，散步就是散步。如果你家有個後院，你去種菜時就是種菜，什麼都不想，這就是菩薩的空閑處。因爲心中與人無諍，雖然寫的書是在針對某一個謗法者加以辨正，但心中不是爲了跟他諍論，只是爲了利樂眾生，把它拿來做爲一個教材。不是爲諍論而寫，是爲了利樂有情而寫，是爲了今時後世有緣的眾生不會跟他犯同樣的過失，所以心中沒有爭強鬥勝之心。如果能以這種無諍法存在心中，不管你做什麼，不管你多麼忙，其實都是住在空閑處，不必一定住在山林中才叫空閑處。把這個道理告訴眾生，就是眞正法施之會。

「**趣向佛慧起於宴坐**」：我們前面有說過什麼叫作宴坐，維摩詰菩薩有跟舍利弗尊者說：「不於三界中現身意，才叫作宴坐。」換句話說，不是打坐時心止於一境才叫宴坐，而是說你轉依如來藏的絕對寂靜，而不是像一般人一樣認定意識心作爲實相，所以你就沒有在三界中現起身口意行，你的身語業行只是幻夢中事；因爲凡是身語意的行爲都是五陰所有，可是如來藏不曾於三界六塵中現身意，你這樣轉依了，就是絕對寂靜的宴坐。但這是什麼智慧呢？這是佛菩提的智慧。在二乘菩提中，如果他說不於三界中現身意，那就是無餘涅槃了。可是菩薩不然，無妨五陰照樣在三界中現起身行、意行，可是另外有個實相在三界中不現起身行、意行，這就是佛菩提的智慧。

在大乘法中，如果是還沒有證道的人，或者證得二乘菩提之後轉入大乘法來，開始修證佛菩提，他得要讓自己的心向佛菩提的智慧前進，只有在佛菩提的智慧法門中才能夠生起眞實宴坐之法。換句話說，其實佛菩提的眞實意旨就是要在有爲法中生起無爲法；可是在有爲法中想要生起無爲法，得要先在有爲法中親證無爲法。在有爲法中證了無爲法之後，可以不斷的在有爲法中生起無爲法；這樣不斷的生起無爲法之後，你才可能起於深心，才可能起於大乘宴坐之法；到最後究竟佛地時才能具足世間、出世間法，才算是福慧具足。所以說，只有趣向佛慧才能起於宴坐之法，這就是佛菩提道的行門。能把這種道理付諸於實行，就可以在三界中不離有爲法而顯現無爲法，並且不離有爲法而教導眾生親證無爲法；把這個道理教給眾生，才是眞實法施之會。

「解衆生縛起修行地」：解就是解開。解開了眾生的繫縛，一定也會同時把自己修行的境界相顯示出來。在一般人的想法中，生起修行的境界，總是想遠離眾生；但菩薩是在利樂眾生當中來成就自己，所以菩薩是在解開眾生種種繫縛的過程當中，使自己不斷的向上提升，讓修行的境界相發起來。「地」是指境界相。未明心者對這個道理也許想不通，但我們可以說明一下。如果凡夫肯發願不斷的爲眾生解說我見的正確內容，就會對我見的理解越來越深入，講到後來終於瞭解：原來離念靈知是意識心，是虛妄法，這時他的我見不得不斷除了——不想斷也會斷。最後他會開口向眾生開示：離念靈知是虛妄法。爲什麼是虛妄的？因爲越講越深入了，最後自己也想通了，實地觀察確定以後，就自己先斷了；然後馬上就告訴眾生正確的斷我見道理。此時他自己的**修行地**也就現前了——自己斷我見的**智慧境界相**就出現了。如果爲了跟眾生說明什麼是我執，就依照 佛所說的如說而行，一步一步去爲眾生解說，自己就因此而深入的理解它，最後他的我執也就不能不斷，那他便成就了阿羅漢的境界相，阿羅漢地便成就了。這一百多年來，佛門中修解脫道的人很多，可是大多不能成就，原因就在於他們沒有對我見與我執的內涵去做深入的理解。如果能深入的理解，並且常常爲人解說我見與我執的內容，如說而行，我不相信他斷不了我見、證不了聲聞初果。

我這話沒有冤枉人，諸位要是不信，去看那些南傳佛法或大乘法中的所有法師居士們寫的書，或者他們講經的光碟、錄音帶，有誰正確告訴你如何斷我見？沒有！因爲他們落在意識境界中，所以都不講我見的內容，不教導人家如何斷我見，恐怕講了以後會顯出自己未斷我見，所以他們就眞的無法斷我見，因此他們的初果修行地就無法生起。如果有努力的幫助眾生解除我見的繫縛，那他斷我見的初果境界相，自然而然不久就會生起，這就是**解眾生縛起修行地**。菩薩把這個道理告訴學佛的人，當他爲人解說這種法的時候，就是法施的聚會了。

「以具相好及淨佛土起福德業」：「相、好」不容易修，三十二種大人相，每一個相都是要修集很多福德才能成就。佛開示了這個道理以後，如果我們想要具備三十二大人相與八十種隨形好，就要在廣大福德的事與業上面去修；所以，爲了成佛必備的相、好，爲了成就將來成佛時的清淨佛土，應該生起修集福德的種種事、業。明心要有明心的福德，見性要有見性的福德，入地要有入地的福德，成佛要有成佛的福德。光是一個眼見佛性，那個福德就得要比明心多上很多很多倍，那你想一想，成佛需要多少福德？所以成佛的福德得要用三大阿僧祇劫來修集。就算是你能夠捐上一百億台幣來利樂眾生，還是不足以成佛，所以就用三大阿僧祇劫的時間來做廣大修集。修種種相、好，那要利樂多少有情呢？諸位想想看，一定要利樂很多的有情。這樣一世又一世利樂了許多的有情以後，那你就是攝受了清淨佛土；所有曾被你布施過錢財、內財、食物、無畏、佛法的眾生們，得到過你給的好處了，將來你成佛時，他們就會生到你的國土來，你的國土自然而然就由這些有情的如來藏和你共同成就了，這樣就是攝取淨佛國土。淨佛國土成就了，你的福德善業自然就完成、圓滿了。這樣如實去做，就是「以具備相好及清淨佛土」爲因，來生起福德事、業。能把這個眞實道理對眾生宣說，對學佛人宣說，這才是法布施之會。

「知一切眾生心念，如應說法，起於智業」：在聲聞的解脫智中，共有十智，十智中有一個智叫作知他心智。這個知他心智不是在講他心通，而是說，從自己所證的智慧來瞭解眾生的心境，叫作知他心智。譬如說，你來同修會之前，見解跟一般人的見解差不多，可是來同修會修學兩年半之後，還沒被錄取去打禪三，就已經發覺自己跟以前那些會外的同修們相差很多，因爲知見已經完全改觀。如果破參了，更會發覺你有了見地，而那些大師們都沒有見地：他們只有知見，而且是錯誤的知見。這時你能了知那些大師們對於佛菩提及解脫道的認知的狀況，那你就知道他們根本就沒有斷我見，也沒有證實相、沒有般若智慧，你就了知大師們的心境了，這就是知他心智。你已了知大師們，更能了知跟隨大師們學的那一些徒弟與在家信徒們；這樣一來，你就能夠了知一切凡夫眾生的心念。

知一切眾生心念以後，有一天你接受了弘法的任務時，心中不會想：「若遇到了以前在別的道場的同修，我願意直接幫他開悟。」你知道不可能，因爲你給了機鋒，他們一定不可能相應；縱使爲他們明講密意，他們也不會相信。你若硬要跟他們明講，反而會害他們造作謗法的大惡業；所以你知道：有緣相見時不該爲他們說如來藏的密意。至於什麼時候可以讓他們證如來藏？你一定會衡量：他們一定先有因緣進入正法中，先要斷我見，接下來還要再建立參禪的正確知見，還要在正法中廣修見道時應有的大福德。所以你會先思惟應該如何爲他說法，首先告訴他：應如何在正法中修集大福德，我見的內容，如何斷我見。他的我見經過實際上的觀行去斷除之後，你才會在適當的場合爲他解說：如何找到如來藏。能這樣爲有緣人說法，才是如應說法。所以我有時候在外面買東西、辦事情，遇到學佛人時都不跟他們講佛法，我只講世間法：「這個一斤幾塊錢？」「好，我買兩斤。」「這是什麼水果？爲什麼好吃，爲什麼不好吃？」只談世間法，不談佛法，因爲勝妙法沒辦法一時間就講清楚，那我到底要跟他們說什麼法？有的人連斷我見的因緣都還沒有，能跟他說什麼法？你當然知道他心中的境界相是什麼？如果好不容易遇到一個已斷我見的人，他的福德因緣已經熟了，那我會樂於跟他說。

但是我出去外面買東西、辦事情，不曾遇到一個這樣的人。我早期剛出來弘法時，想要送了義正法給人家，一直努力送，有時候還送上門去爲他講：「眞的可以開悟。」對方都只是輕聲的對我哼、哼、哈、哈。那表示我當初不懂得如應說法。所以，說法要觀察因緣，要先能知眾生心，不是用他心通去知道，而是你能夠知道對方在解脫道及佛菩提道上面修證的心境是如何；你能夠先了知，有了知他心智，才能爲他如應說法。如應說法就是《楞嚴經》講的：隨眾生心應所知量而爲說法。隨著眾生的心境所應該知道的範圍（量，就是範圍），而爲他說法。如果你出去跟人家講：「見性的境界如何、如何、如何。」因爲你已經見性了，但是人家聽了可能會說：「你可能是得了妄想症，因爲佛性無形無相，怎麼可能看得見？

你一定是妄想，不然就是落入幻覺去了。」所以你得要先知道眾生心，然後依照眾生心境所應知道的範圍來說法；超過那位眾生所應知道的範圍，就不該強行解說，否則可能會破壞正法的弘揚。如果能夠這樣做，你的智業就一定會發起。

智業就是以智慧來造作的一切善淨業，這個智業要在知一切眾生心念及如應說法上面來生起，不是單靠自己每天打坐思惟所能生起的；因為眾生心想無量無邊，當你知道不同性向眾生無量無邊心想的時候，就會適應不同眾生而為他做種種不同的說法；這樣一來，你的智業當然會生起。即使不曾刻意想要生起智業，在了知眾生心境的情況下，也會自然而然的生起。能如此實行，就是造作智業——造作與智慧相應的善淨業；若能確實為眾生說明這種道理，這就是法施之會。

「知一切法不取不捨，入一相門起於慧業」：前面是說智業，現在是說慧業。慧業是自己心中所有，智業是為人說明以後生起的境界相；所以慧業是對自己，智業是在利人與福德。能夠知一切法不取不捨，而進入一相門，才能起於慧業；起於慧業，才能知一切眾生心念，如應說法而起智業。一切法在二乘聖人看來，都是有取與有捨。譬如眼能見色，眼識見色時就已經是取色塵了，如果不取色塵就不能見色塵。等而下之，意識心貪著錢財，所以不計手段從人家手裡把錢財詐騙過來。世間這種人很多，那是等而下之，姑且不論；我們只說十八界法就好：眼見色塵而知色塵上的青黃赤白，已經是具足能取與所取了；眼識是能取，色塵是所取。從阿羅漢看來，這是有能取與所取（不但眼與色如此，其餘諸法莫非如此，所以一切法都有取有捨），爲了離開有取、有捨，所以他捨報以後要入無餘涅槃；這是阿羅漢的想法，因爲他現見一切法都有取捨。

可是菩薩在一切法有取捨當中，卻現前看見一切法都無取捨，因爲能取與所取都是從如來藏中出現的：**能取的覺知心是由如來藏中所生，所取的六塵也是從如來藏中所生。結果是：所取的六塵相是自己如來藏中本有的，能取的覺知心也是自己如來藏中本有的，由能取與所取衍生出來的一切法也是自己如來藏中本有的。**既然都是自己家裡本來有的，何嘗有能取與所取？有取是從外面抓了進來，才叫作有取。譬如說賺錢，賺錢是從別人手裡把錢賺過來，才叫作賺；如果把自己家裡的錢財從這房間拿到另一房間，錢財並沒有增加，那不是賺錢。同樣的道理，眼能取色塵，所取的是色塵，能取的是眼；而眼與色都是如來藏所生法，都是自己家裡的東西，並無增減，哪能叫作有取呢？既然沒有取得外法，又何嘗有能取與所取可說？

菩薩現見一切法從如來藏中生，生了以後才出現能取與所取的現象，結果最後是無取也無捨。既然無取也就無捨，有取才會有捨；一切法既然都不取不捨，那是什麼境界呢？那是入一相門的境界。哪一相呢？實相。實相是無相，無相是如來藏相。實相無相才能無不相，所有相都是從這個無相的如來藏而來。假使沒有證得如來藏，他沒有資格說「無相無不相」這一句話。因爲證得如來藏了，你能夠現前觀察：一切法從如來藏中生，如來藏出生了能取的覺知心及所取的六塵相以後，才輾轉出生了一切法，然後再由能取的覺知心來取自己如來藏所生的一切法。觀察到最後，取了一切法以後還是沒有取，捨了一切法以後也沒有捨，那就是唯一實相如來藏。結果發覺：如來藏生出了一切法，又出生了能取的覺知心，來取祂所生的一切法；都是在自己所生的一切法當中有取有捨，並無外法，所以其實無取無捨；而覺知心在所生的法中有取有捨時，如來藏本身卻又無取無捨。

你如果還沒有證得如來藏，這道理聽起來就會覺得我像是在繞口令。可是你如果證得如來藏了，會發覺事實就是這樣啊！很親切啊！你都現觀而了知了！這麼一來，就表示你已經進入一相門了。所以你證得如來藏以後，只要聽我說上這麼一遍，你也能爲人說，根本不必寫筆記或錄音，也不必詳加思惟；只要我爲你說了，你聽了就可以爲人宣講了。現場有很多人在點頭認同，因爲確實是如此。所以你悟後只要記住這一句經文，就能知一切法不取不捨而入一相門，你用這一句經文就可以跟人家講出一篇實相的大道理。能夠這樣用這一句跟人家講一大篇般若實相的法，就表示你已經生起慧業。慧是你自己心中所有的，然後爲人家講出來，那就是智相，但在你自己心中的受用則是慧業。當你已知這個道理，而且能讓眾生也了知這個道理——入一相門起於慧業——這就是眞實法施之會。

「斷一切煩惱一切障礙一切不善法、起一切善業」：如今煩惱這兩個字的眞義已經很少人知道了，有時候有人寫書出來說：「煩惱就是見惑與思惑。」然後能爲人家解說見惑與思惑的內容，這個人已經足夠在末法時代被人家稱爲大善知識了。你要是不信的話，去找找外面那些佛法的書籍，有誰在爲人解說見惑、思惑的正確內容呢？很難得找到啦！如果能夠找得到的話，就算他還沒有斷我見，也値得你對他頂禮三拜了。現在連煩惱的內容大部分人都解釋錯了，所以那些大師們的書裡面說：「你要斷煩惱，要除煩惱啊！」除什麼煩惱呢？他說：「你不要去執著你的眷屬。你的兒子乖不乖，你也別煩惱；事業順利、不順利，你也別煩惱，都要放下。」說這樣叫作斷煩惱。當然也對啦！這也是煩惱啦！不過這是**外我所**

的煩惱，不是佛法中所講的見惑、思惑煩惱，這樣斷煩惱是無法證初果的。

佛法中的煩惱，在二乘菩提中是指見惑與思惑。可是見惑與思惑，你看現在有誰在正確解說呢？很難得有人解說啦！因爲他們都不願意否定意識，所以就沒有人願意出來指稱意識是生滅法，又怎能爲人如實解說見惑的內容？更何況是思惑的內容？而這種煩惱只是二乘菩提中見道所應斷的煩惱。可是還有更深細的煩惱是大乘菩提中見道所應打破的，叫作無始無明，這就不是當代所有大師們所能了知的了。所以無始無明及它所相應的上煩惱，不屬於遮障解脫生死的煩惱，不是見惑與思惑所函蓋的，它的層次在見惑與思惑之上。見惑與思惑煩惱只會障礙人出離三界生死，可是無始無明煩惱不會障礙人出離三界生死，只會障礙人們證得實相，障礙人們成佛；所以阿羅漢不必打破無始無明，就可以出離生死，只要斷除我見我執（見惑、思惑）就夠了，所以無始無明、上煩惱的等級是更高的，見惑與思惑的煩惱等級是低層次的，因此無始無明相應的煩惱就稱爲上煩惱。

無始無明要到什麼時候才能打破呢？當你明心時就打破了。無始無明講的就是無始劫以來對法界實相的無知而稱爲無明，當你明心了就知道：原來一切法界都從如來藏來，所以**法界實相**（**諸法功能**的實相）就是如來藏。但是上煩惱裡面函蓋了無量無邊的過恆河沙數的微細煩惱，是菩薩進入修道位以後所要斷除的；也就是說這個無始無明中的上煩惱是無量無邊的，猶如塵沙無法計數，所以才叫作塵沙惑，所以塵沙惑就是無始無明過恆河沙數上煩惱，是屬於成佛前所應斷除的**無法究竟了知實相的極微細迷惑**。它爲什麼叫作上煩惱？因爲它不像二乘菩提所斷的見惑與思惑，只是凡夫眾生相應的見惑、思惑下等煩惱，而是一乘聖人所不能知的實相中的微細迷惑，所以它叫作上煩惱（學羅漢道—學南傳佛法—的人只要斷除見惑與思惑就夠了，就能出離生死，不必斷這個上煩惱）；因爲它是菩薩所斷的煩惱，所以名爲上煩惱。破參、悟了實相是打破無始無明，進來增上班學的法是斷除這些上煩惱。因此說上煩惱有很多，無量無邊（編案：關於無始無明及上煩惱，請詳讀本講記出版完畢以後即將出版的《勝鬘經講記》中的詳細解說）。

可是，在佛菩提道的修證過程中，不但下煩惱的見惑、思惑要斷除，而且上煩惱的無量無邊塵沙無明，你都得要斷，這才是斷一切煩惱。一切煩惱斷盡了，一切障也就斷盡了，才能成佛。障礙有兩種：一是所知障，一是煩惱障。煩惱障就是見惑與思惑，障礙學人出離三界生死。這個障礙爲什麼叫作煩惱障？因爲這是三界中世俗法的蘊處界執著的煩惱。阿羅漢只斷這個煩惱障，可是菩薩想要成佛，不但要斷煩惱障，還要斷所知障。所知障不是聖嚴法師講的：你**所知**太多了就成爲學佛的障礙。反而是**所知**不足而成爲學佛的障礙。他講的**所知**的內容，是對世間法知道太多了；佛法講的是**所知**不足而成爲成佛之道的**障礙**：對於實相無所知，以及對實相所知不足而成爲取證佛果的障礙。聖嚴的說法與佛法的眞義南轅北轍，如果他這樣可以當佛學研究所所長，我想你們每一位明心者都更有資格。

所知障不是在**講對世間法的所知太多而成爲障礙**，而是講：對於法界實相的無所知，對於一切種子的所知不足，所以成爲佛道上的障礙。是障礙成佛，但不障礙出離三界生死。阿羅漢之所以是阿羅漢而不是佛，就在於所知障沒有打破，更沒有究竟斷除。佛之所以不同於阿羅漢，主要是在所知障，這是最主要的差別所在；煩惱障相應的習氣種子的斷除還是次要，主要還是所知障。

依據印順法師的說法：解脫道成就了就是成佛，所以解脫道的修行就是成佛之道。可是問題來了！如果眞的是這樣，那麼釋迦牟尼佛入滅以後，應該有阿羅漢出來繼承佛位啊！可是爲什麼沒有一個人敢出來當佛？顯然佛果與阿羅漢果是有所不同的；不但有所不同，而且是大大的不同，這不同的最主要一點就是所知障的問題。而所知障是指什麼？是指對於法界實相的所知不足，或者對於法界實相全無所知，所以成爲成佛之道的障礙，這就是所知障。所以煩惱障很簡單，就是見惑與思惑不斷，因此成爲障礙，所障礙的只是出離三界生死。但是所知障的障礙，是障礙成就佛果，不障礙出離三界生死。

所知障的內容就是法界實相無所了知，然而法界實相的內涵深廣無邊，所以法界實相的究竟了知，就是對於如來藏中一切種子——法界——諸法功能差別的究竟了知。這一切種子究竟了知以後，就是成就一切種智；一切種智具足成就了，就具有四智圓明的功德，那才是眞的成佛。阿羅漢不具有四智，阿羅漢對如來藏的總相尚且不能瞭解，何況別相？何況能了知如來藏中的一切種子？所以阿羅漢只有一切智，阿羅漢沒有諸地菩薩的道種智，更沒有一切種智，因爲他們對於所知障的內容完全無知，既不曾打破，更不曾斷盡，因此所知障斷盡的人就是斷盡一切極微細煩惱的人，就是斷盡煩惱障與所知障的人。能夠斷盡一切煩惱，斷盡一切障礙，當然就斷盡一切不善法，自然而然就生起了一切善業。

能夠這樣深入而確實的了知這個道理，而能爲人宣說，才是眞能主持法會的人；不是唱唱誦誦、敲敲打打可以叫作法會。佛世對這些唱誦與敲打樂器的事相，並不稱爲法會，佛世所有的法會都是指**說法的聚會**。就像我們今天這樣說法的聚會才是眞正的法會，所以我們講堂每週都在辦法會、每天都在辦法會，所以我們禪淨班的聚會才是佛法入門的法會。眞正的法會並不是用樂器敲敲打打，大家口裡唱誦文句，而是說法、布施佛法的聚會。所以眞實的法施之會，大家要懂得，也都要回歸到正確的法會上來。所以當外面的人還不眞實了知什麼叫眞實法會時，你如果說：「我要去正覺同修會參加法會。」他一定會想：「你們同修會怎麼每天都有法會？」原來你所認知的法會跟他們所認知的法會是不同的。這樣，你如果有機會爲人家說明什麼叫眞實的法會，那你也就做了法布施。

「**以得一切智慧、一切善法，起於一切助佛道法**」：能夠幫助大家成就佛道的法，就是親自證得一切智慧、親自修集一切善法。一切助你成就佛道的法，不外乎兩個：第一、一切智慧，第二、一切善法。可是一切智慧很難發起，因爲一切智慧只有在大乘菩提中才有，可是大乘菩提是函蓋二乘菩提的。但是現在別說大乘菩提，光是二乘菩提的眞實正法已經極爲難得聽聞了，更別說親證。也許有人心裡不服，那我們建議他去讀《妙雲集》，因爲《妙雲集》完全是用二乘菩提來解釋大乘菩提。然而更遺憾的是：他用二乘菩提來解釋大乘菩提時，他所講的二乘菩提卻又純粹是思惟想像，不是依實證而說，所以才會認爲涅槃不可知、不可說，顯然都是想像的。可是現在很多人把《邪見與佛法》讀過以後就知道：「哎呀！原來涅槃是這樣，不是不可說、不可知的。」所以你看：用二乘菩提來解釋大乘菩提，而他所說的二乘菩提竟然還講錯了（編案：比對《阿含正義》舉證的法義即可證實印順確實講錯了）。所以我說話都有根據，現在連眞正的二乘菩提，都是難可得聞啊！

這樣看來諸位還眞的很幸福，去禪三要明心之前，我就幫你們先斷我見了！這個斷我見，你還可以用阿含經來印證：看自己的三縛結是不是眞的斷了。這不能空口白話、自我標榜，而是要經得起檢驗的。這樣想起來，諸位眞的比我幸福；因爲我悟前是被誤導的，而你們來了，我們已把柏油路鋪好了，車子也準備好了，你只要踩油門往前開就行了，所以眞是太幸福了，算起來我才是苦命人。因此說，想得一切智慧確實不容易；有許多人少小出家，一直到老死都得不到的智慧，你們在三年、五年中就得到了。甚至於有的人還可以眼見佛性，明心的人還可以再進修種智，眞是幸福啊！可是修到這個地步來，就具足了一切智慧嗎？也不盡然，因爲要得到一切智慧並不容易，一切智慧的具足是佛地的事。可是達到佛地具足一切智慧，是要配合一切善法才能成就的，不是單靠**慧業**、**智業**的行門就能夠具足一切助佛道法。所以要成就一切助佛道法，達到佛果的功德要有兩個：就是一切**智業**、**慧業**的功德，以及一切善法的修集。諸位現在知道了這個道理，如果能夠以這個眞實道理爲眾生宣說，不論是對三人、五人、十人、二十人，當他們聽你宣說這個法的時候，你那個聚會就是**眞實法施之會**。維摩詰菩薩說了這麼多，接著又說：「就像是這樣，善男子啊！這就是佛法布施的聚會，這才是**眞實法會**。如果菩薩住於這種法施之會，這位菩薩就是大施主，這位菩薩就是一切世間的福田。」

以上是善德菩薩敘說 維摩詰居士爲他所作的開示，然後他就向 佛稟白說：「世尊啊！維摩詰菩薩說完這些法的時候，那些外道婆羅門之中，當時就有兩百人發起了無上正等正覺之心。」換句話說，當他供養這二百位婆羅門時，維摩詰居士來說了以上的佛法，就有二百位婆羅門迴心佛教而發起想要成佛之心，而善德菩薩當時也因此而能夠讓自己的心清淨了：「所以我當時就稽首禮拜維摩詰菩薩的雙足，就把我身上價値百千兩金的瓔珞取下來來供養他。可是維摩詰居士不肯接受，所以我又進一步說：『居士啊！希望你一定要接納，受我這個供養；受這個供養以後，隨您的意，想要布施給誰都行。』

如果你說：「我供養維摩詰菩薩，您一定要掛在自己身上受用。」他就不接受了。有的人說：「師父啊！您一個人獨住，飲食不方便，我這兩萬塊錢供養您，您每天可以喝豆漿。」那他可慘了，因爲這兩萬塊錢只能用來喝豆漿，怎麼辦？所以你供養就供養，不必指定用途。諸位要懂得這一點，千萬不要說：「這兩萬元請您吃水果。」那就糟了，他就要記：「我今天吃水果用掉多少錢，不能夠把這兩萬元用到別的地方去。」所以維摩詰菩薩一開始並不接受，因爲若受了就一定要掛在身上，眞痲煩！後來善德菩薩說明：「願必納受，隨意所與。」隨著你高興，要送給誰都可以。這樣一來，「維摩詰菩薩聽我說的這句話，他就接受了這個瓔珞，就分成兩份：一份布施給當時法會中最沒有威德、最貧窮的一個乞丐；另外那一份，就奉養難勝如來。」因爲等覺菩薩有威神力，可以供養他方世界如來，所以他供養了難勝如來。「當他供養難勝如來時，在這法會中的一切人都看見光明國土的難勝如來。」因爲維摩詰菩薩供養的緣故，大家就有福德看見了。

要見如來很難。不要說是想見如來，想要見等覺菩薩、諸地菩薩都很難啦！「大家因此有因緣看見難勝如來，接著又看見維摩詰菩薩所供養的那一份瓔珞，在難勝如來上方變成四柱寶臺。這個四柱寶臺四面都有很莊嚴的裝飾，並且這些裝飾不會互相遮障，讓大眾看得清清楚楚。當時維摩詰菩薩顯現了這個神變以後，他又這樣開示我：『假使有施主以平等心來布施給一個最低下的乞丐，就好像在供養如來福田的心相一樣的話，心中都沒有因爲表相分別而生的取捨，能夠平等的以大悲心來布施，而不求任何的果報，這樣的布施也就是具足的布施，而且是法布施。』當時城中那位最下賤的乞丐看到這個神力，又聽聞到他的開示，所以也都一樣的發起了無上正等正覺之心。我沒有這種說法的智慧，也沒有這種變現的能力，所以我不堪任去看望他的疾病。」就像是這樣，前面四位菩薩個個都向佛訴說他們遇見維摩詰居士的本緣，也都一一具足稱述了維摩詰菩薩所開示的法語，每一個人都說不堪任去向維摩詰菩薩看望疾病；因爲去看望時，到底要怎麼問疾？要怎麼對答法要？根本沒有把握，所以個個都說不堪任去看望疾病。

維摩詰所說的不可思議解脫經，講到這個地方，諸位對三乘菩提應該已經有所領會了；也就是說，佛教中有兩個系統，諸位都必須瞭解：佛教中的第一個系統，是聲聞法、緣覺法的修行系統，即是四阿含諸經所說的二乘解脫道——羅漢道；第二個系統則是菩薩法的修行系統，是般若諸經、方廣唯識諸經講的佛菩提道——成佛之道。解脫道的修行，是以斷我見、斷我所執、斷我執爲修行的內容；佛菩提道則是函蓋了解脫道的修行內容，但不以解脫道的斷我見、斷我執作爲主要內容，而是以親證如來藏爲中心法義，由現觀如來藏的本來、自性、清淨、涅槃，來成就實相般若智慧；進而細觀如來藏所含的一切種子，具足成就一切種智而發起佛地四智，由此而成佛；若推翻或否定如來藏，不願求證如來藏，即無可能實修大乘法，成爲永遠不入門的門外漢。這是兩個截然不同的佛法系統，二者截然不同的原因就是在於有無**關於所知障**的法義與斷、證，這就是佛菩提異於二乘菩提的所在。四阿含講的解脫道只是聲聞、緣覺菩提，不含攝佛菩提；但佛菩提卻函蓋了二乘菩提，二乘菩提的果證只是佛菩提道修行過程中的副產品。

另一方面，從身分上來講也有不同分際，在聲聞法中，不管你有沒有出家受聲聞戒，只要已經證得初果乃至四果，都可以稱之爲僧，不是只有受聲聞戒的出家人才能稱之爲僧。在《阿含經》中也記載有在家人證得第四果，也屬於聲聞僧；根據阿含聖教，只要證得聲聞果就屬於聲聞法中的僧寶所攝；不是只有出家受聲聞比丘、比丘尼戒以後才稱爲僧。在大乘法中，菩薩一樣是只論證量，不論表相身分，所以菩薩以五十二階位來區別果證；在誦戒時也依受戒的先後次第來坐，不因出家或在家的身分而有不同。因此菩薩以親證菩提的證量來區分階位，不以是否出家、是否受聲聞戒的身分來定階位。所以大乘經中說初地到妙覺位等「十二賢者」都是菩薩僧，而十二賢者之中大部分人是在家人而非出家人，仍然是菩薩僧；換言之，大乘法中仍然是以圓滿見道位功德的人作爲菩薩僧。只要在親證如來藏而成就眞見道位智慧以後，再進修而完成了相見道位的智慧功德，發起初分的道種智而使見道位的智慧確實通達了，成爲初地心了，不論身分是在家或出家，都一樣可以稱之爲僧，名爲菩薩僧。文殊、普賢菩薩雖然出家而且住在寺院中，卻都不受聲聞戒，也都是頭戴寶冠、胸佩瓔珞、身披寶衣，與很富有的在家長者一模一樣，而他們都是示現在家相的妙覺位出家菩薩，證量只在 佛陀之下，這也是諸位所應當要認知的另一個分際。

這意思是說，不論是在二乘法或大乘法中，都是只看證量而不看表相身分；所以，你必須要以菩薩的證量來讀《維摩詰經》，才能通達；如果以解脫道阿羅漢的證量和身分來讀《維摩詰經》，一定讀不懂、也講不通；凡夫位的聲聞僧更不可能讀懂，當然只能加以曲解了。這就是佛菩提與二乘菩提在法義上及教相上的分際所在，諸位都應該瞭解。

《維摩詰所說不可思議解脫經》卷中

〈文殊師利問疾品〉第五

【爾時佛告文殊師利：「汝行，詣維摩詰問疾。」文殊師利白佛言：「世尊！彼上人者難爲詶對，深達實相、善說法要，辯才無滯、智慧無礙，一切菩薩法式悉知，諸佛祕藏無不得入，降伏衆魔、遊戲神通，其慧方便皆已得度。雖然，當承佛聖旨，詣彼問疾。」於是衆中諸菩薩、大弟子、釋梵四天王等咸作是念：「今二大士文殊師利、維摩詰共談，必說妙法。」即時八千菩薩、五百聲聞、百千天人皆欲隨從。於是文殊師利與諸菩薩大弟子衆及諸天人，恭敬圍繞入毘耶離大城。】

講記：《維摩詰所說經》，今天要講〈文殊師利問疾品〉第五。現在才算是進入主戲，之前都只是開胃菜，主菜將要上場了。前面十大聲聞弟子以及四位菩薩都說不堪任看望維摩詰菩薩的疾病，現在接下來是第五位 文殊師利菩薩了。文殊師利菩薩是七佛之師，因此 文殊菩薩一向代表般若智慧。另外還有一位 佛的脅侍，就是 普賢菩薩。普賢菩薩代表著無盡的行願，換句話說，人修行成佛必須具足兩法：一個就是般若實相的智慧，這是包括一切種智的；第二則是無盡的普賢行願。也就是說，佛地智慧的成就，必須要經由廣大的菩薩願及無量的普賢行才能成就，最後成就了文殊菩薩的無量深廣妙慧以後才能成佛。所以諸佛都有兩大脅侍，阿彌陀佛有 觀音、勢至菩薩， 琉璃光如來有 日光、月光菩薩，意思是一樣的。但是這些等覺菩薩們，找不到一位是現聲聞相的。此世界中唯一的一位聲聞相的等覺菩薩是地藏菩薩摩訶薩，他卻不是當諸佛的脅侍，不是即將成佛的等覺菩薩；諸位修到這個地步了，在這上面都應該注意到。

釋迦如來傳下來的佛法，一直都有兩個系統在人間並行；所以 佛陀在世時，文殊與普賢是脅侍，侍立於 佛陀左右；但 佛陀座下卻同時另有聲聞十大弟子，由十大弟子統攝僧團，而這十大弟子卻是由示現聲聞相的 彌勒菩薩統攝。這意思是說，在完整的佛法中一定同時具有菩薩所行的成佛之道（正解脫道），以及聲聞所行的解脫道（別解脫道），一直都是兩個系統並行存在的。所以十大聲聞弟子都由 彌勒菩薩攝在佛座下，同時卻有 文殊、普賢侍立於 佛旁。但是有時你不知道他們兩位等覺菩薩到哪裡去了，因爲菩薩不像聲聞僧一樣要依佛座而住，菩薩是十方世界來來去去的；但是該他上場同演無生戲的時候，他就回來了，一定不會錯過，這就是等覺菩薩的事行。因此聲聞僧眾結夏安居時，文殊、普賢既是出家人，當然也要結夏安居；但是 普賢結夏安居時也可能會跑到別的世界去，仍不算違背結夏安居的佛戒。一切脅侍於佛陀身旁的二大等覺菩薩，都是示現在家身相的出家菩薩，都行童子行、童女行。

文殊也一樣，文殊結夏安居時曾三處安居，長時間住在皇宮中，與皇后、妃女、婢女們在一起，他以說法來結夏安居；只看何處有法緣，就去何處結夏安居，不一定是三個月都住在同一處。菩薩道的難行與尊貴就在這個地方，不是聲聞眾所能了知的，因此《維摩詰經》就在顯示不共聲聞的佛菩提。所以接下來〈問疾品〉開始，就會從不同的面向來顯示菩薩道雖有共於聲聞的地方，而大部分是不共聲聞道的。既然四大菩薩、十大聲聞一一問過了，都說不堪任問疾，當然最後還是得要 文殊菩薩去探疾。所以善德菩薩說完之後，佛早就知道沒有一個人適合探望 維摩詰菩薩的疾病；因爲跟他對話非常的困難，如果不是旗鼓相當，又不是適合的人，當然不可能配合演出一場好戲；所以這一齣無生之戲，本來就該是文殊師利菩薩來合演的，所以 佛把 文殊留在最後來問，現在終於告訴 文殊菩薩說：「你去看望維摩詰的疾病。」

文殊師利菩薩回答時，當然要有一點技巧，總不能夠說：「好啊！我去啊！」那就顯得別人好像很差，但是彌勒菩薩其實並不差，只是因緣要由文殊來合演罷了，所以文殊必須先有一番話來說明：「世尊！那位維摩詰**上人**，很難跟他應酬對答，因爲他很深入的通達了諸法的實相，並且善於解說一切諸法的要點，能夠爲眾人一一指示，並且加以詳細的解說；又加上他口才很好，辯才沒有滯礙；而他的智慧又通達與深細，沒有任何的障礙；一切菩薩修道中，應該具有的一切軌則、一切諸法全部都知道。甚至於諸佛祕密之藏，一切陀羅尼無不了知。而且善於降伏眾魔，四魔都不能遮障他；又有上妙神通遊戲人間，他的智慧以及種種的方便善巧，都已經到達究竟的地步了，所以眞的很難跟這位**上人**應酬對答。」

這樣一段話，就把前面十大聲聞、四大菩薩的尷尬或他人對彌勒等大菩薩的誤解或不知，都給化解掉了，面面俱到。然後說：「雖然，」然就是如此，意思是說：「縱使是這樣子，但是我應當承受佛的聖旨，去他那裡探問他的疾病。」他不疾不徐、不慍不火，把十大聲聞弟子、四大菩薩的尷尬或誤會化解了。這樣一來他答應去看望維摩詰居士的疾病，也就顯示出他的高超之處：一方面化解了別人的尷尬，一方面顯示自己的高超。所以會說話就得這麼說，不說自己厲害，也不說十大聲聞、四大菩薩差，而說：維摩詰很高，但是我可以奉命跟他對答。（大眾笑…）所以有智慧的人，事理圓融，就是這樣說話的，咱們大家都得學一學。

當他說完這一段話，大眾之中諸位菩薩、諸位大弟子、以及釋提桓因、梵天等等，還有四天王，他們都想：如今兩位大士——文殊師利和維摩詰菩薩——他們要一起說話了，一定會說到妙法，要是不去聽，可就錯過了。所以當時八千菩薩、五百位聲聞以及百千的天人都想要隨從文殊師利菩薩，去聽兩位菩薩對談妙法。所以諸菩薩及大弟子眾、諸天天人，恭敬圍繞著文殊師利菩薩，一起進入毘耶離大城了。

【爾時長者維摩詰心念：「今文殊師利與大衆俱來。」即以神力空其室內，除去所有及諸侍者，唯置一床以疾而臥。文殊師利既入其舍，見其室空、無諸所有，獨寢一床。時維摩詰言：「善來！文殊師利！不來相而來，不見相而見。」文殊師利言：「如是！居士！若來已，更不來；若去已，更不去。所以者何？來者無所從來，去者無所至，所可見者更不可見。且置是事，居士！是疾寧可忍不？療治有損、不至增乎？世尊慇懃致問無量。居士！是疾何所因起？其生久如？當云何滅？」維摩詰言：「從癡有愛，則我病生；以一切眾生病，是故我病；若一切眾生病滅，則我病滅。所以者何？菩薩為眾生，故入生死，有生死則有病；若眾生得離病者，則菩薩無復病。譬如長者唯有一子，其子得病，父母亦病；若子病愈，父母亦愈。菩薩如是，於諸眾生愛之若子，眾生病則菩薩病，眾生病愈菩薩亦愈。」又言：「是病何所因起？菩薩病者以大悲起。」】

講記：這時候，正當文殊師利菩薩與諸大眾出發之時，長者維摩詰居士已經知道了，他心裡面想：「如今文殊師利菩薩跟大眾們一起來了。」所以就用他的威神力，把室內所有的家具雜物全部移出去，並且把侍者們也支遣出去，整個房間裡面只有他所躺臥的床鋪，就以疾病之身在床上臥等。文殊師利菩薩等人來到他的房間裡面，看見他房間裡面空無所有，只有一個人獨自安寢於床上。維摩詰菩薩看見他們來了，就開口說：「來得好啊！文殊師利！沒有來的相而來到我這裡，沒有看見的相而跟我相見。」

很多人不敢講《維摩結經》，原因就在這裡，因為連自己都讀不懂了，怎能為人宣講？只有二種人敢出來講《維摩詰經》：第一是不自量力者，特地要加以曲解；剩下的一種人敢出來講《維摩詰經》，是因為有道種智；天下講《維摩詰經》的人，只有這兩種人，沒有第三種。因爲這些經文要如何去解釋它，如果沒有《楞伽經》講的如來藏自心現量境界，是無法講的。現在回到這一句話來，他說：「來得好啊！文殊師利！」這一開口，當下見瞻；一開口，心肝就全看見了，這叫作家裡人相見。禪門眞悟祖師們不都是這樣嗎？家裡人相見時，一見面就問：「你從哪裡來？」你說：「我從台中來。」如果悟了，你這樣答，沒有錯；可是你如果沒有悟，你這樣答，就錯了，禪師可是看得出來的。如果還不知道禪師問這一句「從哪裡來」是什麼意思，禪師還會再問：「你幾時離開台中啊？」說：「我下午三點離開。」禪師看你答話就知道你聽懂或沒聽懂啦！如果還不懂，禪師再問：「幾時到這裡？」你說：「傍晚六點半到此。」禪師就會放你三頓棒，宗門本來就是這樣。

家裡人相見總是這樣的，有時候甲禪師問：「大德從哪裡來？」乙禪師說：「從來處來。」如果他再問第二句話，這乙禪師就會說：「你還要這一勺餿水做什麼？因爲我告訴你『從台中來』，就已經跟你家裡人相見了。」禪門就是如此。維摩詰菩薩正是這樣：「來得好啊！文殊師利！」就已經肝膽相見了。如果還要再等開口說：「如來藏就是哪一個，又是如何、若何。」那已經不堪當人天之師了。維摩詰菩薩就是這樣，一開口就見瞻：「來得好啊！文殊師利！」可是並非只白　文殊菩薩一個人懂得他的意思，還有很多人跟著來，卻是聽不懂的，就是天、人、十大聲聞。所以他必須解說：「你來得好，是因爲你沒有來的法相而來到這裡；你來到這裡見得好，是因爲你我不相見而相見，所以見得好。」

這不是在打謎語嗎？其實不是！眞的不是打謎語。一般人悟錯了，落到離念靈知中，來到這一句就無法解釋了，因爲自己也不懂，只能憑著意識思惟想像來解說，心裡面總是有一點毛毛的，不曉得會不會當面被人家戳破。古時禪師都是這樣，要是有誰冒充開悟者的身分在說法，禪師一定會去踢館；當他講經時，禪師當下就「噗」的一聲笑了出來，接著呵呵大笑。在上面坐的人又不敢當場質問：「你爲什麼笑？」因爲人家若當場把它講出來，就穿幫了。所以只好下座以後，趕快把他留下來。夾山善會就是沒有面子顧慮，等下座以後趕快把道吾禪師留下來，私下問了，才有機會去見船子德誠，才有後來的夾山善會禪師。

所以家裡人相見時就是這樣：「來得好啊！文殊師利！」如果是上上根人，我剛剛講這麼多，早就悟了，不必去到禪三啦！但是，爲什麼說「不來相而來，不見相而見」？我就把其中的意思講了吧！這兩句話對破參的人不需要解釋，他們讀了就懂；但是對還沒破參的人，我們得要講一下；要不然的話，像禪師家：「如何是不來相而來，不見相而見？」拿起撫尺來：「啪！」下座，就講完了，那大家何必來聽經？所以我還是得要扮演經師，講一講什麼道理叫作不來相而來。諸位從公司下班或者從家裡整裝來到這裡，明明是來了，當然你的如來藏也是和你一起來；可是有來有去的是五陰，色身與覺知心才能說有來有去：來的是色身，知道來的是覺知心——受想行識。

但是如來藏和你一起來到這裡，爲什麼說祂不來？第一、因爲祂無形無色，不能說祂有來有去。第二、如來藏不自知來了，也不自知去了，祂並沒有來去的心行法相，所以你也不能說祂有來去。受想行識了了分明，知道來了，也知道去了，所以才有來去的心行。如果有一個心不知有來、也不知有去，沒有來去的心相，你如何能說祂有來？這就是說，五陰來的時候同時還有不來的，五陰去的時候同時另有不去的，這就是我們十幾年前開始弘法時就講的，眞心安心和合運作的道理。要不然，明明 文殊師利來了，爲什麼 維摩詰可以說他沒有來？沒有來的法相而說他不來相，爲什麼又說他來了？當然是另一個實相心沒有來去相，但是同時無妨五陰具有來去相，所以說**不來相而來**。這樣解釋了，還是沒有洩漏密意；如來藏在哪裡呢？還是沒有明講出來，所以凡夫位的聲聞人聽了心中氣得牙癢癢的：聽了老半天還是不懂。若是你已經證得如來藏了，心想：這不需要解釋，本來就如此嘛！因爲實際上確實就是這樣。

又說「**不見相而見**」，文殊的五陰來到維摩詰菩薩面前，看到維摩詰居士了，也看到其室是空、無諸所有，獨具一床；這明明是看到了，爲什麼維摩詰菩薩卻說是不見相？說是以**不見相而見**？這其實還是眞妄和合的道理。見：見其室空、無諸所有，見其獨寢一床，都是五陰所見。但是如來藏離見聞覺知，怎能說祂有所見啊！所以，以如來藏的不見相來見，才是眞見；以如來藏的不來相而來，才是眞來。這樣眞正的來、眞正的見，其實是不來也不見，卻又不妨有五陰的來相與見相。一切證得如來藏的人都同意我這句話，沒有人能否定這句話；佛菩提之勝妙就在此處，不管三明六通大阿羅漢，五通多勝妙、漏盡通多勝妙，還是聽不懂。沒有破參以前，沒有找到如來藏以前，聽我說這些話，這些語句文字都聽得懂，就是無法現觀。找到如來藏的人，即使還沒有被我印證，也會聽得懂。找到了，不一定能被我印證，因爲我的印證標準很高，所以古時很多祖師那一種總相智慧，現在去到禪三共修時都無法被我印證，還要經過兩、三次禪三。

你只要找到了，我這些話你都能聽懂，不必等我印證。印證了，當然更聽得懂。所以眞正的禪——教外別傳——在這裡就已經顯示出來，只要一句話：「來得好啊！文殊師利！」就講完了。所以我一向很羡慕禪師，因爲當禪師最輕鬆，像我這樣是很辛苦的，既要當禪師，也要當經師，還要當論師，後來還要傳菩薩戒，傳戒就是當律師；這種事情不是人幹的，所以只能給菩薩幹。如果是禪師，那最簡單了，一上座：「諸位啊！你們晚上來得好啊！」然後他就下座回寮了。如果你是求他來當禪師，你就不能責怪他；因爲你請他來是要當禪師的，禪師的本分就是這樣。所以皇帝老子請 傅大士上座說法，他上座以後戒尺一拍，就下座走了，因爲他已經講完《金剛經》了。所以 維摩詰菩薩是夠老婆的，不但「善來！文殊師利！」還加上「不來相而來，不見相而見」，你看！這已經奉送太多了。

文殊師利當然不是省油的燈，想他七佛之師，哪有這麼隨便就打發的，所以他說：「正好就是你所說的這樣！居士啊！可是如果來了以後，就再也沒有一個所謂的來可以講了；如果已經去了以後，就再也沒有一個法可以說是去了。爲什麼呢？因爲所謂眞正的來，不能說它從哪一個地方來；眞正的去，也沒有去到哪一個地方；而眞正說能見的，其實也沒有什麼眞正能見的。」你看他回敬了這麼多。眞來沒有來可說，眞去也沒有去可說，不來與不去才是眞正的來去者；因爲三界六道來來去去，十方世界來來去去都靠祂；都是因爲這個不來不去的祂，所以你才能夠無量世以來，在三界六道來來去去，你才可以十方世界來來去去：上一世在琉璃世界，這一世在娑婆世界，下一世又想要去極樂世界。從東方無量佛土之外的東方世界來到娑婆，結果下一世要到西方十萬億佛土之外的極樂世界，靠的都是祂，沒有誰的五陰有這個能力，都是靠祂，然而祂是阿誰？

禪師講：「釋迦、彌勒猶是祂奴，祂是阿誰？」就是在問這個。「釋迦佛、彌勒佛都是祂的奴才，那祂是誰？」當然講的是釋迦與彌勒的無垢識、異熟識，是講他們的眞心、如來藏，祂就是如來藏。可是你若想問我：「哪一個是如來藏？」你想不想知道？想啊？第二講堂、第三講堂的同修們想不想知道？想的請舉手。好！我直接告訴你們，諸位聽好了：「祂，就是如來藏！」（大眾笑…）你們別說我沒講，我確實已經跟你們明講了；等你悟了，你就知道：「哎呀！當初眞的明講了，我爲什麼這麼笨！」那時你只好拍拍後腦勺，承認自己笨，因爲我剛才確實已跟你明講了。所以般若的證悟，最快的方法還是禪宗的方法，只要那麼一念相應，方廣諸經你就漸漸通了；以後去讀四阿含，你也可以自己通；不必聽人家講到口沫橫飛，結果跟著他修學時還是跟著走錯路頭。所以眞見則不見，眞來則不來，所以說來者無所從來，去者也無所至；有來有去都是五陰的事，如來藏從來沒有來去之相；有見聞覺知都是五陰的事，如來藏從來沒有見聞覺知之相。可是眾生之所以能見聞覺知，都靠如來藏；如果沒有如來藏能於六塵外了知的眞見的功德，眾生就無法有見聞覺知，所以說「所可見者更不可見」，這才是眞見。

接著文殊菩薩說：「這個法義就暫時放下不說，因爲我來的目的是要看望你的疾病。居士啊！你這個疾病還能不能忍受啊？你這個疾病治療以後，病情有沒有減少一些啊？不至於再增加病狀吧？世尊非常慇懃的、不斷的在致問你的疾病呢！」文殊菩薩眞的沒有說謊，因爲 世尊爲了要看望他的病，點名多少人了。十大聲聞、五百聲聞聖者、五大菩薩，一一點名要他們來看望 維摩詰菩薩的病，當然是慇懃致問無量，文殊菩薩一點兒都沒有誇大。佛陀不是隨便派一個無關緊要的人來看望，而是十大聲聞弟子一一的點名問，又一一點名五百聖者，然後又指定五大菩薩們，一個一個來問，當然是慇懃得很，文殊已經把 世尊的人情表達出來了！由於 世尊特地要派人來看望他的病，結果各人講出一大堆 維摩詰菩薩的勝妙處，先把 維摩詰的功德彰顯出來，又點名許多聲聞與菩薩眾，當然是慇懃致問無量，所以 文殊菩薩說的是如實語。

接著文殊菩薩回到主題上問：「居士啊！你這個疾病是從什麼原因而生起的呢？你這個病生起以來到現在已經多久了？又應該怎麼樣把這個病給滅掉呢？」文殊菩薩做了這個緣起給維摩詰菩薩，也就是預先把維摩詰菩薩準備要說的法鋪排出來，讓維摩詰菩薩可以藉這些話來爲眾生說法；維摩詰希望世尊派人來看他的病，目的也是爲了說法勸進聲聞及利樂菩薩們，所以維摩詰菩薩聽了就說：「從愚癡所以才會有了貪愛，因此我這個病就出生了。」這當然不是講維摩詰菩薩眞的有愚癡。眾生會有貪愛，都是從愚癡來；因爲愚癡，所以貪愛人間五陰的我與我所，由貪愛的關係就有了人間五陰，有了五陰當然就有病，所以說：「從癡有愛，所以我這個病就出生了。」但這不是我維摩詰要生這個病，也不是我維摩詰因爲愚癡有貪愛才有這個病；是因爲一切眾生有病，所以我維摩詰才會跟著有病。如果一切眾生的病消滅了，我維摩詰的病也就跟著滅了。」

從文字表相看來，這說法好像很玄，有些人就把這些文句當作很玄的意思來解釋，那就大錯特錯了。這其實不玄，因爲菩薩本來可以不在人間出生就不會有病，菩薩是爲了眾生才進入人類的生死中，既然爲眾生而生在人間，所以有人類的五陰，當然就跟著人間眾生一樣有病。如果有人已有般若的證量，他是可以不生在人間的，也就沒有病了。只要你破參了，既是七住菩薩位，同時也是初果人；且不說七住菩薩位的功德，光說初果斷三縛結的功德，就已經可以往生欲界天而無病了。人間每到冬天就來一次流行感冒，欲界天沒有這個病；人間還會生癌症，欲界天也沒有這種病；人間會有細菌感染、濾過性病毒感染，欲界天中都沒有。眞悟的菩薩至少也有初果的證量，他可以不必來人間受生，就不會有病。

所以七住不退的菩薩同時都是初果人，死後都可以生到欲界天去，哪裡還會有病？可是爲什麼上一世悟了，這一世還要來人間跟著眾生受病？因爲眾生有心病需要醫，所以菩薩就來人間度眾生。既然來人間要與眾生同住，總不能用欲界天的天身來人間住；如果菩薩同時有初禪的證量，他總不能往生初禪天以後，再用初禪天的天身來人間度眾生；因爲人們看不見他，得要有天眼才能看得見他，陰陽眼還看不見他；並且那個人的天眼得要有初禪的禪定證量，才看得到初禪天人來人間示現。如果證得初禪的人受報生到初禪天，他用初禪天身來到正覺講堂，假設不必天眼也可以讓你看見他，但你還是看不見，因爲初禪天人的身量很大，怎麼能擠進正覺講堂來讓你看見？所以菩薩有般若證量的時候，他可以不必來人間受生，那他爲什麼悟了以後還要來人間受苦、生病？

菩薩明心後又眼見佛性，或許又過了牢關，而且如果他有種智的證量，他其實可以不必來人間，他可以憑著道種智及三果的證量而生到色究竟天去，爲什麼還要來人間？都是因爲眾生有心病待醫，所以來受生於人間。可是人間的法就是有生病的法，既然人的身體不能免於人間的疾病，菩薩來人間受生示現時當然得要跟一般人一樣入胎出生，示現跟人一樣，不能用欲界天身、色界天身在人間弘法；否則眾生看不見他，也聽不見他說法。縱使能看見也能聽見他說法，但是眾生一定不會信他說的法，因爲眾生會這樣想：「那位菩薩不是人，是天，所以能悟；我是人，再怎麼學都不可能會開悟。」（菩薩本來就不是人，你罵他不是人，他還是很歡喜接受，不生氣，因爲他知道自己不是人）然而問題是：如果要來人間弘法，他得要跟眾生同事、利行，他必須得要取得人身。以天身來說法，眾生會認爲只有天人才能修菩薩道，人類是修不好的。所以他必須來人間取得人身，那麼就得和眾生一樣的有病，因此說：「一切眾生病，是故我病。」

等覺菩薩在十方淨土，日子多麼好過，何必來人間取得這個矮小粗重的人身？他本來可以無病，但是爲了利樂有情，爲了輔佐 釋迦如來，所以他來到這個娑婆人間，因此取得和人類一樣的色身，當然得要跟人們一樣的生病，道理就這麼簡單，沒有什麼玄妙奇怪的。如果人間眾生的福報可以不必有病，譬如說人壽八萬歲時不會生病；那時人類的福報，是不必生病的，那時菩薩來人間受生，他也就不必生病，所以說：「若一切眾生病滅，則我病滅。」

所以將來 彌勒菩薩來人間成佛，龍華三會說聲聞法時我們大家都得要參與，一個都不許跑掉；如果你跑掉了，就是大傻瓜；因爲龍華三會之後接著宣講般若及種智時，我們都可以從 彌勒尊佛得到極大的好處，竟然不懂得要來，那不是笨蛋嗎？到那個時候來，不單是無病，還有很多的好處。人壽八萬歲時，彌勒菩薩來人間降生長大以後，今晚出家明天成佛，祂是這樣成佛的。你想：祂在人間一世要爲我們說多少法，我們可以得到多少利益？且不說別的，光說諸位來到正覺同修會兩年半、三年半就能明心了，接下來再進修兩、三年，總共五年、六年、七年之時，你回想一下，來到正覺之前學法三十年的結果，跟來這裡六年、七年的結果，那眞是天懸地隔。那你想想看：以你現在破參的基礎，將來 彌勒尊佛在世時，你跟祂學上八萬歲，可以學到多少妙法？證量可以提升很多。

我的證量距離 彌勒菩薩非常遙遠，你們跟我學的時間這麼短，已經受益這麼大；而未來 彌勒佛那麼高的證量，你們若跟著修學八萬歲，初轉法輪的龍華三會時，不只都能得到阿羅漢果，到了第二、三轉法輪時，還可以快速的獲得地上現觀的證量；那個功德有多大，你如何想像？那麼勝妙的法會，當然要好好跟著學。所有 釋迦世尊的遺法弟子，將來都是 彌勒佛的弟子，都可以得到大利益。但是如果 彌勒菩薩示現在此時來人間成佛，眾生的果報既是有病的，祂就會跟我們一樣示現有病，這就是眾生的福報低劣所感應到的佛，示現時就是這樣。

當眾生的福報勝妙時，感得佛來示現時就是勝妙的；當眾生的福報是無病的，感應來的佛菩薩就無病。由於一切眾生會有病，所以 維摩詰菩薩就會有病；如果一切眾生病滅了，譬如人壽八萬歲時，他若來示現就會沒有病。這有兩層意思：第一、因爲眾生的福報如此，所以菩薩示現有病；如果眾生的福報是無病的，菩薩示現時也就無病。第二、菩薩們本來可以在諸天天界、十方淨土自度度他，不必接受疾病的困苦；但是爲了悲心的緣故，來到五濁惡世的人間，菩薩就跟眾生一樣示現有病，但菩薩其實可以不必來人間接受病苦。接著他很明白的解釋這個道理說：菩薩是爲了利樂眾生的緣故，才進入五濁惡世的生死中來。既然有五濁惡世的生死，當然就跟眾生一樣有病。如果眾生的福德因緣到了八萬歲的時候，都離病了，沒有疾病之災了，那時菩薩來人間示現，當然也沒有疾病。然後就用一個譬喻來說明，譬如長者只有一個兒子，本來長者對疾病的抵抗力很好，不會生病；可是因爲孩子病了，他日夜不停辛勤照顧，結果體力變差了，所以也跟著病了；等到這個孩子病好了，父母不必辛苦照顧了，病也就跟著孩子好了。

菩薩就是這樣子，就像那個長者一樣，疼愛眾生就當作是自己的獨生兒子一樣看待，所以菩薩是因爲這個悲心所驅使而來到人間。既然來到人間，眾生有病，所以菩薩跟著也有病；眾生的福德因緣都不必生病了，菩薩當然跟著也就沒有病。這意思是說：「你們大家不要看我維摩詰生病了，就小看我了；我來這裡生病了，是因爲你們眾生有病，所以我跟著生病。」所以將來彌勒菩薩來人間成佛時，如果有人說：「您不是成佛了嗎，爲什麼被我打了一掌也會痛？」那個人就是愚癡人；因爲如果眾生會痛，菩薩就跟著會痛，佛也一樣跟著會痛；如果眾生的果報身是不痛的，佛來人間示現時也就不痛。這就是三界中的法則，絕不變異的法則，放諸十方一切佛土而不變；因爲那是無漏有爲法，不應該滅掉無漏有爲法而能有佛法，所以有智慧的人應作如是觀。

接著維摩詰菩薩又說：「你剛才問我：『菩薩的病是何所因而起？』我告訴你：『菩薩這一些病都是因爲大悲心才生起的。』」等覺菩薩如果不是因爲大悲心，他在十方諸佛淨土，除了佛以外，大家都禮拜、恭敬他，爲什麼要來人間給人們看不起？還要跟人們一樣的生病受苦？所以菩薩都是因爲大悲心才來人間，才會跟著人們一樣有疾病困苦，所以菩薩的病是從大悲而生起的。

【文殊師利言：「居士！此室何以空無侍者？」維摩詰言：「諸佛國土亦復皆空。」又問：「以何爲空？」答曰：「以空空。」又問：「空何用空？」答曰：「以無分別空故空。」又問：「空可分別耶？」答曰：「分別亦空。」又問：「空當於何求？」答曰：「當於六十二見中求。」又問：「六十二見當於何求？」答曰：「當於諸佛解脫中求。」又問：「諸佛解脫當於何求？」答曰：「當於一切衆生心行中求。又仁所問『何無侍者？』一切衆魔及諸外道皆吾侍也！所以者何？衆魔者樂生死，菩薩於生死而不捨；外道者樂諸見，菩薩於諸見而不動。」】

講記：接著文殊師利菩薩又說：「居士啊！你這個房間裡面爲什麼空無侍者啊？」因爲等覺菩薩在人間示現，都是大富大貴之相，他的眷屬很多，應該有很多侍者的；可是他們進來房裡，竟然看到連一個侍者都沒有，所以就故意問。當然文殊菩薩早知道維摩詰菩薩要做什麼，就先提個起頭，讓他可以發揮，就像唱雙簧一樣。菩薩最會唱雙簧，所以就幫維摩詰居士提出這個題目來，維摩詰菩薩就說：「**不但我這個房間空，諸佛國土也一樣是空。**」文殊又問：「**以什麼爲空呢？**」維摩詰說：「**以空所以空。**」因爲空所以空。

這答話很奇怪，其實空，是佛門裡面很重要的一個法，可是這個空也正是那些大法師、大居士們最痛恨的東西；因爲理也理不清，講也講不出，所以他們都會說「空不可說」。可是等到你證到如來藏以後，你說：「**空可空，空也可說，絕對不是斷滅空，也絕對不是不可說。**」因爲空其實有個眞實體，那就是如來藏，所以空常常被稱爲**空性**；空既然有性，當然就不是斷滅空，所以眞實空又說爲眞實不空，所以「空」不能單用緣起性空來解釋，因爲空有兩個意涵：第一、**空性**，第二、**空相**。空有性，有能生萬法的自性；因爲這個能生萬法的自性，才能夠在不同時間有種種不同五陰依他而起的法性存在，有了依他而起的五陰等等法性，才有緣起性空的**空相**。所以緣起性空是枝末法，不是根本，不是實相。

緣起性空從哪裡來？從依他起性的五陰十八界來，所以緣起性空是依附於生滅法的五陰十八界法而有，因此緣起性空不是究竟法，只是世俗諦的法，用來說明世俗法的五陰十八界藉緣而起、其性是空，所以緣起性空是**空相**所攝，不是**空**

性。可是眾生不瞭解五陰十八界都是緣起，其性本空，是無常空，因此產生了錯誤的認知與執著，才有了遍計執性；遍計執性是依於五陰等法的緣起性，是在依他起性的蘊處界上做錯誤的認知才產生的；二乘聖人對五陰十八界的依他起性有如實了知，因此正解緣起性空的眞理，這樣便成就了聲聞果。但緣起性空的實證，只是在世俗法五陰十八界上做觀行而得到的解脫法，不牽涉到實相；因爲緣起性空的法，是依於依他起性的五陰十八界法而存在，緣起性空本身無法；因此緣起性空法只能說爲諸法的**空相**，是從五陰十八界及依五陰十八界展轉所生的萬法觀察全都藉緣而起，全都是無常故空，就叫作**諸法空相**。

空相是從依他起性的種種五陰十八界萬法而顯現出來，可是從緣起性空的眞實理往前推，我們可以了知：緣起性空是依附於蘊處界而有，但是蘊處界難道能夠無因無緣而自己生起嗎？不行！它要從如來藏的自性運作中才能出現，故說如來藏有眞實性；可是如來藏空無形色，卻又有這些自性能生起五陰十八界以及緣起性空的佛法出來，因此它叫作**空性**；所以**空**有**眞實性**，不是無性。因此，我們從如來藏**空性**與祂所生一切法**空相**的眞實義，來看諸佛國土時當然也是空，因爲諸佛國土也是不離**空性**與**空相**二法，若離**空性**與**空相**二法就沒有諸佛國土可說，所以諸佛國土亦復皆空。

但是文殊菩薩問他說：「你講諸佛國土亦復皆空，那是以什麼爲空？」他說：「以空爲空。」從現象界來說，諸佛國土及眾生所有的五陰世間都是**空相**，**空相**也是空；而這些**空相**，是從**空性**如來藏而來，那也是空，所以說：因爲空，所以叫作空。文殊菩薩故意從文字的表面意思來問他：「既然是空，又何必要空？」好有一問！維摩詰菩薩答覆說：「因爲無分別空，所以叫作空。」那麼一般人就會說：「大師們也會這麼說：『我們這覺知心什麼都不要分別，那就是空。』所以大師們講的沒錯。』」那可就南轅北轍了。不能分別諸法時其實是無智慧的，諸佛難道都是白癡嗎？顯然不是，因爲諸佛可以說種種勝妙法，能觀察眾生根器，顯然是有分別的，而諸菩薩們都要跟著佛修學；菩薩們已經悟了，還得要跟佛修學，而聲聞弟子們聽到菩薩演說的般若種智都聽不懂，當然已證明諸佛不是白癡。

覺知心對什麼都不會分別，那眞是修成白癡了。所以分別這個道理，學佛的人還眞的要很在意它，一定要弄清楚。眾生心中有物，都是從分別來，所以有人、有我、有眾生、有壽者、有山河大地、有世間法與出世間法，都從分別來。可是眾生心在做種種分別時，各自的如來藏都不分別；既然眾生自心如來藏不做任何分別，轉依如來藏以後當然就心中空無所有，卻無妨有意識心繼續在分別眾生根器。正因爲有分別，所以心中有物；假使都不分別，當然心中無物。眾生的覺知心中有很多東西，可是眾生的如來藏心中從來不分別，不分別所以心中無物，無物故空，因此說以無分別空故空。修學佛法並不是要我們在覺知心中把諸法都空掉而變成白癡。如果在覺知心中把諸法都空掉、都不分別，那麼！妳！媽媽就別當了；你們當父親的人也別當了，因爲兒子、女兒回家時，你們都不知道是兒子、女兒，才是眞的不分別。豈非白癡一個！所以佛法不是這個道理，不是叫你一天到晚打坐不分別或一念不生，而是說在有分別當中要同時證得另一個無分別的心。而這個無分別的心，不是你修行以後才不分別，是從無始劫以來，祂本就不分別；這個無分別的心，我們叫祂作如來藏；而祂不是沒有作用的，祂有無量無邊的神用，可憐的是：眾生日用而不知。等你悟了，你就說：「原來祂還可以用！」不是只有讓你知道而已，祂還可以用，並且很好用，所以祂不是空無。

因此，空，名爲空性，表示這個空，祂有自性，但不是昭慧法師講的自性見外道那種自性；因爲自性見外道講的自性，都是六識的自性，從來不離六識心的自性，都是妄心的自性。而如來藏的功德自性，是超乎於六識之上的；不但如此，你更不能一時一刻沒有祂，所有眾生都把祂抱得緊緊的。人家小男生、小女生戀愛時說：「一日不見，如隔三秋。」可是眾生對祂是只要一剎那不見就如隔三秋，只是眾生都不知道其中的道理，而且妄心六識心的自性還是從祂的自性中出生的，因此這個空有自性，不是無性。祂在六塵中不作任何分別，無始劫以來本已如是，悟了以後還是如此；但是祂另外有六塵外的了別性，不是阿羅漢及凡夫眾生所能了知，所以這個無分別的空確實有其自性，不是斷滅空，不是空無的空，因此說「以無分別空故空」。

文殊菩薩接著又問：「空可以分別嗎？」這一問，也問得好；因爲 維摩詰居士說「無分別空所以空」，既然是無分別空所以空，這個空到底能不能分別？因爲如果沒有一個分別心，又怎麼能分別哪個是不空？所以 文殊代無明眾生提出這一問，維摩詰說：「分別也是空。」這有兩個意思：從世俗諦來講，所有的分別性都是無常，無常故空，所以分別也是空；從勝義諦來講，能分別的覺知心空無形色，可是祂從空性心如來藏中出生，不能外於如來藏而存在，一剎那都不行。當分別性的覺知心現起時，其實只是在如來藏的心體表面運作，而祂運作時所緣的對象是如來藏顯現在心體表面上的相分，二者都不離如來藏，所以分別性的覺知心當然也是空性心如來藏中的一部分，所以這個分別也是空。

諸位聽了就懂這個道理，可是懂歸懂，回去以後想要照這個樣子再跟人家講一遍，又講不出來了。什麼時候能講得出來呢？等你悟了，在禪三被我印證了，不必做筆記，回去以後也可以依這個經文爲人家講解。所以菩薩的智慧不是聲聞聖者所能了知，原因就在這裡；因爲你已經找到如來藏了，你將如來藏與五陰十八界配合起來現觀之後，就可以爲人家宣講。所以，《維摩詰經》一定得要證悟如來藏以後，才有少分能力可以宣講；有道種智了，才能爲人暢演。如果否定第八識如來藏，而說他能講《維摩詰經》，天下沒有這回事；這句話，放諸十方佛土而皆準，我這句話不會改變，十方諸佛也會認同這句話。這部經都從如來藏來講，可是有人把如來藏否定了，而能講《維摩詰經》，那一定是胡人講的，當然是胡說。

維摩詰菩薩答覆了以後，文殊菩薩又問：「既然你講得這麼妙，也有這麼多人跟著我來了，你總得爲他們開示一下，他們當然都想證得這個空。請問你：這個空應當要從哪裡去找到？」這好像是爲諸位之中尚未明心的人而問的。維摩詰菩薩說：「應當在六十二種外道見中求。」對啊！你看：有好多人在點頭。如果眾生都沒有六十二種外道見，人間就不會有眾生了，沒有眾生時你就找不到如來藏了。

這意思是說，你如果要找如來藏空性心，得要有眾生的五陰身心，才能找得到；而眾生的五陰身心，都是以六十二種外道見爲緣，才能從如來藏中出生的。有些人知見錯了，他想：「**如來藏既然是無餘涅槃的本際，想要找到祂，當然應該入無餘涅槃中尋找。**」他們會犯這個過失，都是因爲錯認覺知心可以進入無餘涅槃中，所以就想：「**覺知心入了無餘涅槃，無餘涅槃只剩下祂，我當然就能找到祂。**」

可是他們都誤會二乘菩提了，因爲覺知心只是十八界中的一界，是意識界；可是 佛在二乘菩提的四阿含中早就講過了，入無餘涅槃是要滅掉十八界的。換句話說，入無餘涅槃時是把覺知心也滅掉了；覺知心既然滅掉了，哪裡能夠找得到無餘涅槃裡面的如來藏？所以要找如來藏心，一定要有兩個法存在：一個能找，一個被找。如來藏是被你所找的心，能找的則是你覺知心自己；你若沒有覺知心存在，怎麼能尋找如來藏呢？就好像有個人說：「**我送一百億台幣給你，但是你要給我一個東西。**」問他：「**什麼東西？**」說：「**把你的命給我！**」那你要不要？你當然不要。因爲你不在了，就得不到那一百億台幣了。同樣的道理，你想要證如來藏，得要你仍然存在；而無餘涅槃中是沒有你的，你已經滅了；十八界都滅盡了，能有誰可以找到第八識如來藏呢？所以想要證如來藏時得要你存在，才能有個你去證得如來藏。

可是你存在，要以什麼因緣才能存在呢？要以我見與我執才能存在。諸位斷了我見以後(你明心就同時斷了我見)爲什麼你還在呢？因爲我執還沒有斷盡。我執如果斷盡了，那你還得要加上一個東西才能存在，叫作菩薩大悲心——佛菩提的無上正等正覺發心——想要成就佛道，所以不入涅槃。但是眾生還沒有斷我見之前，想要找如來藏，當然得要具足六十二外道見。如果他們斷了六十二種外道見，快則當生(很精進的話)，慢則四生就入無餘涅槃去了。入了無餘涅槃就無法證得如來藏了，所以應當在六十二見中求。六十二見，是說要有眾生的五陰、命根存在的當下，才能夠找到空性如來藏。換句話說，禪宗證悟佛菩提的般若開悟，是要在生滅法中，以生滅法的覺知心去找到不生滅法如來藏；是要以見聞覺知妄心去找到離見聞覺知的眞實心，眞實心名爲如來藏。所以這個空性應該在六十二見中求，不能想要出離了三界才尋求；因爲出離了三界，如來藏仍然存在，但是想要證得如來藏的人已經不在了，又如何能證呢？所以說你應該在六十二見中求，就是說應該在眾生五陰身上去求。

文殊菩薩又問：「六十二見應當在哪裡去尋找呢？」維摩詰菩薩說：「應當於

諸佛解脫中求。」爲什麼六十二見反而要在諸佛解脫中求？請問諸位：「六十二外道見是什麼，知道嗎？」不知道啊！諸位來學這麼久了，都還不知道六十二外道見是什麼，何況是一般人呢？一般人從來沒聽過佛法，根本不知道六十二外道見是什麼。如果你讀過四阿含，你就會說：「我有讀過，但是現在記不起來。」至少你回去再把四阿含請出來，還是可以知道：「啊！原來六十二外道見是這樣子。」可是眾生從來沒有聽過佛法，不知道六十二種外道見是什麼，當然要從諸佛解脫中去求；因爲六十二外道見是 佛講出來破斥的，依 佛所證的智慧而說外道見有六十二種。有的經裡面講九十六種，那只是再細分。

所以想要了知什麼是六十二外道見，還得要從諸佛解脫中來求。如果不從諸佛解脫的功德境界來說，有人還是會把六十二種外道見當作是佛法。諸位千萬別說你不信喔！我寫了五十來本書（編案：此書出版時已有七十餘本書），指稱某些大法師、大居士是常見外道，他們很不服氣。可是我沒有冤枉他們，並且我已經舉證出來，他們哪一本書、哪一頁怎麼講的，所以落入常見。他們落在意識心上面，說「意識心常住不壞」，可是外道也說「意識心常住不壞，覺知心常住不壞」，那他們跟常見外道有什麼不同？完全一樣嘛！只有一個差別，就是常見外道不用佛法名相來講，而他們身披僧衣，用佛法名相來講。

諸佛的解脫是不會落在六十二種外道見中的，但是末法時代的今天，連佛門中的大法師，所謂佛學泰斗的印順，都無法離開外道見，那表示一般人一定不離六十二種外道見。也許有的人不信，以為我說的不是事實；但是兩、三個月後，我們有一位老師會有文章在《正覺電子報》上登出來，舉證信徒最多的證嚴法師在哪一本書第幾頁怎麼說：她公然主張**意識常住不滅**。諸位想像不到她會這麼講吧？因為除了宗喀巴以外，所有佛弟子們都說「意識心是虛妄法」；即使是二乘人也不敢說意識是常住法，他們也說意識是生滅法，因為　佛在四阿含中很明確說：「**意、法緣，生意識。**」不但如此，還更進一步說：「**諸所有意識，一切皆意、法為緣生。**」這是四阿含中的聖教。不必提到大乘法，光是二乘菩提就已經這麼清楚明白的說了，大乘菩提諸經講的更多。但是身為佛法住持者的證嚴法師，竟公然違背佛說而主張：「**意識卻是不滅的。**」那意思是不是在說：「**佛陀！您講錯了；我證嚴法師講的才對。**」她似乎要表現自己比　佛陀還行。證嚴如此，其餘三大山頭也同樣落入意識妄心中。今天的佛教已經淪落到這個地步，連名聞四海的大法師都落在常見中，你能不感嘆嗎？我舉證這個事情，心中是很沉重的。一代大師修學了佛學泰斗印順的知見以後，竟然淪落到跟常見外道完全一樣。反過來說，如果你不修學佛法，能夠了知六十二外道見是什麼嗎？我們預告將來要出版的書目中，有一本叫作《六十二外道見》，現在已經有人承諾要寫了。可是寫這個容易，舉證卻比較難；如果是一般的常見外道，像落在意識心中的，舉證就很容易，佛門內外處處都有；可是六十二種，那就不一定能舉證得圓滿具足，所以也是個大工程，蒐集外道見的證據可得要花很多時間。所以想要眞實了知六十二外道見，還得要從佛菩提中去尋求，因此 維摩詰菩薩說：「**六十二見要從諸佛解脫中求。**」所以從佛菩提來觀察六十二種外道見，都在佛菩提所鑑照之下。

「**諸佛解脫又當於何處求呢？**」維摩詰菩薩答覆說：「**應當在一切眾生心行中求。**」諸佛解脫是人天至尊的境界，也是一切解脫天中的大天，叫作**天中天**；解脫天是阿羅漢，第一義天是證悟的菩薩們，第一義天裡面的大天就是**天中天**，佛正是一切第一義天中的大天，諸佛的解脫也都是天中天的境界。可是 維摩詰菩薩竟然說天中天的解脫境界，應該在一切眾生心的行爲裡面去求。表面上看來很奇怪！可是事實眞的如此；因爲人間一切眾生，說穿了就是十八界法，本質就是如來藏法。因爲十八界六根、六塵、六識都在如來藏表面上運作，如來藏出生了處處作主的意根，加上了六識於是有了能取，取自己的色身五根，取如來藏所生的六塵，而如來藏就在這十八界現行運作當中顯現出祂無量的種子差別；這無量的種子差別，你得要一一現觀，一一親證。如來藏的一切種子都具足圓滿親證了，一切種智就圓滿了，大圓鏡智等四智就發起了，清淨法界就具足了，就是成佛了。

菩薩能不能成佛，都看有沒有一切種智，一切種智具足了就是已成之佛。可是如來藏的一切種子，在什麼境界中最圓滿、最分明？在人間。因為人具足十八界法，人間的法也比天界多很多倍；越往上去，法越少，到了非想非非想天只剩下二個法：意根與意識。在非非想定中，意識已經不領納定境也不了知自己，所以十八界法只剩下二個：那時雖有非非想定的定境法塵，卻不領納，所以只剩下意根與意識二個法，如來藏就不流注別的種子，根本無法圓滿實證一切種子。

種子流注最多是在人間，也許有人說：「不！地獄也是一樣多。」但是地獄眾生有可能會體驗領納種子怎麼流注嗎？他們連逃命都來不及了，沒有心情修學及體驗。畜生道中行不行？如果是菩薩乘願受生，當然也行！可是一般畜生絕對不行，因為牠根本沒有辦法熏習佛法。餓鬼道行不行？如果是菩薩去示現，行啊！問題是有哪一位菩薩去示現做餓鬼？所以餓鬼們也是很苦，他們既沒有這種智慧，也無法熏習佛法。只有在人間苦樂參半，可以享受一些快樂，又不像欲界天人苦受很少而放逸，所以人間最容易具足一切種智，所以諸佛都來人間成佛；因爲人間具足一切諸法，要親證如來藏也是在人間最容易證。所以去參訪祖師大德，見了面，合掌很恭敬跪下來請問：「如何是佛？」禪師說：「喫茶去！」正是因爲人間最容易證；因此想要求證諸佛解脫，當於一切眾生心行中求；所以參禪千萬不要想躲到深山裡面去，獨自住在深山中想要證悟是很困難的。別當聲聞，要當菩薩，在一切眾生五蘊心行中求，自然可以找到如來藏。

「又仁所問：『何無侍者？』」維摩詰菩薩說：「仁者文殊師利！您所問的：『我這房間裡面爲什麼沒有侍者？』」等覺菩薩的福德很大，侍者一定非常多，如今所見竟然沒有侍者，當然會有此一問。維摩詰菩薩的答覆說：「我維摩詰並不是沒有侍者，我的侍者太多了，因爲一切眾魔、一切外道都是我的侍者。」這個說法，一般人聽了大概會說：「這不像是等覺菩薩講的吧？」因爲口氣未免太大了些，另一方面：你既是等覺大士，爲什麼用諸魔作侍者？又爲什麼以諸外道當侍者呢？但其實這是眞實語，因爲所謂侍者，其實就是五陰十八界。諸魔不管是哪一個魔，祂能沒有五陰十八界嗎？諸魔的最高層次就是他化自在天的天主，可是祂仍然在欲界天中，所以祂還是跟我們人間一樣十八界具足、五陰具足。維摩詰菩薩爲什麼以諸魔爲侍者？又爲什麼以諸外道爲侍者？因爲諸魔與外道都是由五陰來當，維摩詰菩薩轉依於如來藏，改以如來藏爲眞實不壞我；可是五陰十八界統統是生滅無常的世間我，這五陰十八界都只能在三界中運作，不能在三界外存在。如來藏雖然能獨自存在於三界之外，但是如果沒有五陰當侍者，祂就不能在三界中出現，也不能在三界中運作，所以如來藏以五陰十八界爲侍者。五陰十八界爲如來藏服務，然後如來藏再反過來爲五陰十八界服務，互相服務；但是能作主的、能思想的五陰十八界，是無常法，無常法不能爲主；而如來藏不作主，離六塵中的見聞覺知，既不思量作主、也不分別；可是因爲祂常住不壞，所以祂才是眞正的主。所以不作主的才是眞主，作主的反而不是眞主。

佛法很奇怪，剛好與一般人的想法顚倒。一般禪師都教你：「你要時時刻刻都能作主，**死時也要能作主**。」就會因爲這個作主的心（意根）死不掉，死時就無法作主，所以就永遠輪迴生死。你如果眞的悟了，轉依如來藏了，如來藏從無量劫以來都不作主，轉依這個不作主的心，願意讓自己死掉而不作主；能不作主就是得解脫，得解脫了才能在死後中陰境界中作得了主：發願繼續受生人間來救護眾生。佛法就是這樣，這是阿羅漢所無法想像的，所以不同於羅漢法。如來藏雖然從來不作主，祂其實才是喜歡處處作主的五陰的眞實主人。五陰可以粗分爲兩大類，不外乎能取與所取。這能取與所取都是從如來藏生出來的，然後自己取自己：以能取的七識心王去取所取的五根及六塵，是在依他起性的如來藏所生的六塵與五根上面去執取，然後再回過頭來執取能作主的、能了知的、能見聞覺知的自己，自認爲是常住不壞的，因此就有了遍計執性而處處作主，所以就輪迴生死。

所以三界中的五陰我、十八界我能見聞覺知、能作主，卻不是眞實我，是無我的，因爲是緣起而性空，不是常住法，不能久住。菩薩證悟如來藏以後，轉依如來藏爲眞實不壞法，故以無我性的如來藏爲主，就拿五陰十八界作侍者，就用每一世不同的五陰十八界作侍者來修佛菩提行；這樣一世一世修行，最後成就佛道。等覺菩薩 維摩詰既然超越一切諸魔、一切外道，而一切諸魔與外道不外乎五陰與十八界，所以如果他有一世故意化現爲魔的身分，以魔身來護持正法，那個魔當然是他的侍者。如果有一世他又化現爲外道，以那個外道身來護持正法，他那個外道身當然就是他的侍者，這在佛門中是很常見的。譬如薩遮尼犍子是個大外道，但其實他是菩薩示現外道身，最後將他的所有外道弟子都轉變成佛弟子：

首領成爲佛弟子擁護佛法了，他的弟子們當然要跟著擁護佛法，跟著學佛了。所以大外道薩遮尼犍子，反而說出一番別人所不曾聽聞過的佛法，反而讚歎別人所不能讚歎的 世尊勝行，所以那個外道身又成爲菩薩的侍者，因此菩薩以諸魔和外道爲侍者，維摩詰說的就是這個道理。

他解釋說：「爲什麼我說眾魔及外道都是我的侍者呢？因爲眾魔的體性就是樂於生死。菩薩雖然不樂於生死，可是菩薩不畏懼生死，所以菩薩於生死而不捨，因此菩薩以眾魔爲侍者。」菩薩和聲聞、緣覺不一樣，除了所修法、所證境不同，心態也不同。一般修學二乘法的大乘法師們，他們常常強調的就是心態的不同：二乘聖人不樂生死，捨報會入涅槃；菩薩雖不樂生死，可是捨報不入涅槃。但是他們卻不知道佛菩提道與解脫道的異與同。菩薩從因地、凡夫地的修行，到達究竟果地而成佛，得要三大無量數劫。三大無量數劫所用的色身若堆積起來不壞，一定大於一個須彌山。且不說三大無量數劫，諸位想想看，一大劫就好了，你會有多少個身體？如果堆積起來會有多高？我看可能比玉山還要高。三大無量數劫中的每一個身體，當然伴隨著世世全新的六識心，這是不可改變的事實。眾魔正是因爲喜歡生死，雖然生與死對他來講，覺得很痛苦；可是生死的過程中，有許多的五欲是他所喜樂的，是他所極力追求的，所以說他們樂於生死。但菩薩歷經三大無量數劫的修行才能成佛，不許離開三界中的生死法；若離開三界中的生死法，就沒有侍者可以用來修行。

也許有人說：「我不過是個升斗小民，我哪裡請得起侍者？」但我告訴你，這個侍者是免費的，你根本不用花錢去請。你們如來藏來到這裡，就是因爲侍者把你拖著來的；然後再回過頭來，說如來藏拖著侍者來；因爲若沒有祂，你還眞沒辦法來，早就死掉了。所以菩薩都必須有侍者，生生世世不斷而有無量侍者；這個侍者有時化現爲魔身，在魔眾中當影響眾，然後偷偷把正法帶進魔法中，一世一世漸漸的改變他們的觀念。所以將來 彌勒菩薩今晚出家，明天成佛時，他將要入城托缽，天魔就先幫他到處灑掃清潔，並且到處灑香水， 彌勒菩薩的福報是這樣啊！有天魔來護持祂，所以天魔不全是惡人。

菩薩有時化現爲魔，但是有個現象：他說的法是正確的。可是魔有時化現爲菩薩，說出來的法卻是錯誤的。你若沒有法眼，有時還眞是眞假難辨；因爲明明看見這是一位菩薩，結果說出來的法似是而非。但有時你遇到一位魔，可是他說的法卻是正確的。那意思是說：菩薩化現，並不是一成不變。所以在三大無量數劫中，種種受生化現就有無量無數的侍者，在這些過程中有時現外道身，有時現諸魔身。所以說，眾魔樂於生死，菩薩不樂生死，可是菩薩也不怕生死，因此說菩薩於生死而不捨。既然於生死而不捨，才能三大無量數劫以後成佛，當然他生生世世有種種無量不同種類的侍者，所以「眾魔皆吾侍也」。

外道之所以被佛稱為外道，正是由於他們不樂正見，喜歡種種不同的見解，但都不外於六十二種外道見。佛說：「諸法無我，五陰無常。」他們不信，偏要說：靈知心意識是常。所以叫常見外道。有的說：「靈知心明明是無常，悶絕了就斷了，死了就永滅了，不能去到未來世，因為不從前世來；假使從前世來，我就會記得上一輩子姓甚名誰、住在何處、幹了什麼事業。可是我都不知道，所以離念靈知顯然只有一世，所以死了就斷滅。」所以稱為斷見外道。由斷常兩見就衍生出六十二種外道、九十六種外道見，至於佛說的如來藏真實常住不滅，他們因為無法實證，恐怕會因此失去名聞利養而不信受；所以他們樂諸見，不樂佛法正見。樂諸見就會有世世的生死，可是菩薩於諸見了知以後卻不被諸見所轉。菩薩既然以攝取眾生來攝取佛土，當然不能離開眾生；菩薩要莊嚴他未來成佛時的淨土，就必須攝受無量的眾生，當然要與無量眾生結緣；如果不能廣結善緣，他的淨土就不能成就。既然這樣，當然要與種種外道見眾生同住於人間而與外道們結緣；雖然與六十二種外道見的眾生們同事、結緣，但是菩薩不被他們的外道見所移轉，並且能轉變他們攝受正見，終於漸漸的隨著菩薩走上成佛之道。菩薩既然要這樣利樂眾生，當然有許多的時候會化現爲外道身，那些外道當然也是菩薩的侍者。

【文殊師利言：「居士所疾，爲何等相？」維摩詰言：「我病無形，不可見。」又問：「此病身合耶？心合耶？」答曰：「非身合，身相離故；亦非心合，心如幻故。」又問：「地大、水大、火大、風大，於此四大，何大之病？」答曰：「是病非地大，亦不離地大；水火風大，亦復如是。而衆生病從四大起，以其有病是故我病。」】

講記：接著 文殊師利菩薩又問：「維摩詰居士啊！你這個疾病到底是什麼樣的法相？」維摩詰菩薩答覆說：「我這個病，沒有形色，也不是物質的法，所以這個病不可見。」文殊師利菩薩又問：「這個病是你的身體跟它相應？或者是你的心跟它相應呢？」維摩詰菩薩答覆說：「這個病不是由身體相應，因爲身的法相是遠離的，身的法相不會跟疾病合在一起；但也不是心與病相應，因爲我們的覺知心猶如幻化一樣，並非物質，怎會跟身病合在一起呢？」文殊菩薩又問：「這樣看來，就不是身與疾病和合了，所以病的不應該是身。那是不是地大、水大、火大或者風大，其中的哪一種與病合在一起而相應呢？」維摩詰菩薩答覆說：「我這個病不是與地大合在一起，但是也不離地大；不是與水大合在一起，但也不離水大；火大與風大也是一樣的道理。可是眾生的病其實還是從四大而生起的，因爲四大有病，所以我就病了。」這個說法還眞奇怪，既不是身所生的病，也不是心所生的病，那到底是什麼病，是如何病的呢？如果說是身體病了，就不應該你覺知心在難過啊！如果說是你的覺知心病了，就不該身體在難過啊！到底這個病是與身體和合而病呢？或是與無形色的覺知心和合而病的呢？結果說是「身相離故」。既然身相是遠離的，不是與病和合在一起的，怎麼可以說是身體病了呢？

因爲你這個身，其實無身，因爲身是四大假合。身從哪裡來？沒有一個東西可以叫作身啦！就是地水火風四大種元素和合在一起才叫作身，是一合相，所以沒有一個眞實不壞的身相可說；並且身是段肉而無知，所以身相遠離，可見不是身體病了。如果說是覺知心病了，可是覺知心就像幻化的東西一樣，無形無色而不具有物質，覺知心怎麼會病呢？所以既不是身病了，也不是心病了。可是，既不是身病也不是心病，那是什麼在生病呢？一定是有粗重色身才會病，如果不是有人類的粗重色身就不會病；所以欲界天人不會生病，沒有細菌感染、流行感冒也不會著涼、中暑，顯然病是跟人間粗糙物質的色身有關。文殊師利當然知道他的意思，就問：「你這個色身既沒病，那是不是地水火風中的哪一種病了呢？」可是如果要說是色身裡面的地大生病了，可是病不可能單由地大而生病，如果色身中沒有水火風大，單只地大，並不會生病。如果單只有地大也會生病，那木乃伊也應該會生病、會難過。

「所以不是地大生病，但是也不能離開地大；如果離開了，你這個粗硬的色身也不會有病出現。色身中的水大、火大、風大也是一樣，你如果說是火大生病，可是火大畢竟只是身體的溫暖，以及能使你產生熱量的體性，而它本身不可能生病啊！如果它會生病，應該說火也會生病，但顯然不會。可是如果離了火大，你也不會生病；因為你這個身體，如果像屍體一樣涼了，壽命都不在了，又如何會生病？所以也不是火大生病。但是離了火大，就變成了屍體，屍體也不會生病啊！所以也不能離於火大。風大也一樣，水大也一樣。可是探究起來，其實眾生的病是因為四大和合才會生起，我維摩詰就是因為身體四大互違，才說我有病。」

【爾時文殊師利問維摩詰言：「菩薩應云何慰喻有疾菩薩？」維摩詰言：「說身無常，不說厭離於身；說身有苦，不說樂於涅槃；說身無我，而說教導衆生；說身空寂，不說畢竟寂滅；說悔先罪，而不說入於過去；以己之疾愍於彼疾，當識宿世無數劫苦，當念饒益一切衆生；憶所修福，念於淨命；勿生憂惱常起精進，當作醫王療治衆病。菩薩應如是慰喻有疾菩薩令其歡喜。」】

講記：接著文殊師利菩薩又問維摩詰說：「菩薩去看望生了病的菩薩，應該要怎樣安慰他，以及向他勸進？」維摩詰菩薩答覆說：「菩薩們去看望生病的菩薩時，應當要向他說：『色身無常。』但是不可以因此就說：『要厭離這個色身。』」二乘人聽了，一定大加反對，因爲在二乘法中說：「你想要出離三界，就一定得要厭離色身。」所以二乘的解脫道中教導大家觀察色身不清淨，目的就是要大家把色身的執著丟開。有的人作色身無常的無常觀，仍然無法使他捨棄對自己色身的執著，就教他改修九想觀；所以四阿含中說，有的比丘每天去屍陀林（窮人家沒有錢可以埋葬死掉的家人，就把屍體丟到棄屍林中），他就每天在那邊觀察屍體，又在自己心中把那個影像再提起來觀想，從屍體毀壞的過程：譬如長了屍斑、膨脹、爆裂、流膿、爛水、腐化，腐化了以後屍骨上面紅白相間很噁心的模樣，到最後風化了，只剩下白骨散落一地，這叫作九想不淨觀。

若是好好的眼見又作觀想，幾天下來他就沒有食慾了。有的人沒見過車禍撞死人，他去看臥在鐵軌自殺的人，回家以後三天吃不下飯。可是屍體的膨脹、爆裂、爛壞，比車禍死亡的還要噁心，這樣眼見及觀想完成了，他就厭離色身了。所以在二乘法中是要捨棄身體的，接下去才是捨掉六識心、意根，就完成了無餘涅槃的修證。因此二乘法中一再勸導大家要厭離色身、捨棄色身，不可貪著色身。當菩薩感受到疾病時，了知色身有苦，因此探望疾病的菩薩們特地要提醒他：色身是無常的，可是這個無常的色身卻不應該厭離；而且死後還要再去取得下一世的另一個色身。這跟二乘法剛好顛倒。菩薩也修色身的無常觀、不淨觀，但是卻不厭離它；因爲厭離了以後就會入無餘涅槃，沒有下一輩子了，又如何能修佛菩提？又如何能成佛呢？不能成佛的話，就沒有三大無量數劫來廣利眾生了。所以**勸喻有疾菩薩時，說身無常，而不說厭離於身。**

「說身有苦，不說樂於涅槃」：去看望有疾菩薩，要說：「因爲有這個色身，所以有種種的苦。」但不可以說：「要趕快入涅槃。」苦，當然是因爲色身而有。農夫爲什麼要那麼辛苦的工作呢？學生們不是唸過嗎：「鋤禾日當午，汗滴禾下土。」爲什麼要這麼辛苦？因爲要養活這個色身。也許你說：「農夫不辛苦，我才辛苦，雖然我只是朝九晚五上班，可是精神多緊張、壓力多大，一天到晚忙得要死。」可是你爲什麼要那麼苦？正因爲這個色身，你才要這麼辛苦啊！疾病又從哪裡來？不小心被人家撞著了，痛死了！也許走路要拐上一個月，痛得不得了；這苦又從哪裡來？也是因爲色身而來，所以色身確實有種種苦。假使說突然間冷氣壞了，大家汗流浹背，拿起筆記本來一直搧，苦不苦？苦啊！講經完了，得趕快去找水喝，都是因爲這個身體，所以說身體有苦。可是雖然說身有苦，種種身苦講完了，卻不可以說要樂於涅槃；因爲樂於涅槃就不能成佛，也沒有般若智慧，無法廣利眾生，所以二乘法所說的樂於涅槃，在大乘法中不適用。

「說身無我，而說教導眾生」：去看望有疾菩薩，要說這個色身是無我性的，因爲色身是四大假合而成，只是段肉而無知覺。既然是無我性，爲什麼又開口閉口說：「我告訴你啦！我不喜歡啦！」爲什麼又有**我**？當知這個**我**只是方便說。我記得將近二十年前，那時佛教界常常有人在討論「我、無我」，當時有人提出來質疑：「佛既然實證無我，他講經時爲什麼要自稱我？」正因爲這個緣故，所以現代禪那時很流行不用**我**字而說**我們**：我們說如何如何。他不說：我說如何如何。因爲人家會說：「那你就是有我。」但其實那是方便說我。如果佛是法主，我們是法眾，佛當然要問：「我剛剛說的法，你們聽懂了沒有？」當然要這樣問，不然就得要這樣說：「我們剛剛說的法，我們聽懂了沒有？」（大眾笑…）那就沒辦法表達眞正的意思了，所以那叫作方便說我。

看望有疾菩薩時，當然要廣說色身無我。因爲眾生所謂的我，都是在覺知心上面來說的；可是覺知心無形無色，又是生滅法，離了色身就不存在了，怎能說是眞實我？如果離了覺知心，單從這個色身來說，也不能說有我啊！如果單單這個色身也可以說有我，那屍體也可以說有我啊！所以色身其實無我，眾生所以爲的我，都是在意識心上面用心，因此色身確實無我。可是說色身無我，卻不該勸喻有疾菩薩捨棄色身，也不應勸喻有疾菩薩：「既然色身無我，眾生也是無我，那你就不必教導眾生了，因爲反正無我嘛！你教他們無我作什麼？」所以一般人聽到無我時會說：「既然你也無我，我也無我，那又是誰來教我？」一般人會這樣想：「既然都無我，沒有你來教，也沒有我來聽，你又何必教導我們？」

但其實不然，正好因爲五陰無我、色身無我，所以才要教導眾生懂得什麼叫作蘊處界無我，這樣眾生才能免除生死的痛苦。所以反而是因爲無我，才要教導眾生，因為眾生不懂得蘊處界無我。如果眾生被教導而懂得了蘊處界無我，眾生就可以取證無餘涅槃，就可以免掉生死流轉的種種痛苦，所以正好是因為色身無我，才要教導眾生，這是從二乘法來說的。但是大乘也一樣，也說色身無我；二乘法所說的，大乘法中都有講，可是大乘法還特別教導：如來藏無我，但因為祂常住不滅，所以稱為眞實我；又因為祂是緣起性空的無我法五陰十八界的根源，所以又稱祂為我。但祂卻是無我性的，因為祂沒有五陰的我性，沒有十八界的我性，也沒有十二處的我性。因此慰喻有疾菩薩時，說身無我，卻要請他把自己在患病時所觀行的色身無我法用來教導眾生。

「說身空寂，不說畢竟寂滅」：身體是空寂的。也許有人想：「身體不空寂，一天到晚追趕跑跳碰，哪裡空寂過？即使睡著了，還會打呼，才不空寂呢！」但問題是，如果沒有如來藏與意根時，色身就變成屍體一具了，哪能睡覺、打呼？如果光只有身體，我保證它一定空寂，一點點音響都沒有。可是雖然說色身空寂，但是不要極力倡導畢竟寂滅的境界。畢竟寂滅是什麼境界呢？有人也許說是入定，那麼到底哪一個定最寂滅？應該是非非想定。可是非非想定中，覺知心仍然在；覺知心既然在，就不是究竟寂滅了。一般人最多是住在未到地定中，可是未到地定中往往會生起妄想，後來發覺了再拉回來重新入定。如果是淺的未到地定中就常常會有妄想出現，只能不斷的發覺了再離開；就好像平靜的水面忽然冒起一個水泡，過個幾秒鐘又冒出一個水泡，所以也是不寂滅。如果是初禪等至中，雖然不會起妄念，卻還是有五塵中的三塵的領受，還是鬧鬧的。二禪等至總該是寂滅了吧？不！二禪中還是會有妄念出現，雖然已不知那個妄念是什麼，可是你已知道自己覺知心動了一下，那表示仍然不寂滅。

第四禪等至總該寂滅了吧？四禪不是捨與念都清淨的定嗎？二禪、三禪中，心動了一下，那是什麼念，自己都不知道；但在四禪中連這種動了一下的情況都已經不會再出現了，總該算是寂滅了吧？不！覺知心還是很清楚的了知禪定中的境界，還是有定境的**境界受**在領受著，那仍然不是究竟寂滅。所以四禪八定，三界中最寂滅的境界是非非想定，因爲對自己也不加了知，對非非想定中的法塵境界也不加了知，就這樣安住，那算是最靜的；可是那仍然不寂滅，因爲覺知心還在。即使是俱解脫的聖者，他住於滅盡定中，覺知心不在了，但是這個境界算不算畢竟寂滅？早就有人知道了，在搖頭了。爲什麼？因爲他的意根還在遍緣諸法，意根只是滅了受與想兩個心所法；觸、作意、思等心所法都還在運作，所以還在遍緣諸法，那不能叫作畢竟寂滅。所以畢竟寂滅就只有一個狀況——無餘涅槃。在無餘涅槃中，不但六識滅盡了，連意根也滅除了，已經沒有意根在遍緣諸法，才是究竟寂滅（滅盡定中意根如何遍緣諸法，諸位當然無法想像，那是我們增上班的課程中才會講的）。所以畢竟寂滅是什麼境界？是無餘涅槃。色身空寂：單只有色身時，覺知心不在、意根也不在時，那就是捨壽入無餘涅槃。但雖然這樣，色身本身是空寂的境界，但是不要去鼓勵菩薩進入畢竟空寂的無餘涅槃境界。因爲菩薩得要有色身生生世世在六塵中自利利他：自己可以成就佛道，也要幫助眾生們一同成就佛道。所以不說畢竟寂滅。

「說悔先罪，而不說入於過去」：去慰喻有疾菩薩時，會說：「你這個病痛大概都跟過去世有關，過去世一定是造了什麼業了。」菩薩會聽得進去，一般人聽了卻受不了：「不論什麼事，都說我過去世做錯了。誰看見啦？我明明沒有做錯事，爲什麼你偏要怪到我頭上來！」他就振振有詞跟你反駁。假使有親朋好友家裡出了事，千萬不要說：「你過去世可能做錯了什麼事。」因爲他若不是菩薩，聽了就生氣：「爲什麼都怪我？」但其實大部分都跟過去世的業有關係。世間有一句諺語說：「一飲一啄，莫非前定。」看起來好像是一句很迷信的話，是說我們在人間即使是喝一杯水，也要有喝一杯水的福報；如果不是往世有那個福報，可能住在水邊沒水喝，被水淹死了還會是渴死的人。正如一隻雞，牠啄一口食物也是前定：牠一生該吃多少食物，福報吃盡了就捨報。

不然的話，我們說兩件事好了：譬如有的人身體健康，家裡也有錢，身體好好的，不過是睡個午覺就走了，活到八十歲無疾而終，一點兒病痛都沒有；器官都很好的，結果就死了，那代表他的福報盡了，這一世該享受的福報就到這裡爲止。如果這個還不能接受，那不然這樣講好了，有很多人常常晚上做夢，夢見明天要去哪裡，見了誰，會講些什麼話；結果明天果然都一樣，從一開始見面到最後講的話，一個字也沒有變。有很多人這樣夢見時，本來心中很懷疑：「眞的會這樣嗎？」有心要把那些對話轉變，但就是沒辦法轉：你剛好就是要那麼答，對方也會那麼說，跟夢見的對答過程一模一樣。這表示那個異熟無記業的力量成熟了，你就必然要經歷這個過程。

有很多人經歷過，我也體驗過這個現象。夢醒當時很好奇：眞的會這樣嗎？結果還眞的這樣！這表示有過去世的某一種原因，導致現在這個無記業的業力成熟了，它的業行就這樣現前；懂這個道理的菩薩一定會深信因果，原因就在這裡。

一般眾生，人家說：「不見棺材不掉淚。」你告訴他說：「你不要毀謗如來藏，謗了這個勝妙法是地獄業。」他不信，得要到捨報了，那個業境出現了，業風吹起來了，他才信：果報現前，他才會畏懼。但是菩薩不然，菩薩深信因果，知道每做一件事情都有未來世的果報存在，不論是有記業或無記業。假使能夠深入定境，有時看見些往世的事情，你就知道：「原來今生的某一件事情就是這樣來的。」那你就會對因果更加的深信，所以久學菩薩一定會深信因果。久學菩薩不修宿命通，卻一樣深信因果；所以去慰喻有疾菩薩時，要說懺悔過去世所做的種種惡罪，但是不必去說：「要用宿命通進入過去世的情境當中去瞭解。」因爲菩薩的道，主要是在般若與種智上面來修行，不在於世間法的宿命通上面。而且修到十迴向位快要圓滿時，常常會在定中看見過去世的一些事情。這不是像宿命通一樣，指定哪一世就能看哪一世；但是所見過去世的事情，往往會是很多劫乃至幾萬大劫、幾千萬大劫以前的事，不是有宿命通的人所能見到。所以慰喻有疾菩薩時，只說要懺悔先罪，但不說：「要修學宿命通，進入過去世的境界中去了知過去世的事情。」

「以己之疾愍於彼疾，當識宿世無數劫苦，當念饒益一切衆生」：菩薩應當從自己的疾病痛苦覺受當中，去生起對患病有情的憐愍心；因爲知道生病是很痛苦的，因此要慰喻有疾菩薩「以己之疾愍於彼疾」；也應當慰喻有疾菩薩善於瞭解無量世以來歷經了無數劫，而無數劫中的每一世，都有生老病死及種種世間的勤苦；也應當要瞭解無量世以來，就是這樣世世受苦。

常常有人想：「當人眞苦，我下一輩子不來了。」可是他們都沒想到：他下一輩子想不來就能不來嗎？他們都沒想到這一點，結果下輩子還是得要來。而且當人還算好，是苦樂參半；如果是當畜生，正好又不是當人家的寵物，那該怎麼辦？當牛、當馬很苦啊！那小孩子說：「我喜歡當鳥，自由自在。」眞的自由自在嗎？天還沒亮就要找食物了，找到食物要吃的時候，還要小心自己會變成別人的食物。那麼當寵物就好嗎？不！當寵物要一天到晚看主人的臉色。當人苦，當旁生更苦。如果造了惡業，下輩子去當餓鬼、地獄眾生，那又更苦。也許有人想：「這些都跟我無關，我去當人。」可是我們每一個人，包括我在內，往世都曾下過地獄，也都當過轉輪聖王，也都當過天主。所以我有時候看到酒家女、妓女，都不敢看輕她，因爲馬上會想到我無量世以前也幹過。每一個人過去都有無量世，誰沒幹過？當國王，我也不覺得稀奇，因爲我也幹過，所以不羨慕也不輕視。

過去世這樣不斷的輪轉，受了多少苦，這些都要懂：**當識宿世無數劫苦**。識，就是識知。要識知我們每一個人或者每一條狗、每一隻螞蟻，在過去無量世中都曾有光榮的時刻，也都曾有倒楣時，對這些苦都應該有所認識。然後由己疾愍於彼疾，由識宿世無數劫苦，就應當要心心念念想著：「我們應該要怎樣饒益一切眾生。」饒益一切眾生，就是教導他們修證無我、親證解脫，再進一步教導他們修證佛菩提的一切種智，未來大家都可以成佛，這就是念饒益一切衆生。

「**憶所修福，念於淨命**」：去慰喻有疾菩薩時，要勸告他憶念：「你這一生既然修了許多福德，那麼接下來的生活，以及未來世的生活，一定要淨命自活。」不能淨命自活，多是因爲往世修的福德太少了。餓鬼爲什麼會肚大如鼓、餓火中燒而又咽細如針？因爲往世從來不布施，此世很有錢還是不布施，貪火燒燃，所以死後當餓鬼。毒蛇爲何要用毒去毒害眾生，然後只能用吞的？諸位有沒有思惟過？當牠吞食一隻老鼠，那喉嚨的感覺如何？牠的口腔是很柔軟的，可是老鼠長滿了粗硬的毛，又有鼠爪，牠卻得用吞的；那個過程諸位試著領會看看，眞難過欸！牠爲什麼會有這種果報？是因爲往世以惡毒手段劫奪人家的錢財、殘害眾生，正報是下地獄，餘報就是多劫不能淨命而活，得要吃髒東西，也吃得很痛苦。同樣的道理，諸位今天能夠過這麼好的生活，是因爲往世廣修福德。有了福德，所以病痛就少，也有福德可以淨命而活。沒有福德的人要怎麼活？要以不合法的生活方式去生活。譬如有人不得不殺害眾生來自己活命，有的人不得不去勒索別人來活命，然後每天生活在恐懼當中。殺豬宰羊、殺雞殺鴨一世，我相信他們這樣幹這個行業，一定常常會想到：「我這一世到底殺了多少雞、多少鴨，宰了多少牛羊，我未來世會不會有惡報？」一定有想過，我不相信哪一個人不曾想過。可是他除了做這個行業以外，不論做什麼行業都失敗，都沒辦法生活，這表示他往世修的福德不夠，所以這一世不能淨命而活。不說世俗人，說出家人好了：有的人出家後不必去外面托缽，道糧無缺，要什麼就有什麼；可是有的人要很辛苦去托缽，一天下來可能大概就只夠三、四天的道糧；三、四天過了，他又要來托缽了！這就是往世所修的福德不夠。

有的人在世間法上的福德很足夠，但是當他想要修學了義究竟正法時，種種障礙就出現了。他在正法當中也不能淨命而活，得要想出很多種辦法，才能夠繼續安住下來；所以最後即使明心了，還是得要走人，都因為往世修的福德不夠。所以說，淨命有很多種情況。但是我們去慰喻有疾菩薩時，要教他多多憶念所修的福德，要告訴他：「你一定可以淨命而活，生生世世都能如此。」所以淨命而活，都要靠往世所修福德；如果往世所修福德不夠，不能淨命而活，修道就會成爲問題，所以此世記得要多修福德。因此有一件事情大家都要注意，如果去探望病重即將捨報的人，更要告訴他：「憶所修福。」要教他腦袋裡面只想他這一世所做的好事，所有的惡事都不要想。爲什麼要這樣？因爲下一世的重新受生，會有三個因素影響受生處所：隨業、隨重以及隨念。

隨業是看他所修的業是善業、惡業或是淨業？業還有輕重之分：善業、淨業、惡業都有時，要看哪一種業是最大的，由最大的業先報。爲什麼最大的會先報？因爲即將捨報的人，他會想到：我這一生幹的最大的惡事是什麼！我幹的最大的好事是什麼？然後捨報前那一剎那就像幻燈片一樣拉過去，由上往下，一格一格拉過去；那裡面的每一件事情是什麼，他都知道，然後業境現前就受來世報了。

但是雖然有善惡業、輕重業的差別，念力卻可以改變它；雖然業種還在，但是由哪一種業先受報的情形將能有所變動，就會使後世有機會來補救。譬如一個人造了大惡業，但他也曾經造了大善業，這時要教他憶念大善業，不要去想那個大惡業，讓他專注在那個大善業的福德上面。這時因念力的關係，導致受生的狀況出現變動而使大善業的果報境界現前了；然後在未來世中，他因爲有大福德的環境，就有能力繼續做善事，去迴向及彌補過去世所造的大惡業，他的惡業種子可以被轉變。因此去探望即將捨報的人，千萬不要說：「你今天會這麼痛苦，就是因爲你造了什麼惡業。」要勸他只想善事、不想惡事，這個很重要。

如果有疾菩薩即將捨報，不要跟他說：「你來共修的時候都跟人家吵架，你要倒楣啦！」不要講他的惡事，光說他好的一面就行了；要教他憶念此世是如何努力護持正法的，要說明那個功德有多大。應當這樣勸他**憶所修福**，重新受生去未來世時才會有淨命。如果先去受惡報，那就已經報定了，沒機會轉變；如果先去受善報，惡業種子可以利用受善報的後世趕快去行善加以轉變：每一世都專門向那些對他沒有好感的人行善，將來就有機會能夠重罪輕報乃至完全消除掉。所以慰喻有疾菩薩，應當勸他憶所修福、念於淨命，要教他憶念：這一世活著沒有幹惡事，清淨的過活，從不欺詐人家，後世就可以淨命而活，這叫作念於淨命。

「勿生憂惱常起精進，當作醫王療治衆病」：我們去看望有疾菩薩，要安慰他，但是要告訴他：雖然病了卻不需要憂心與煩惱，反而應該生起精進心；在病好了以後要更加精進；不要因爲病了，就憂悲苦惱，把道業給荒廢了。並且還要勸他發願：願意將來生生世世作大醫王，療治眾生的種種心病。眾生的種種病從哪裡來的呢？你也許想：是細菌感染、著涼了、中暑了。其實不是，是從煩惱來的。如果不是有煩惱，就不會有病。正因為人間眾生有煩惱，所以八萬四千種病就會存在人間；如果眾生煩惱斷盡了，病源就跟著消失於人間，眾生就不會有病。所以有的人一生沒煩惱，從來不看醫生，從來沒有病過；有一天病了就死掉了，因為他報盡了。在三界人天中，哪一處的煩惱最重呢？是欲界人間。欲界中，人類的煩惱又比欲界天人的煩惱更重，所以人間煩惱最重，因此人類有種種的疾病。煩惱少了，生欲界天，只剩下五種苦，叫作五衰相現。如果煩惱更少了，到色界天去，連五衰之病也沒有了。如果煩惱更少，生到無色界，連色身都不存在了，何況有病？如果見、思惑煩惱斷盡，那就入無餘涅槃，更沒有煩惱可說。所以：為什麼會有眾病？因為有煩惱。我們如果看望有疾菩薩，要勸他作醫王來療治眾生的病，不是勸他去當醫生而是勸他當大醫王，只要能把眾生的煩惱療治消失了，病就不在了。當人類煩惱消除很多了，那時人壽將是八萬四千歲；在人壽八萬四千歲時，一生都無病無災。因為那時眾生沒有煩惱，所以一般人都能無病無災而活八萬歲。所以：要療治眾生的病，要從斷眾生煩惱上面來下手，這樣就是作醫王療治眾病。菩薩去看望有疾的菩薩，應該如是慰喻，令他生起歡喜心。

歡喜心生起來以後，就可以在道業上面來用功了。

【文殊師利言：「居士！有疾菩薩云何調伏其心？」維摩詰言：「有疾菩薩應作是念：『今我此病皆從前世妄想顛倒諸煩惱生，無有實法，誰受病者？』所以者何？四大合故假名爲身，四大無主，身亦無我。又此病起，皆由著我，是故於我不應生著。既知病本，即除我想及衆生想；當起法想，應作是念：『但以衆法合成此身，起唯法起，滅唯法滅。』又此法者各不相知，起時不言我起，滅時不言我滅。彼有疾菩薩爲滅法想，當作是念：『此法想者亦是顛倒，顛倒者是即大患，我應離之。』云何爲離？離我、我所；云何離我、我所？謂離二法；云何離二法？謂不念內外諸法，行於平等；云何平等？謂我等、涅槃等；所以者何？我及涅槃，此二皆空；以何爲空？但以名字故空。如此二法無決定性，得是平等，無有餘病；唯有空病，空病亦空。是有疾菩薩以無所受而受諸受，未具佛法，亦不滅受而取證也。設身有苦，念惡趣衆生，起大悲心：『我既調伏，亦當調伏一切衆生；但除其病而不除法，爲斷病本而教導之。』何謂病本？謂有攀緣，從有攀緣則爲病本。何所攀緣？謂之三界。云何斷攀緣？以無所得，若無所得則無攀緣。何謂無所得？

謂離二見。何謂二見？謂內見、外見，是無所得。文殊師利！是爲有疾菩薩調伏其心，爲斷老病死苦。是菩薩菩提若不如是，己所修治爲無慧利。譬如勝怨乃可爲勇，如是兼除老病死者，菩薩之謂也。彼有疾菩薩應復作是念：『如我此病非眞非有，衆生病亦非眞非有。』作是觀時，於諸衆生若起愛見大悲，即應捨離；所以者何？菩薩斷除客塵煩惱而起大悲；愛見悲者，則於生死有疲厭心；若能離此無有疲厭，在在所生不爲愛見之所覆也。所生無縛，能爲衆生說法解縛；如佛所說：『若自有縛，能解彼縛，無有是處；若自無縛，能解彼縛，斯有是處。』是故菩薩不應起縛。何謂縛？何謂解？貪著禪味是菩薩縛，以方便生是菩薩解。」】

講記：如何探問有疾菩薩已講過了，文殊菩薩又問：「居士啊！有疾的菩薩應該怎麼樣調伏他自己的心呢？」前一段是說去探望生病的菩薩應該怎麼做，現在說被探望的菩薩、生病的菩薩，應該怎麼樣安住自心。維摩詰菩薩說：「生病的菩薩自己應該這樣想，應該這樣探討：如今我生病了，而我這個病都是因爲前世有種種妄想顚倒、種種煩惱，因此才會有這些病；可是病、色身、我的身心，都不是眞實法，到底是誰生病了？要去探究它。」假使知見正確，懂得好好去探究的話，就從這個病裡面，也可以證得佛法。病是很多人都經歷過的，可以說每一個人都經歷過，沒有人不曾病過；很多人修學佛法，可是修學了佛法以後，他們在疾病當中有沒有去探討過：我這個病是從前世來的，因爲前世累積了許多的煩惱，也因爲種種的不如理作意，以及邪知邪見的熏習，所以產生了許多的妄想顚倒，就從往世的妄想顚倒及種種煩惱中生出了這一世而有這個病。如果不是前世的妄想顚倒與煩惱，今生不會有這個人身，就不會有病；而妄想顚倒也是虛妄，煩惱也是虛妄，色身也是虛妄，都沒有一個法是眞實的；「既然這些都虛妄、都不眞實，到底誰在忍受這個病的痛苦呢？」爲什麼要探討這個呢？

「由於四大假合，所以才方便說這叫作色身。如果不是有地水火風四大暫時和合，就不會有這個色身，而四大都不是主人。」四大不是色身的主人，因爲地大無所了知，也不能作主，怎麼會是身的主人呢？水大、火大、風大也是如此，所以四大無主。四大既無主，色身本身也是無我，既然如此，是誰在受這個病的痛苦？原來還是覺知心在受；病得很難受，都是覺知心在受。但覺知心也是假合而有，因爲覺知心得要有色身五根、也要有意根，然後再有這個如來藏來流注相分、見分種子，覺知心才能存在。並且還要依靠煩惱（見惑與思惑）才會有眾生的覺知心存在。覺知心既然是種種眾法假合而有，顯然覺知心也是虛妄的。領受病痛的覺知心既是虛妄的，那到底是誰在受痛？誰在接受病苦的果報？

這樣一想，心中也就開朗了一些，病苦不是好一些了嗎？如果這也沒有辦法思惟，再教你一個最簡單的：這個病也是無常。如果生命無常，你說不好；那麼病也無常，好不好？當然好啊：原來病也會過去。萬一病不會過去，死了怎麼辦？死了也是過去了！總是會過去的。如果沒死，病也過去了，也就沒病了。所以無常還眞好，就把無常拿來對應這個病。

「病的生起都是由於有我」，如果沒有色身這個我，病就不會生起；如果沒有覺知心這個我，病也沒有人領受；如果沒有覺知心的妄想與煩惱，也不會有我來領受這個病苦；總而言之，病的生起都是因爲執著自我。如果見、思惑都斷盡了，十八界、五陰都不在了，還會有我來受病嗎？「所以病的生起，都是因爲執著自我，因此從現在想到病的這件事情上，就開始轉變：不要對自我生起執著。」

「既然已經知道病的根本是在哪裡，就除掉了我想與眾生想；」因爲病是從執著自我而來，自我如果不存在的時候，病就不存在了，我想因此就除掉了，就不會常常想著自我。因爲我是虛假的、是假合而有的、是無我的：我不是眞實存在的法，你是不眞實存在，他也不眞實存在，你我他都不眞實存在，就沒有眾生想。

我虛假，眾生也虛假，眾生相就不存在了。我相、眾生相不存在，就沒有壽命可說了，也沒有人我的差別了；因爲都是虛假相，所以我想、眾生想除了，四相就除了了。這時都無我了，是不是應該落在斷滅中呢？那又不行，所以「**應該生起法想**」。換句話說，自我的存在是因爲很多的法和合起來才能成就自己的色身，有了我這個色身才會有覺知心，然後才會有離念靈知、有念靈知，但是這個覺知心與色身都是眾法合成，所以應該這樣想：「**但以眾法合成此身。**」

「但」就是「只有」。「**其實只是因爲眾法合成才會有這個色身，如果沒有這個色身，我人的諸法也就滅盡了。**」法滅盡了就是無餘涅槃。由哪些眾法合成此身？由六根、六塵與六識合成此身，而這個五陰身如果不是六塵與六識在其中運作，這個身體就是死人，所以這個色身還是要具足十八界才能運作，所以眞的是**眾法合成此身**。「**所以這個色身生起的時候，其實也是依靠眾法而生起的；這個色身壞滅的時候，也是因爲眾法滅失而消滅的。**」因此色身的生起是靠眾法：如果不是有眾法，如來藏入了母胎，永遠就在母胎中，不會生長色身而出生；因爲有如來藏執持四大種子、無明種子、意根種子……等眾法的運作，才能在母胎中長成嬰兒、出生色身，然後才會有離念或有念的靈知心。將來死了也是因爲這些眾法分離散滅，所以色身才會死掉。所以說色身「**起唯法起，滅唯法滅**」，有疾菩薩了知色身的虛妄以後，卻應該對自己生起眾法之想，不應單單落入色身無常、無我中。

「**起唯法起，滅唯法滅**」：法，函蓋一切法在內。換句話說，除了如來藏以外，一切法都在這個法字裡面；因爲法是由如來藏生，無一法而非如來藏，所以法包括一切法；而一切法是如來藏所生，所以法是指如來藏所生的一切法，不能包含如來藏在內。但是有時又說**一切法即如來藏**，這是從轉依後來說的：把一切虛妄法轉依如來藏之後，一切法即是如來藏，如來藏即是一切法。也就是說，一切法其實都不離如來藏，其實一切法本來就是如來藏中的法，本來就應該附屬於如來藏；所以從如來藏來說一切法時，把一切法匯歸如來藏，因此有時說一即一切，一切即一。所以法與如來藏的關係得要先界定好，不然讀經時會越讀越迷糊。因爲一切法匯歸於如來藏，所以一切法本來就是如來藏的法；但是恐怕眾生迷惑而隨法逐流，就會隨逐於種種法而不能了知實相，就錯認諸法爲眞實法而流轉生死。所以要把一切法加以說明，讓眾生瞭解：原來**一切法都是虛妄的，都是緣生的**。知道一切法虛妄以後才會懂得要找**一眞一切眞**的如來藏。

當他找到了如來藏，才知道一切法都從如來藏而生，原來一切法都不離如來藏，一切法都只是在如來藏心體表面上運作而已，所以一切法就變成虛妄。證實一切法虛妄以後，轉依如來藏，而如來藏不生不滅，所以附屬於如來藏的一切法也就不生不滅。在二乘法來講，一切法都是虛妄，但那是世俗諦；到了大乘法來講，一切法匯歸於如來藏，如來藏既然不生不滅，當然一切法就不生不滅，由此緣故說一切法本不生滅，又說一即一切、一切即一。

所以禪宗有一句很有名的問話，學人破參前去請問眞悟的祖師：「萬法歸一，一歸何處？」萬法歸於一，那個一是什麼？一當然就是如來藏。可是如果不懂的人就依文解義說：萬法歸一，萬法就是多，多就是萬法；這個多歸於一，可是一還是有，所以要把它滅掉變成無，所以一切都無，所以就用多、一、無來作文章，講出一大篇戲論。這就是不懂般若，眞懂般若、眞懂禪的人不這樣解釋。如果有人來問我：「萬法歸一，一歸何處？」我就劈面給他一掌，這樣子，一歸何處就清楚了。所以有人問趙州，趙州也是這種機鋒；有人問德山，德山就一棒打過去；有人問臨濟，臨濟一喝就把人趕出去了。所以，進得門來才問八個字：「萬法歸一，一歸何處？」臨濟大喝：「出去！」就這麼一喝，把他喝出去了。可是這裡面有個道理，你若知道是什麼意思，就找到如來藏而開悟明心了。一般人被喝出去以後，總是弄不清楚：「臨濟禪師到底是什麼心行？」猜測不到臨濟義玄禪師心裡是什麼想法，根本就弄不清楚。可是等你破參了，你就知道：原來如此。可是在你說原來如此這四個字之前，一定要挨過很多棒、很多喝，才能夠懂得爲什麼是如此，這時般若的智慧就出現了。

因此，法歸於一的時候，法就是指如來藏，如來藏就是法。可是大部分時候你得要跟眾生說：一切法妄生妄滅。因爲大部分的人是還沒有悟入的，對還沒悟的人應該要讓他去找如來藏，所以要告訴他一切法虛妄，不要誤認一切法或其中的某一法是常住不壞的如來藏。如果你告訴他一切法眞實常住，他就想：「我能見、能聞是眞實常住，我所嗅的香、我所聞的聲、我所見的色也都是常住，因爲這也是一切法。」那他就得輪轉生死了。所以對未悟的人，一定要跟他講：「一切法虛妄，一切法緣起性空。」等他知道一切法緣起性空，再來告訴他：「空中有不空者，不空者謂如來藏。」有時說：「不空者謂一切法，因爲一切法歸如來藏。」可是對一般人來講，要告訴他：「法有很多很多，最基本的是五蘊法、十二處法、十八界法。」要讓大家瞭解這些法虛妄生滅，因爲是因緣所起，無常故空。

同樣的道理，要跟一般人說的就是「**此法各不相知**」；你的眼識生起了以後，眼識能知耳識在幹什麼嗎？當然不知道。你的意識能知道意根在幹什麼嗎？也不知道。不說一般人不知道，連佛學泰斗的印順法師，也不知道意根是幹什麼的，他也不相信有意根，他否定第七識，所以主張意根是頭腦，所以說他不知道意根。如果知道意根在哪裡，他當然就會相信有第七識，就不會再落入六識論中。連他都不知道意根，一般人的意識覺知心又怎能知道意根在幹什麼呢？不但如此，意根能知道如來藏在幹什麼嗎？祂也不知道。等而下之，色塵也不知道眼識在做什麼，聲塵也不知道耳識在做什麼，依此類推，諸位舉一反三就知道了，所以諸法各不相知。再來，十八界出現以後就有紙、筆發明出來，後來就有書法，請問：「書法知道你在做什麼嗎？」又如有人學花道，請問：「花道知道你在做什麼嗎？」花道也是法。又如人類發明飛機、中子彈、汽車、火車，這些也都是三界中的法，然而飛機也不知道汽車在幹什麼。你想出另一個法，這個法也不知道你在幹什麼，它是你想出來的。所以說，輾轉所生一切諸法都各不相知。

「**起時不言我起**」，當你在參禪時，你想出來很多參禪的方法，這也是法；可是你用這個禪法在參禪，譬如我們教導思惟觀（離語言文字而參究），思惟觀也是個法，當你正在參禪時，你的思惟觀這個法，它不會告訴你說：「**我現在現起了**。」它從來**不言我起**。等它滅了（因爲你找到如來藏了，就一腳把它踢開，參禪的法我不需要了，你再也不用參禪了，所以你就把它踢開了），你現在是要體驗如來藏，將祂的體性不斷的體驗、領受、整理、思惟，你已不需要禪法的思惟觀了，你把它踢掉了，它就不在了；請問：「**這個參禪的法滅了，它會告訴你說『你現在不需要我了，我要滅去了』？**」它不會啊！所以諸法「**滅時不言我滅**」。一切的道理，當你從娘胎中出生時，你也沒有向媽媽說：「**我出生了。**」只有三地滿心以上的再來菩薩才會向母親說：「**媽媽好辛苦，終於出生了我。**」

所以你看：五陰十八界，沒有一法說「我出生了」，死時也沒有說「我死了」。因爲死了以後諸法都消失了：覺知心都消失了，也都不知道自己消失了，只是昏沉、昏沉、昏沉，然後就斷滅了，所以不曾有人死了以後說「**我終於死透了**」，因爲死透的時候意識心已經不在了，而意根也不知道自己現在住在正死位中。那不然講阿羅漢好了，阿羅漢是捨報一定入無餘涅槃的，可是他入無餘涅槃時，並不是以涅槃想而入。許多大師們都想：「**現在死了，我要入涅槃了。**」我告訴你：**他就是入不了涅槃，他想要入涅槃是永遠入不了的**。阿羅漢入涅槃是以滅想而入，把想陰的了知性消滅了才能入涅槃的，就是滅了自己的了知性而使識陰滅盡才能入涅槃；所以入涅槃是無人入涅槃的，所以阿羅漢入涅槃時不是以入涅槃想來入的。這時阿羅漢入涅槃，十八界五蘊都滅盡了，還會有一個誰在說「我現在滅了」嗎？沒有啊！所以說：**滅時不言我滅**。

有疾菩薩知道這個道理，可是他應該要滅諸法之想。要怎麼滅諸法之想？應該這樣想：「這個法想也是顛倒。」因爲生病時，他說這病也是法，病這個法一直存在時也是顛倒想。其實病這個法也只是一個法，既然只是個法，這法當然是如來藏所生的，離如來藏就沒有病這個法，所以有法之想，就是顛倒。所以菩薩如果病了，人家說：「你不是悟了嗎？你怎麼也會病？」你該怎麼回答？好幾年來，我一直跟你們講一個公式，你們都忘了嗎？「所謂病者，即非是病，是名眞病。」因爲病只是個法，病這個法是眾緣所成，所以病本身這個法是虛妄的，病還是要匯歸如來藏；事實上還是由於有如來藏出生了諸法，才會有病。

但是病固然虛妄，卻不可說「那就不用治了」，你還是得要看醫生，還是得要用藥，還是要治療；因爲人身有病者，也有不病者：有一個會生病的，還有一個從來不會生病的。病的是和合的五陰，所以有病，可是你的如來藏從來不生病。

從來沒有哪一個有情如來藏生過病，你找不到這麼一個有情。生病時其實是有病、也有不病者，所以病只是一個法。可是病，有一個禪門典故：禪師不論什麼都可以拿來利益眾生，德山宣鑑有一天病了，弟子們就問：「和尚病！還有不病者否？」他說：「有！」弟子就問：「如何是不病者？」德山就：「哎喲！哎喲！」（大眾笑……）所以你看：今天講這個法，在會外是沒有人會笑的，只有你們懂得笑啦！爲什麼笑呢？只爲太分明。所以病是個法，但是病的本身雖然虛妄，背後卻有另一個不病者；而一般人沒有找到那個不病的，所以就把病當作眞實，因此就有病這個法存在之想；有這個法想就是顛倒，顛倒就會產生大過失，一定會輪轉生死。有的人甚至於把病當作眞實，就罵起來：「我每天供佛，佛都不保佑我，還讓我生病！」喔！供了佛就可以不生病，天下還有這種人？佛還眞不好當。這就是顛倒，顛倒就有大過失；有大過失，就應該趕快離開，有疾菩薩應該這樣想。

「云何爲離？離我、我所」：到底應該要離什麼？答案是離我、離我所。自我要離，我所也要離。我當然就是五陰、十八界，因爲眾生所認爲的自我，無非就是五陰、十八界，都以五陰來講「色身是我，受想行識是我」。學佛以後特別執著以及貪愛不捨的，就是識陰離念靈知，將識陰離念靈知抱得緊緊的，始終不肯死掉，所以我見才斷不掉，因此三縛結就緊緊的把他綁住。這三個繩結把他綁得緊緊的，永遠綁在三界中，都是這個離念靈知自我死不掉。如果以十八界來講，其實眾生最執著的是六識加上意根。一般人執著六識，修行人執著意根；可是你說他執著意根，他偏不信：「**我哪有執著意根？若沒有六識，要執著什麼意根？**」其實是由意根把前六識據爲己有而認爲實有不壞，所以他斷不了我見，更斷不了我執，因此就得要永遠輪迴生死，這就是「我」不能離。

終於有一天這個我自己否定了、自殺成功了，怎麼自殺呢？去作觀行：哪個是眼識，哪個是耳識，乃至哪個是意識，又有哪個是意根？一一去觀行。後來發覺原來都是虛妄法，都觀行虛妄以後就不再承認自己是常住法了，這時我們就說他的我見斷了，我見斷了就是自殺成功了，大家就得要恭敬他了；因爲三縛結斷了，已經能在知見上面離我了，正是初果人。離我——否定自我——是第一等困難的事情，全球佛教的修行人現在找不到一個能離我的人；因爲一個個都把離念靈知抱得死死的，一剎那都不肯放開，所以離我非常困難。好不容易終於有人可以把我見斷了（我講的是我們會裡面的人，因爲現在你在外面仍找不到斷我見的人；前些時候也有人宣稱南洋有阿羅漢，可是那些阿羅漢講出來的法，連我見都沒斷，連初果都不是），才能說是**離我**的初果人。你們在同修會裡，整整兩年半的熏習與觀行後，去到禪三共修時，怕你斷不盡我見，我得要再殺你一次；用一個多鐘頭專門殺我見，殺完了再問你們：「我見死了沒有？」「死了。」「那你斷了我見沒有？」「斷了。」那到底是有沒有斷？還有「人」在斷我見，對不對？所以有些人還是死不掉。死不盡，在禪門中叫作**髑髏裡眼睛**。髑髏是枯掉的頭顱，髑髏裡還有眼睛會轉動，這就是我見沒有眞的死；心中自覺是斷了，其實沒有眞的斷。最後問說：「那你們我見斷了沒有？」「斷了。」是誰斷？終於知道原來這最後一分我見還沒有斷，才下死命把它斷盡了。接著再問一次，就沒有人答了，終於眞的斷盡了。可是我見斷了，我所不一定能斷，所以禪三破參回來以後，明知自己的貪瞋想法不對，卻是難以捨掉，所以喜歡的東西還是會照樣貪，這叫作我所不能離。

我所是個簡稱，我所是：我所有的身體，我所有的名聲，我所有的家庭，我所有的財產，我所有的享受，這些都是身外的我所。我見斷了，不一定能斷我所，你不能要求一個初果人說：你既然斷了我見，就應該永遠離開貪瞋痴了。不可能！因爲初果人還沒有到二、三果。初果只斷我見、斷三縛結，名爲**見地**：他對解脫道的見地有了，知道如何解脫生死了，但還沒有付諸實行，貪瞋癡仍重；到了二果時還沒有辦法全離，但已淡薄了，所以二果人薄貪瞋痴，名爲薄地；要到三果時才超過欲界地，已離欲界愛，已離五欲，所以叫作離地。所以阿羅漢如果退轉，一定不是由於我見，而是我所沒有斷盡，所以才會有慧解脫的阿羅漢退轉。但是他不久還會再成爲阿羅漢，是因爲我所斷盡的緣故，配合無明漏的斷盡而斷盡內我所（六識的見聞知覺性）的執著，從此永遠不退。因此說，我與我所的貪著都是顚倒所生的法想，顚倒想當然就有過失，有過失就應該遠離。

「云何離我、我所？謂離二法；云何離二法？謂不念內外諸法，行於平等」：可是這個顚倒法想，要怎麼遠離？這個法無非就是兩個：**我**以及**我所**。能了知我與我所的虛妄，能夠離開我與我所的執著，才是遠離顚倒，才能免除大過患。離我與我所的關鍵，維摩詰菩薩說應該離二法。什麼是離二法呢？就是不念內外諸法，行於平等。內法與外法是什麼？咱們從不同的層次來說明內法與外法：以一般人的層次來說，內法就是講自我蘊處界，就是五蘊、十二處、十八界；外法就是講我所受用的諸法，包括山河大地、六塵等等，歸納爲外法。可是從另一個層次來說，內法是講十八界全部，六塵都是內法，外法單指山河大地及外面的五塵。

我們在早期（幾乎有十年了）弘法時一直倡導說有內相分，也有外相分。意思是說：其實六塵也是內法而不是外法。我們很早時就這麼講了，可是有人不信，來質疑我說：「經中也沒有講內相分，我怎麼查都查不到內相分，老師您是否要收回這個說法。」他們很堅持。這就好像說，有個人告訴某甲：「你臉上有灰塵。」可是某甲說：「我拿鏡子怎麼照都照不到灰塵，爲什麼呢？因爲我看不到灰塵兩個字。」灰塵並不一定要用灰塵那兩個字來指明，灰塵上面也沒有寫灰塵兩個字，你只管把它抹掉就對了；但他想要在經中找到內相分三個字完全符合，才肯相信經中有說過內相分，我只能夠說他傻得可愛，用台灣俗諺說：「他太調直。」我們老和尚聽不懂，下課後請誰幫老和尚翻譯一下。內相分這個說法有很多地方講到，但不一定用這三個字講；譬如四阿含講的解脫道，佛說阿羅漢入無餘涅槃時滅盡十八界，是說六塵也要滅掉，這就是在講有內相分了。我們特地把它標明出來「六塵是內相分」，可是他們腦筋像石頭一樣轉不過來；既然阿羅漢入無餘涅槃時把十八界都滅盡了，十八界裡面有六塵，請問：「一千二百五十位阿羅漢入無餘涅槃，到現在已經二千五百餘年了，請問世界中的六塵還在不在？」我們放眼看去，外五塵及外五塵中所顯示的法塵都還在，顯然還沒有滅掉；由此證明阿羅漢滅掉的是他們自己的六塵，不是外面的六塵，外面的六塵與他入涅槃所滅的六塵無關。

如果十八界中的六塵指的是外相分的六塵，當時人間就應該已經沒有六塵了，那麼我們現在應該看不見也摸不著、嗅不著，請問諸位今天又怎麼能來到正覺講堂？顯然阿羅漢們滅掉的六塵都是內相分，這不是很清楚的道理嗎？所以從另一個層次來講：十八界中的六塵是說內法，因為我們覺知心所接觸到的六塵都是內相分，我們覺知心從來沒有接觸到外面的六塵。外面的五塵上也沒有法，譬如說現在講堂這個光線剛剛好，這「光線剛剛好」就是個法，可是你去看看光線中有沒有這個法？沒有啊！是因為你意根藉內法塵而領受到了外法塵，然後意識才能了知外法塵，所以法塵也是在你心中，不在外面，怎麼會是外相分呢？因此，對一般人來講，要說六塵是外法；但是對菩薩們來講，五塵及法塵也都是內法，當然識陰面對六塵而有的見聞知覺性，也都是內我所，只是識陰六識的心所法。

十八界都是蘊內之法，對於十八界不應當貪戀，不應當念念執著，這叫作不念內法。外法，指的是你的五陰十八界共同擁有的外法；最直接的，譬如你藉著內相分而去攝取外面的五塵及法塵，那時內色塵與外色塵是同時並行存在的（內六塵與外六塵同時並行存在），你是藉著內相分的六塵跟外相分六塵連結在一起；所以外五塵及它所顯示出來的法塵，都是外法，這是最直接的。睡夢中的六塵也都是內相分，也能證明確實有內相分；只有從眠熟位中清醒過來以後，你的內相分才跟外相分的五塵、法塵聯結。當你還沒有醒過來以前，都在你自己的內相分六塵中受苦或歡樂：作了個好夢，是在內相分中過好日子。南柯一夢不就這樣子嗎？遇到下雨不能上路時，在旅店中煮玉米，等著等著就睡著作夢了；在這一夢之間，他從考試中了狀元、作到宰相，位極人臣，後來年老歸鄉，等到醒過來時剛好黃粱煮好了，原來只是個夢；在一個短短的夢中已經過完一生，可是他在夢中的一生還眞的是幾十年的實在感覺而一一過去了（這似乎也可以說是長劫入短劫吧！）（大眾笑……）（這當然是方便說啦！）

一般人在夢中喜怒哀樂其實是夢中夢，從眠熟位醒過來以後，只是換到另一個比較大的夢境中，叫作人生大夢，把虛幻的人生當作是眞的。這就是說，用你的內相分去跟外相分聯結，聯結起來之後就在這裡面貪戀不放，誤以爲都是在外相分中生活而捨不掉外法，名爲心心念念想著外法。外六塵如是，我所有的眷屬、家庭、財產、名聲乃至所有的財產都是外法，這些都屬於我所，因此說內法是我，外法是我所（已深入佛法實證的人，另有更微細的內外我所，這裡暫且不說）。如果能夠不念念記掛著內外諸法，並且把內法、外法平等看待：不論內法或外法都是虛妄法，既然都是虛妄法，就行於平等心來看待。可是你想要行於平等心眞的很困難，因爲在我執沒有斷盡以前，偏偏又沒有找到如來藏可以轉依，想要行這個平等心非常困難，因爲即使是阿羅漢也無法行於平等心。

也許有人要抗議：「亂講！阿羅漢都可以出生死了，怎麼會沒有平等心？」但我告訴你：他們就是沒有平等心。你要是不信的話，你花六百萬元台幣買個綠翡翠佛像，弄個金項鍊鑲起來讓他掛在胸前；或者買一條瓔珞項鍊，把翡翠佛像鑲好掛到他身上去，你看他掛不掛？你還沒有套到他頭上，他就趕快把你撥掉了，因爲他認爲這個是外法，所以出家的持世菩薩，天魔來了：「我把這一萬二千位天女送給你。」「不要！不要！我不能接受！」維摩詰菩薩來了卻說：「好啊！好啊！送給我。」他就接收過來了。所以你把那個翡翠佛像用瓔珞鑲起來送給大菩薩，大菩薩說：「好，拿過來！」他把頭伸出來讓你掛上去，掛上去以後菩薩說：「你眞的送給我了？」「眞的，送啦！」「好，謝謝你！已經是我所有的。好！謝謝！謝謝！」明天他就把它賣出去了：既然是我所有的，我有權利處理，你不能管。

只有一個情況下，他不會接受，就是說你有個附帶條件：「菩薩證量那麼好，讓我種福田，我這一串瓔珞鑲的翡翠佛像請你掛在身上。」他就不接受了，因爲只能掛在身上，不能用來利樂眾生。你若發大心而要求只佩掛一段時間，菩薩就會接受；但接受了十天、半個月以後就賣掉了；他拿去做什麼呢？你管不著，反正他不是放在自己口袋裡。爲什麼菩薩能這樣做？因爲內外法都平等。阿羅漢就不行，他心中不平等：「這個掛上身去，還得了？」菩薩卻沒有關係，掛兩串也沒關係；所以你們看諸大菩薩出家以後卻是頭戴寶冠、長髮披肩、瓔珞懸胸，有的菩薩還佩戴臂釧、手鐲，天衣飄飄，這就是出家弘法的在家相菩薩，他根本無所謂，再豪華也無所謂。但是菩薩有時又只穿著一襲布衣，都無所謂，內外平等。阿羅漢就不行，一定要穿布衣，並且要染成灰色，所以阿羅漢對外法與內法不能平等。阿羅漢因爲厭惡五陰，一定要把它滅掉，所以心中有內法。爲什麼他會這樣？因爲他沒有證得如來藏，才會有這個現象。菩薩則是平等看待內外諸法，所以菩薩都無所謂：穿布衣也沒關係，穿絲綢錦繡也沒有關係，價值百千兩金的寶貴衣服也可以一樣穿用，因爲其心平等。

可是實際上是怎麼平等的呢？「**我等，涅槃等**」。什麼是我等？我們前面一開始就講過了：一即一切，一切即一。我，不論把它分爲五個法界、六個法界、十二個法界、十八個法界，不論分成幾個法界，這些法界中的我，其實都是如來藏，明心以後現前觀察時確實是這樣。這個我只是在如來藏心的表面出出沒沒而已，都屬於如來藏，所以我就是如來藏，如來藏就是我；所以五陰就是如來藏，如來藏就是五陰。但是要先提示一下：這句話是眞悟了以後才能講，若是悟錯了，可不許講這一句話，否則問題就嚴重了。正因爲現觀五陰全都附屬於如來藏，本屬如來藏的一部分，才可以說：「**我就是如來藏，如來藏就是我。**」因爲你現前觀察到自我其實都在如來藏表面運作，我其實與如來藏是同一個，是不可分離的。

可是如果沒有證得如來藏，也學人家這麼說，就有大過失，因爲「我」明明是虛妄的；阿羅漢就是因爲沒有證到如來藏，只看到十八界都是虛妄，所以一心要把它滅掉，老是在等候捨壽的時間。慧解脫的阿羅漢一天到晚想：捨壽的時間怎麼還沒有到？他急著要把蘊處界自己殺掉，所以有的阿羅漢後來忍不住了，就把衣缽賣了，用那些錢請人家拿棍子把自己打死，這樣提前入涅槃，這是恐怕被內外法誘惑而退失慧解脫的阿羅漢。就是因爲他覺得我與諸法不是平等的，覺得自我是虛妄的，永遠都有生死，能跟哪一個法平等呢？所以一定要找到如來藏時，諸法才能平等：**原來一切法中的自我跟如來藏是平等的。**當然這裡面還有一些法，我們時間不夠就不談它。

菩薩現前觀察到五陰十八界這個我，跟如來藏是平等的；而所有有情的如來藏其性平等，如來藏的無漏有為法種子都沒有差別，功德也都一樣。既然是這樣，那又無妨跟螞蟻平等，無妨我跟諸天天主平等，也無妨我跟諸佛平等，所以是**我等**。但是阿羅漢沒有現前觀察到如來藏的存在，他要跟什麼法平等？他的五陰十八界沒有一個法可以拿來平等的，所以才會念內外諸法，想要把它們滅盡去取證無餘涅槃。菩薩卻不然，菩薩現見我平等，如來藏平等，我與如來藏也平等，所以我雖然在人間當人，其實我不比天界的天主差，所以平等平等。

「云何平等？謂我等、涅槃等；所以者何？我及涅槃，此二皆空；以何為空？但以名字故空」：**我等**已經說過了，什麼叫作**涅槃等**？剛才有說過，說入無餘涅槃就是滅掉十八界、滅掉自我；可是十八界滅了以後是不是斷滅空？這個問題大家都得要探討。不但是我們要探討，特別要呼籲印順學派的學人們要探討。那些在推崇印順思想的佛學學術界，也得要探討這個題目：**阿羅漢入了無餘涅槃以後是不是斷滅空？**阿羅漢入了無餘涅槃，六識都滅盡了，意根也滅盡了，是不是斷滅空？他們應該要探討這個問題。你們來到正覺同修會學法，都已知道入了涅槃不是斷滅空；因為親教師都教過了，我在書上也寫過很多遍了：**入了無餘涅槃以後**

十八界滅盡了，只剩下第八識如來藏獨存，第八識如來藏離見聞覺知也不會思量，所以不分別也不會作主，沒有六塵也沒有自我存在，只剩下如來藏空性離見聞覺知獨存，所以涅槃寂靜。所以涅槃不是印順法師所認知的：不可說、不可想像。

如果你親證如來藏了，這涅槃中的境界，你不必想就知道那是什麼了。你如果還沒有親證如來藏，你也可以想像一下：「啊！原來把我的十八界滅盡了，只剩下如來藏離見聞覺知。」也可以想像一下，怎麼不能想像呢？可是成爲阿羅漢以後，他要取證無餘涅槃以前，早就想到這一點了；所以在四阿含中，阿羅漢們早就向 佛討教過了，所以 佛才會開示：入了無餘涅槃以後有本際常住不變。有時候說祂叫作如，有時候說祂叫作實際。那個本際、如、實際或者眞如，有時候 佛說是我、寂靜、清涼、**常住不變**。五陰十八界無我，滅盡了以後卻有實我常住不變，那就是第八識如來藏；眾生暗地裡都執著這個如來藏心，卻都不能自覺，所以南傳阿含裡面還有講：第八識叫作愛阿賴耶、樂阿賴耶、欣阿賴耶、喜阿賴耶。這是從不同的層面來說不同名稱的阿賴耶識。既然南傳佛法的阿含經裡面也說有此心，顯然入了無餘涅槃滅掉十八界以後不是斷滅空，因爲阿賴耶識如來藏不屬於蘊處界所攝，所以無餘涅槃裡面就是如來藏阿賴耶識（改名異熟識）獨存。

菩薩證得如來藏，證明無餘涅槃裡面獨存的是如來藏，就已經很清楚證知了，從此以後他看待涅槃時：涅槃與我五陰平等，與我十八界平等。一般人會說：「你這個人亂說話。飯可以亂吃，話不能亂講。」但是我沒有亂說，事實是如此；等你證了如來藏，你就知道確實如此：涅槃跟五陰十八界平等。因爲涅槃的證得是要五陰十八界存在當下才能證得，阿羅漢入無餘涅槃滅掉十八界以後，阿羅漢自己已經不存在了，無餘涅槃怎能說是他的所證？他根本證不到。說他證得無餘涅槃，那是方便說，不是究竟說。當他五陰十八界滅了，人不在了，怎能有一個人證得涅槃？所以，如果要說證無餘涅槃，是我們明心而不斷思惑的菩薩們才能證無餘涅槃，究竟說中以及法界中的實相本來就是如此。當你五陰十八界還在時，才可能證到如來藏；然後現前觀察：自己若從如來藏剝離了，如來藏自己本身就是無餘涅槃；而這個涅槃說穿了只是個名稱，涅槃的名稱只是在顯示如來藏自住的境界，這就是自心如來現量境界。所以，涅槃是由誰證得的？是五陰證得。離了五陰就沒有無餘涅槃可證、可住。必須要人活著時才能證如來藏，才能現觀如來藏獨住的無餘涅槃境界，才能依如來藏的涅槃境界安住。如此，請問：「你這個五陰跟涅槃是不是平等、平等？」（眾答：平等。）

當然平等嘛！若沒有五陰就沒有涅槃可說，當阿羅漢入了無餘涅槃以後，阿羅漢不存在了，完全空掉自我而滅盡了，這時如來藏離見聞覺知，如來藏自己不知道自己正在無餘涅槃中，哪有涅槃境界可說？就好像你睡著無夢時完全無覺無知，請問那個時候有誰知道自己正在眠熟的境界中？根本就沒有自我來返觀自我正在睡覺。同理，涅槃境界是你活著時有覺知心在領受，才能說是住在涅槃中；可是阿羅漢未證如來藏識，他們無法領受涅槃境界，所以說他們的證涅槃只是方便說，不是眞實說。所以無餘涅槃中的境界，只有眞正證悟的菩薩才能領受，我們觀察自己五陰十八界除掉後，只剩下如來藏獨住的境界，那就是無餘涅槃；所以如果從眞實義來講，只有明心的菩薩才能實證無餘涅槃。

三賢菩薩因爲不斷思惑而不入無餘涅槃，又已親證如來藏識，所以能現觀無餘涅槃中的境界，才能次第往上進修諸地果德。爲什麼能往上進修？還是基於涅槃與我平等。基於這個基礎才能在斷盡思惑時不會想要把自我滅掉，這就是前面講的「**說色身無常，而不斷滅色身**」。菩薩因爲現前觀察到五陰十八界我與涅槃平等，就不急著滅除五陰十八界，所以菩薩不會想要入無餘涅槃；因爲無餘涅槃的實際境界，在自我還沒有滅盡時，還活著的當下就已經現前證得了：無餘涅槃就是自心如來現量境界。「既然我等、涅槃等，就不必急著入涅槃。」因此菩薩可以繼續往上進修，斷盡思惑以後進入到八地時仍繼續進修菩薩道，才能廣利眾生永無窮盡，最後終於能夠成佛。

所以我是空，涅槃也是空；因爲，所有三界眾生的我都是緣生法，是緣生法所以其性皆空，緣生故空。但是這個空從哪裡來？還是從如來藏來。可是我與涅槃其實都只是假名而說，蘊處界種種我都是暫時存在的。但蘊處界我也是好像涅槃一樣：事實上沒有涅槃這個法眞實存在，只是假名言說，是依如來藏識獨住的境界來施設涅槃境界，所以涅槃也是空；而如來藏也不自知自己是涅槃境界，所以如來藏自身的涅槃也是空，涅槃就只是在顯示如來藏自心的境界而已，只有名字而無實質；而蘊處界我也是一樣依如來藏而有，我這個名詞只是在顯示蘊處界及六入諸法，所以我也是空，同樣屬於如來藏，所以我與涅槃都只是名字。

「如此二法無決定性，得是平等，無有餘病；唯有空病，空病亦空。是有疾菩薩以無所受而受諸受，未具佛法，亦不滅受而取證也」：這個我與涅槃都沒有決定性，因爲十八界我滅盡了就沒有我了，這個我怎麼會有決定性？都是因爲十八界存在，所以才說有我。涅槃也是一樣，正因爲有如來藏存在，才說有涅槃可證；

如果不是如來藏存在，就沒有涅槃可證。從我與如來藏平等，從涅槃與如來藏平等，這樣來看時還有什麼病可說呢？若要說有的話，那就是空性；因爲如來藏也是空，沒有形色，既沒有任何物質，又不像覺知心有見聞覺知而能覺知自我的存在，所以你不能說祂有，所以說祂也是空。

可是這個空，加上一個性字叫作空性；雖然是空，但有蘊處界我以外的眞實自性，所以能生萬有，所以如來藏的眞正名稱應該叫作「空、有性」，或者叫作「有、空性」。可是因爲眾生一向病在有，不病在空，所以就爲眾生說：**如來藏叫作空性**。如果遇到了斷見外道，要向他講：**如來藏叫作有性**。因爲萬有從祂而來，祂不是斷滅空的空無。因此從如來藏來看待一切法，沒有一法不空，任何法都是緣生法，都是從如來藏中生起的，從來只是在如來藏表面變異而存在，然後又消失掉，仍然是在如來藏之內生住異滅；所以生住異滅，都是如來藏對蘊處界萬法在生住異滅，因此說萬法是空，涅槃也是空，涅槃依如來藏的自住境界施設故。

可是證得這樣的空時仍然是病，如果說**我已經**空掉自我了，那就是還有我。般若經不是講了嗎：**阿羅漢不說他是阿羅漢，如果他說他是阿羅漢，那就不是阿羅漢，這樣才是眞的阿羅漢**。所以，如果證得如來藏了，般若經的眞實義你才能通；

不證如來藏的話，般若經的眞實義就不能通，只能依文解義。因此說空其實也是病，當他自己知道自己住在空裡面，那其實已經不空了。如果證得空以後卻說：「我現在住在空裡面，空是眞實有。」那就成病了！當一個人堅決的執著一個觀念，說一切法都空，並無實相心存在，他這個一切法空就是頑空，正是佛法大病。

所以有疾菩薩如果是以無所受（一切法空）而受諸受，這個人是未具佛法的菩薩。這樣的人在大乘法的別教中是還沒有見道的；因爲他純粹從緣起性空來證空，只是觀察世俗法的五塵及法塵全部緣起性空，所以不受六塵諸法。但他以不受六塵諸法的見地來安住在法上，繼續在人間領受一切六塵受時，前提仍然是要認知另一離受的本識確實存在（編案：詳見平實導師《阿含正義》所舉證的佛語聖教）；即使不違解脫道的如是認知而確實是斷我見的初果人，仍然不是眞正具足佛法的人，他只是大乘通教的菩薩，不是大乘別教中的眞實義菩薩，所以不滅受而取證。換句話說，他不滅掉五陰在人間的種種受，卻仍依悲願而繼續受生於人間，只是大乘通教的見道菩薩（斷我見）；他修的法仍是世俗諦解脫道，未證如來藏，不是佛菩提道，所以不是眞具佛法者。所以眞悟的菩薩眞具佛法，他既不滅受而同時領受種種受；因爲於五塵六入諸受當中還有另一個不受六塵境界受的本識如來藏，他已親證而入般若實相智慧中，是別教中的見道者，才是眞具佛法的菩薩，不像通教菩薩只修習二乘解脫道而無法證得如來藏。當你證得如來藏時，現觀如來藏不受一塵、不受一法，卻無妨證得如來藏的你——見聞覺知心，照樣在領受六塵；這樣才是眞具佛法的菩薩「亦不滅受而取證也」。這時所取證的正是阿羅漢所不知的涅槃中的本際，卻無妨仍有覺知心的六塵受存在，而不違背涅槃寂靜的聖教。

「設身有苦，念惡趣衆生，起大悲心：『我既調伏，亦當調伏一切衆生；但除其病而不除法，爲斷病本而教導之。』」：不管是通教菩薩或是別教菩薩，都應該怎麼樣住心呢？維摩詰菩薩開示說：「設身有苦，念惡趣衆生，起大悲心。」要生起什麼大悲心呢？應當自己這樣想：我既然證如來藏以後，如今已經調伏了，因爲自己已經證得無所受的如來藏了，所以既不起涅槃貪，也不起五欲貪，只是隨緣而行，所以心得調伏；我自己既然已經調伏了，也應當教導衆生同樣的調伏自心不墮斷滅空中，也不會去斷滅自己的十八界，但是也不對十八界生起貪著；這樣調伏自心，並且教導一切衆生如此調伏自心。所以有疾菩薩看見疾病現起時，他只是去醫治；把自己的疾病除掉，但是不除諸法。菩薩不會像阿羅漢一樣，俱解脫的阿羅漢若是病重了，他想：「我不要再麻煩的醫治這個病了，我就入無餘涅槃好了。」他就以證得俱解脫的證量提前入涅槃了，他不願意讓那個慢性疾病在身中拖上一年、半年的；他不想醫治，乾脆提早走了；這樣就是除病亦除法，把十八界法也除掉了。可是菩薩不然，因爲現觀身中既有病者，也有不病者，所以但除其病，不除其法；自己如此，也這樣教導眾生，爲斷病本而教導之。菩薩告訴眾生：你學我的法，而不要像阿羅漢一樣，病重了就想要入涅槃；即使將來有一天能證無餘涅槃，也不可以去取涅槃；生病時就把病治好，治好了，其餘諸法不需除，不用入無餘涅槃，繼續行菩薩行。要這樣去教導眾生。然而病是有根本的，病從哪裡來？得要去探究它，所以接著要探究：

「何謂病本？謂有攀緣，從有攀緣則爲病本。何所攀緣？謂之三界。」病的根本在哪裡？就是攀緣。由於攀緣於人間的人身，所以就有病；如果不攀緣於人類這個色身而生欲界天中，就沒有這個病。爲什麼會攀緣這個人身呢？是因爲煩惱（貪愛欲界人間的煩惱），不想生在欲界天中，喜歡繼續當人；由這個煩惱而起了攀緣，就攀緣於人身。有些人也許覺得奇怪：能生欲界天，爲什麼不要到欲界天去？偏偏要來當人？這個不奇怪，以前不是有董永與七仙女的神話嗎？七仙女很想要來嫁給他，爲什麼？因爲她們的欲貪粗重，所以就愛上了人間的董永；欲界天的欲觸比較微細，男女間的貪愛也比較輕微，她們不喜歡；她們看見人間夫妻互相愛得要死，由於羨慕，於是喜歡上了董永，其中一個仙女就下凡來人間了。

人間正是欲界中最貪愛、而欲觸最粗重的地方，越往上去，貪愛越少越輕而欲觸也越微細；由於貪愛人間的五欲境界，就會因為這個煩惱而起攀緣，所以這個攀緣就是人間眾病的根本。同理，攀緣於三界就有種種不同境界的煩惱病，所以攀緣於人間的境界就會有病菌的感染、流行感冒等等多種病苦；可是生到欲界天還是有病，欲貪及五衰是他們的病；生到色界天還是有病，色界天就是瞋與定境變異的病；生到無色界也有病，無色界的病就是無常的行苦，還是有病。大約來講，欲界的大病就是貪。而色界的大病就是瞋：只要你不恭敬天主，他就脾氣大發。如果有人證得第三禪，當他出定了，你對他否認：「**你這個不是第三禪，你亂講。**」那時他脾氣會比你大。

可是生到無色界，還是有個大病，不單是無常，同時也有愚癡，正是阿含道中說的有漏與無明漏。生到無色界去能幹什麼？那裡不能學法，不能修行，永遠是一念不生。如果生到空無邊處天，一萬大劫的生命（如果不中夭），這一萬大劫中都是一念不生，都不能進修，你要不要去？如果生到非非想天，若不中夭，可以有八萬大劫的壽命；可是八萬大劫中也都是一念不生，這個境界你想不想要？愚癡人才想要。所以那個境界癡，就是他們的大病，無色界就是這樣一念不生。在色界中若有因緣時，還可以學一些佛法，無色界中就不行；因爲無色界天人的「人」字，是方便說；你既不知道我存在，我也不知道你存在，大家都一念不生而無色身（大眾笑…），那叫作白癡啦！所以癡跟無常都是無色界的大病，可是他們喜歡攀緣一念不生的境界而安住。爲什麼會攀緣？因爲有漏、無明漏的煩惱。所以攀緣是三界的大病，三界的大病都是因爲攀緣三界境界而來：攀緣欲界、色界、無色界的境界，所以三界是眾生所攀緣的境界。

「云何斷攀緣？以無所得；若無所得，則無攀緣」：要怎麼斷攀緣呢？證無所得就能斷攀緣，但是無所得很難實證。阿羅漢們都是有所得，他們唯一的無所得就是無我，把三界攀緣斷掉；但是他們的無所得、斷攀緣也是方便說，他們攀緣於無我。然而菩薩不是這樣證的，菩薩現觀自己的本際從無始劫以來都無所得，現觀自己如來藏識（不說過去世，光說這一世就好），從現在來觀昨天、觀前年、觀出生、觀出生前在母胎、觀上一世，一直往前推無量劫，都無所得。阿羅漢滅掉自己是因爲他認爲自己在人間是有所得的，每天中午搭衣持缽去乞食，是有所得；

吃了飯有所得，入了定有所得，入定了還是有我，所以他要滅掉這個我。他認爲什麼才是眞的無所得呢？把我滅盡了才是眞的無所得。所以他決定在捨壽時要把我滅掉，這就是他的斷攀緣的方法，都是以世俗法蘊處界的無常作爲觀行內容。

可是菩薩不一樣，菩薩斷攀緣是不斷攀緣而斷攀緣，因爲有一個五陰十八界我攀緣於人間的境界、攀緣於佛法、攀緣於菩薩道的行門，但是同時有另一個如來藏永無攀緣：當我得到佛法的證悟時，如來藏還是沒有所得；當我生起般若智慧時是我有所得，可是如來藏還是無所得。是這樣的無所得，所以菩薩不需要趕快把自己滅盡：當我有所得的當下，我仍然是無所得的。這時他就敢說般若經了：「所謂有所得，即非有所得，是名有所得。」大乘佛法就這樣得。「你剛剛講的是有所得，那麼無所得能不能也這樣講？」也可以啊：「所謂無所得者，即非無所得，是名無所得。」因爲實際理地從來都無所得。佛法就在無所得中㤅麼得，這才是眞正的無所得法，不是像二乘解脫道一般滅掉攀緣、滅掉所得以後才無所得。正因爲菩薩是這樣的無所得，所以菩薩不必攀緣三界境界。假使有一天 佛說：「你去地獄度眾生。」菩薩立即答應說：「好，我去。」佛說：「你去天上度眾生。」菩薩也說：「好，我去。」就只是單憑 佛的一句話，不需要自己在那邊想：「去度地獄眾生好辛苦，那境界多惡劣，每天看到都是那種悽慘的境界，我才不要去。」菩薩不然，菩薩一樣可以去；因為去到那邊，如來藏還是無所受；無妨在無所受中，我覺知心為眾生承受一些，就這樣在無所受中為眾生承擔苦受。菩薩就這樣受命而去，不然你認為地藏王菩薩為什麼要常常在地獄中？都是從這個證量來發心的。

所以無所得時，他無所攀緣，無所攀緣時就可以統統攀緣：緣於色界、欲界或地獄、旁生的境界都可以。只要佛交代了，菩薩就去，就是從這個無所得而無攀緣的實證，因此可以十方世界到處去，不必像聲聞聖人一樣一直想要緊跟著佛。聲聞都是緊跟著佛，聲聞人都是依佛座而住，所以佛座旁邊都坐滿了聲聞人。菩薩不然，十方世界來來去去，菩薩不依佛座而住的，佛交代他：「你下輩子到某處去。」雖然離佛那麼遠，好幾個世界以外，菩薩也無所謂；等到捨報時，他知道佛又會交代他領受任務，於是他又去受生了；他不必一天到晚跟著佛，這就是菩薩。可是聲聞，如果佛不在，阿羅漢就想得要死：「現在佛在那邊不曉得怎麼樣？舍衛城離鹿野苑這麼遠。」他就想啊！菩薩卻沒有關係，無妨想著佛，但他不難過，這才是菩薩；因為他無攀緣，無攀緣是由於他親證了無所得的境界。

「何謂無所得？謂離二見。何謂二見？謂內見、外見，是無所得」：什麼叫作無所得？無所得就是離二見。離哪兩見呢？離內見與外見。所以說蘊處界是內法，山河大地、我所都是外法，世界是外法。可是菩薩離內法、外法——不對內外法生貪。因爲內法與外法都攝歸如來藏了，根本平等，不需要執著，不需要攀緣，平等平等看待，所以離內見、離外見，這就是眞實的無所得。

「文殊師利！是爲有病菩薩調伏其心，爲斷老病死苦。是菩薩菩提若不如是，已所修治爲無慧利。」維摩詰菩薩說到這裡，他又呼喚說：「文殊師利啊！你不是問我說『有疾菩薩應該如何調伏其心』嗎？我說的就是這樣，這就是有疾菩薩調伏自己的心。」他這樣調伏自心（找到如來藏以後要這樣調伏），這樣調伏自心的目的是爲了斷除老病死苦。所以當你問到眞悟的禪師：「請問禪師，貴庚幾何？」他說：「我不知道。」這麼有智慧的禪師竟然不知道自己幾歲？因爲確實不知道。你要問我幾歲，我也不知道：這個如來藏無始以來就一直存在，你要叫我怎麼算祂幾歲呢？你我都沒辦法算。等你悟了，你去算算看，你的如來藏幾歲了？就知道眞的沒辦法算。如果要問說：「那不然這樣好了，你的如來藏是幾劫？用劫來算歲數好了。」也沒辦法算，因爲無始，要怎麼算？你如果來問我：「請問蕭老師，您幾歲？」說眞的，要讓你知道我幾歲，只有一個最好的辦法，就是突然間給你一巴掌，你就會知道我幾歲了；因爲你這一悟，就會知道我幾歲了，這是最好的辦法，否則怎麼說都說不清楚。讓你自己去現前觀察如來藏，當你證如來藏了，這一掌之下就知道我幾歲，也知道你自己幾歲了：原來你的歲數跟我一樣。

所以如果你已經八十好幾了，你就知道我跟你一樣也是八十好幾。如果你今天只有五、六歲，等你悟了，你也知道我跟你一樣只有五、六歲；假使有人年紀二十歲，他來問，我就回答他說：「我二十歲。」雖然五陰我已經六十幾歲了，但我這個答覆確實沒有錯，所以才叫作法無定法。今天終於聽到，法無定法也可以這麼講，可是事實上確實如此。菩薩這樣子把心調伏了，老病死苦就斷除了，這時還會有老嗎？英文說：「你有多老？」以英文問人家幾歲時，其實就是問你有多老嘛！這時老這個法已經先斷了，你證得如來藏時就沒有老了。再來看看還有沒有病？如來藏有沒有病？祂從來不生病。我們病時祂不病，你轉依祂，你就無病：無妨色身繼續病歪歪的，結果卻說：「我沒病。」

假使哪一天有惡因緣被灌醉了酒，你仍然可以說：「我沒醉。」確實也沒醉，走路晃啊、晃啊，明明是醉了，你卻可以說：「我沒醉。」因爲如來藏確實沒醉，這樣一來，生死不就了了嗎？因爲五蘊十八界可以有死，可是如來藏永遠不死，也是打不死的；祂最厲害，三界中沒有一個法比祂厲害。三界中任何法都可以打死，就只是如來藏永遠打不死。這樣，死的苦也斷了。死的苦斷了就沒有生，一定是死了以後才會有生，沒有死就不會有生。如來藏從來不死，永遠不死；怎麼打也打不死，因爲你永遠打不到祂，所以打不死祂；你也殺不到祂，怎麼能殺死祂？你說：「不然我用燒的好了。」禪師就跟你講：「火燒不著，水潑不濕。」所以你沒有辦法奈何得了祂，所以祂不死；因爲祂不死，才會有你生生世世不斷的生死；所以經上說「生即是不生」，道理就是這裡，不能像那些人亂解釋。「生」是從哪裡來的？從如來藏來。只有能生的才是不生的，所以生即不生。

禪門有一句話很有名：「明知生即不生之性，爲何卻被生之所拘繫？」說學佛法的人讀了經典以後，明明知道生就是不生的自性，爲什麼你還會被生所繫縛而繼續生？所以你悟了如來藏以後，應當進一步證知生死要怎麼了，這包括什麼？包括將來斷了氣以後怎麼死的過程，你也得知道，所以不是悟了就沒事了；因此當你證得如來藏以後，這樣一步一步的調伏其心，目的就是爲了斷盡老病死的苦。所以當你證得如來藏以後，每週二來聽經，我就教你一步一步把它們斷盡，這樣把老病死也斷盡了，卻不妨老病死還在而沒有老病死。菩薩的菩提如果不是這樣修，那麼所修、所對治的方法都是沒有智慧、沒有利益的行門。這不是我講的，而是維摩詰菩薩講的，所以你得要依著菩薩這麼學、這麼修，才算是眞正在修菩薩道的佛菩提，才是眞正的行於菩薩之道，這樣自己所修以及所對治，才算是對自己、對眾生都有智慧、有利益。接著 維摩詰菩薩又說：

「譬如勝怨，乃可爲勇，如是兼除老病死者，菩薩之謂也。」打個比方說，什麼叫作眞正的勇士？眞正的勇士就是能夠勝過怨家的人。勝過怨家並不是用打壓的力量去強行壓制，而是你的心量確實勝過怨家，讓他不得不從心裡面佩服你（不管他口中服不服，心中已確實佩服你），這樣才說你是勇士。有的人好比死鴨子嘴硬，有的人不然，他會承認你確實厲害；但是有的人嘴實在很硬，嘴巴繼續誹謗你，其實他心中已經佩服你。因爲心中佩服，所以他才不敢公然出來罵你，不敢寫文章來罵你，但是口中仍然不會認同你。

這種人縱使敢當面來罵你，他的嘴唇還是會抖動的；或者寫文章出來罵你的時候，他的手也是抖動的。如果有人寫文章罵你或當面罵你，手在抖、嘴角在抖，那你就是勇士了，你已經勝過怨家。當他嘴角會抖、手會抖，就表示他心中由於無法勝過你，所以驚懼或者生氣了，那你就是勝過他了。不管他口頭上承認或不承認，事實上都是如此；這樣子勝怨家，才算是勇士；不是憑著自己勢力大，不是憑著自己有強大後盾作依靠；而是憑著你確實有實相智慧，讓怨家不得不心中佩服或恐畏你，才眞是勇士。可是菩薩勝過怨家，這個怨家指的就是老病死苦。當你能夠勝過老病死苦的時候，你就勝過一切怨家了，連死都不怕了。

阿羅漢勝過老病死苦，是把老病死苦滅了，入無餘涅槃去了，他是這樣勝怨。菩薩不然，菩薩的勝怨是有一個勇士存在的；阿羅漢勝了怨家，但是勇士不在了——他滅掉自己了。菩薩勝了怨家以後，菩薩還在，這樣才是勇士；這樣來兼除老病死苦，不是滅掉自我以後，使自我不在而除掉老病死苦，那就不叫**兼除**了；菩薩是自己仍然存在，但是老病死已不在了。換句話說，菩薩無妨老病死苦繼續存在，繼續讓它生生世世延續下去，但是所證的實際本就沒有老病死，這樣的人才是實義菩薩。不但如此調伏其心，那位有疾菩薩還應該這樣想：「**譬如我這個病不眞也不假，非眞非有。病確實存在，但是這個病不眞，而這個病的不眞實不是因爲它不是眞實有，而是因爲病從生死煩惱而有。同樣的道理，眾生病也是一樣，不是眞實的，也不是常常一直都存在的，所以它是假有。**」所以經文說：「**彼有疾菩薩應復作是念：『如我此病非眞非有，眾生病亦非眞非有。』**」

「作是觀時，於諸衆生若起愛見大悲，即應捨離；所以者何？菩薩斷除客塵煩惱而起大悲；愛見悲者，則於生死有疲厭心；若能離此，無有疲厭，在在所生不爲愛見之所覆也。」菩薩這樣現前觀察時，不可以對衆生起愛見大悲；可以有悲，但不可以加上愛見。怎麼是愛見大悲？是因爲對衆生有貪著，那就成爲愛見大悲了。如果你悟了以後，發願說：「這裡的衆生太可憐了，我絕對不離開這裡，我要永遠在這裡度他們。」這也是愛見大悲，與愛見相應了。所以你應該學我，佛如果說：「你現在要捨報了，七天後我帶你到另外一個世界去度衆生。」你要當場答應，不可以說：「這些衆生跟我有緣，這些衆生好可憐。」那也是愛見大悲，因爲你對這裡的衆生有了眷屬感：「這些是我度的，我好不容易度了多少人悟了，爲什麼要離開他們呢？」那就是眷屬欲了。

那你如果說：「沒有啊！我不但想要繼續利樂這些已被我度的人，那些還沒有被我度的人，我也要度。」但問題是，你爲什麼一定要堅持說「我就是要度這個地球的人」？難道別的星球衆生你不願意度呀！不可以因爲說：那些衆生過去世都沒有跟我結過緣，我不想度他們。那你就是有愛見大悲了，所以如果有人說：「這個世界的衆生跟我有緣，我要一直度他們，我捨不了他們。」當然就是愛見大悲，這個也要捨離。所以到了捨壽時，佛提前來告訴你：「你接下來要往生去某世界。」你就要馬上答應，不然你就是沒有離開愛見大悲。

不過你如果離不開，我仍然不怪你，因為你一直願意留在三賢位中，我也無可奈何，當然不能怪你。但是應該要有大心，要把眼界拉高一點，不要老是從三賢位的層次去看。所以一切都沒有關係，佛交代如何，你就如何，不要固執己見而向佛講理由：「這裡的眾生好可憐。」佛叫你去別的世界，一定有祂的道理，你就隨著佛告訴你的去做，你的眼界與證量就可以拉高，不必一定說：「我好不容易才把正法在這裡延續起來，接著就要走了，都還沒有驗收成果來喜樂一下。」只要能利樂眾生，去哪裡都一樣，不必一定執著說：「這裡的眾生是我的徒弟，我下一輩子還要來當他們的師父。」那就是有我在作祟了，這就是愛見大悲。

有了愛見大悲，得要趕快捨離，因為菩薩應該斷除客塵煩惱而起大悲。關於客塵煩惱，第一種是對內的，是我見、內我所與我執；第二種是外我所的執著，都是客塵。客塵的煩惱斷了以後，生起大悲心，對於一般的我所都不執著，卻又對於眾生起了執著。這個愛見大悲如果生起了以後，在生死上面就有了疲倦厭惡之心，因為總是會想：「跟我有緣的人，我沒辦法生生世世度他們，又要去度一些跟我無緣的不認識的人，這樣子叫我一世又一世，又生又死，我不太樂意。」因爲不太樂意，所以就對生死疲厭了，不願再受生人間了。

有些人就是這樣，在某一些狀況下叫他做事，他很願意做，換一個狀況時他就不想繼續做事了。你說：「你做的這件事情，現在換個方式來做。」他就拒絕你了。但是當菩薩不應該如此，不管是什麼樣的方式，你都願意做，全無愛見之心，就不會對生死有疲厭心。如果能夠離此愛見之心而無有疲厭，**在在所生當然不爲愛見之所覆也**。所以大家都應該離開愛見大悲，對什麼環境、什麼待遇都無所謂，只要能利樂眾生、攝受眾生來攝取佛土，何必起愛而執著？佛交代了，你就去做；下輩子要去哪裡度眾也都沒意見，不必一定要在這個地球上；娑婆世界還有很多星球，不然也有他方世界，因爲 釋迦世尊並不是只有在這個娑婆世界度眾而已：《阿含經》裡面有說，祂還在其他很多世界度眾生；那些世界眾生需要你，你就去，別被愛見之所障覆，才不會對生死有疲厭；對生死沒有疲厭，你的菩薩道不管到哪裡去都可以行，自度度他的事就不會有所遮障。

「**所生無縛，能爲眾生說法解縛**」：也就是說，菩薩以其智慧與功德世世在人間度化，每一世在人間都不會被愛見所繫縛、遮障；因爲菩薩一定要每一世在人間修行利樂眾生，成佛才會快。如果菩薩每一世都生到天界去，他成佛就要拖很久。既然在人間，當然就有種種愛見的境界伴隨著菩薩，也正因爲有這一些境界伴隨著菩薩，所以菩薩在佛菩提道的修證上，可以很迅速達到他所要的目的；但重點是伴隨著種種愛見的境界，當然要示同一般眾生受用五欲，所以菩薩不論在家、出家同樣吃好吃的，不會像聲聞聖人一樣恐懼五欲的誘惑。到這個年代應該要搭車子，就不能再堅持用兩腳走遠路；如果你堅持要依 佛世尊那個年代的生活方式來行菩薩道，像張老師這樣，今天在這裡聽經，明天要去台中講經、上課，後天又要趕到台南去，那該怎麼去？半夜也得要走路、趕路。所以人間色聲香味觸五法你都不能離開，因爲你既然和人們一樣生爲現代人，不是生到天界去，那你當然就要和現代人類一樣處於當代五欲中，才能存在人間。

如果沒有這色聲香味觸五法，你無法在人間存在。不談別的，光說一個觸覺就好；你如果沒有觸覺，連走路都會出事，不知道要怎麼走。菩薩正因爲有人間十八界具足的法，所以他很容易使佛菩提智迅速增長，成佛就很快，但重點是不能被愛見所繫縛。所以菩薩在人間時有福報的緣故而有錢財，可以用來布施，但他不會作守財奴，因此顯現出菩薩與眾生有所不同，也與二乘聖人有所不同；其原因就在於二乘聖人恐懼愛見而遠離愛見，菩薩處於愛見中而不被愛見所繫縛、遮障，因此生生世世所生之處都沒有繫縛；因爲能夠如此，所以菩薩能爲眾生說法解縛。眾生之所以輪迴生死的原因，最低的層次就是三縛結；菩薩能幫眾生斷三縛結，讓眾生對「我眞實」的惡見能夠斷除，就能分證解脫，讓眾生成初果人。菩薩也能幫眾生親證如來藏，讓眾生轉依如來藏，了知法界的實相，這也是解縛。如是次第往上教授，讓眾生次第修學，同樣可以斷除三界中的人我繫縛，乃至三界中的法執繫縛；這就是說菩薩不但所生無縛，也能爲眾生說法解縛。

「如佛所說：『若自有縛，能解彼縛，無有是處；若自無縛，能解彼縛，斯有是處。』是故菩薩不應起縛。何謂縛？何謂解？貪著禪味，是菩薩縛；以方便生，是菩薩解。」佛陀開示說：**如果自己有繫縛而能夠解除眾生的繫縛，佛法中沒有這個道理；如果自己能夠完全沒有繫縛，或者已分證無繫縛的境界，表示他本身有離縛的功德，當然他就懂得教導眾生如何解除繫縛，這樣才是有道理的。**這也就是說，想要救眾生出離生死苦海，你得要先有能力游離生死苦海，才能教導眾生怎麼游離生死苦海。你若和眾生一樣在生死苦海中，自己還沒有能力離開生死苦海，卻說能夠教導別人脫離生死苦海，這個道理是講不通的。

常常會聽到大師說：「**我有沒有開悟，跟你沒關係，重要的是我能幫你開悟。**」我想諸位都聽過這種講法，可是你想：一個不會游泳的人，卻說他能教你游泳。或譬如說：一個不會製造汽車的人，他說他能教你製造汽車。佛說這種說法無有是處。譬如說，你已經去過紐約；說紐約也許太遠了，我們講近的，比如說台中：你出生以來都住在台北，你想要去台中，問人家去台中要怎麼走，有個人告訴你說：「**我沒有去過台中，也沒有聽人講過怎麼去，但是我知道要怎麼去，你就往北一直走就到了。**」他可能會這樣亂講，其實是籠罩你。這樣亂講，偶然也會講對；往北方去，雖然到不了；那就改從東方、西方走走看，再走不到，那就只有南方了，他就矇對了。可是往南走，也許他走過台中市時，還不知道台中市已經過去了，因爲他根本不知道那個地方就是台中市。

同樣的道理，開悟到底是悟個什麼？開悟的內容與過程又是什麼？你得要先知道，然後才能指導人家：**開悟的過程如何，應該怎麼修才能到達開悟的境界。**如果自稱是能幫人家印證開悟境界的人，而自己卻說他還沒有開悟，或者心虛而不敢承認已經開悟了，這個人到底能不能幫人悟？問題就很大了。所以佛說：「**若自有縛，能解彼縛，無有是處。**」說那個人所說的法義都是胡說八道，自己都不知道如何解開繫縛，怎麼能解彼縛呢？所以無有是處，表示那人的說法不可信。自己無縛，能解彼縛，才是有道理。同理，一定要自己已經斷結，才能教人如何斷結。如今有很多人動不動就說：「我能教你修到三果，很快就證三果。」可是你問他：「你證得初果沒有？」「我有沒有證得初果，跟你沒關係。」這算什麼話！所以佛這一句開示確實很重要。也正因爲這一句話，所以有很多人不願意講《維摩詰經》；因爲他不願宣稱還沒有悟，又無法宣稱自己開悟了。假使一百個徒弟中如果有一、兩個人來質問：「師父！您悟了沒有？」那怎麼辦？菩薩既然要在人間修行，才能迅速成就佛果，當然應該「所生無縛，能爲眾生說法解縛」。所以菩薩不應生起了繫縛；如果時間到了該走了，輕輕鬆鬆就走，沒有留戀與罣礙。如果走的時候還在罣礙：「某某人還沒有度，我這個廟還沒有蓋好，這些徒弟們在我走了以後又該怎麼生活，……」那都是有繫縛，落在我所的繫縛中，因此菩薩不應起縛。

可是縛，有解脫道上的縛，也有佛菩提道中的縛，這又跟方便善巧有關係，不一定是證悟了如來藏才能離縛，也不一定證悟了如來藏就能全然離縛。所以維摩詰菩薩說：「何謂縛？何謂解？」接著就提出兩個簡單的開示來說縛與解。貪著禪的味道就是菩薩的纏縛，換句話說，對於證悟的境界若有所貪著，就是纏縛；對於禪定的境界有所貪著，也是纏縛。所以悟了也就悟了，不必一天到晚想著：「我悟了，好高興。」那就成縛。因爲悟了以後並沒有什麼所得，高興作什麼呢？至於貪著禪定，那就等而下之了；因爲禪定是三界中的世間法，禪定的境界再怎麼高，還是不能出三界；證得非非想定而起貪著，死後往生去非非想天，如果不中夭，八萬大劫中一念不生之後還是得再下來人間，在天上過了八萬大劫卻是啥事兒也沒幹成，般若、解脫都沒有成就，那就是貪著禪味，這是菩薩縛。「以方便生是菩薩解」，菩薩的解脫是從種種方便中出生的；爲什麼菩薩的解脫跟方便也有關係？爲什麼說不一定要開悟了才能得解脫？沒有開悟無妨也可以得解脫，雖然仍不離三界。但那是什麼道理呢？還是請 維摩詰菩薩再來爲我們說：

【又：無方便慧—縛，有方便慧—解；無慧方便—縛，有慧方便—解。何謂無方便慧縛？謂菩薩以愛見心莊嚴佛土、成就衆生，於空、無相、無作法中而自調伏，是名無方便慧縛。何謂有方便慧解？謂不以愛見心莊嚴佛土成就衆生，於空、無相、無作法中，以自調伏而不疲厭，是名有方便慧解。何謂無慧方便縛？謂菩薩住貪欲、瞋恚、邪見等諸煩惱而植眾德本，是名無慧方便縛。何謂有慧方便解？謂離諸貪欲、瞋恚、邪見等諸煩惱而植眾德本，迴向阿耨多羅三藐三菩提，是名有慧方便解。文殊師利！彼有疾菩薩應如是觀諸法。又復觀身無常、苦、空、非我，是名爲慧；雖身有疾、常在生死，饒益一切而不厭倦，是名方便。又復觀身：身不離病，病不離身，是病是身非新非故，是名爲慧；設身有疾而不永滅，是名方便。文殊師利！有疾菩薩應如是調伏其心，不住其中；亦復不住不調伏心，所以者何？若住不調伏心，是愚人法；若住調伏心，是聲聞法；是故菩薩不當住於調伏、不調伏心，離此二法是菩薩行。】

講記：現在來談方便與慧、縛與解。沒有方便慧的人就會自我繫縛，有方便慧的人就可以得到解脫；沒有慧方便的人被繫縛，有慧方便的人得到解脫。方便慧、慧方便、縛、解，這四個法，維摩詰菩薩立刻就爲我們解釋。他說：什麼是沒有方便慧而被繫縛了呢？這是說菩薩以愛見心來莊嚴佛土、成就眾生，這樣的人在空、無相、無作中來調伏自己，就是沒有方便慧而被繫縛了。這個方便慧講的是遠離愛見心，菩薩在已經證悟以後，與這個情況的行門是不一樣的，這個情況是說凡夫菩薩應該如何修行。沒有方便慧而被繫縛了，是說菩薩不斷我見，也不證實相，因此就被人間錯誤的想法繫縛了；另一位菩薩同樣是在凡夫位中，同樣沒有斷我見、證實相，但因爲他有方便慧，所以生生世世在人間行菩薩道時，都不被人間境界所繫縛。

同樣是凡夫，一位被縛，另一位不被縛。我們先來談第一種：沒有**方便慧**所以被**繫縛**。由於這位菩薩在斷結之前、證悟之前，是以愛見心來莊嚴佛土、成就眾生的，所以被繫縛。愛見心的具體事例，譬如說：「**我們是慈濟人，我們以後生生世世要當慈濟人。**」上位者這樣教導下來，這個上位者就是有愛見心。如果哪一天我吩咐大家說：「**我們都要當正覺人，大家生生世世要當正覺人。**」那我就是有愛見心了。換句話說，假使我想要聚集所有的信徒們永遠不離我，下一輩子我再來了，大家都得要跟在我身邊；我永遠在這個地球上，不想離開這個地球，因爲這些都是我的眷屬；想要這樣子來攝取眾生、成就未來的佛土，就是愛見心。以這種愛見心來莊嚴佛土，來成就眾生，然後在自己想像中的空、無相、無作裡面調伏自心、壓抑自心，這是與他所要達成的空、無相、無作法互相違背。因爲不管是從二乘解脫道或從大乘佛菩提道來講，應該對一切我與我所都認定是空、無相、無作；既然如是，爲什麼要執著說：「**這些人是我度的眾生，是我的徒弟，**

將來都要跟隨我。」不需要如此。否則的話，跟空、無相、無作法就互相牴觸，就是沒有**方便慧**而被**繫縛**住了！不知道自己以愛見心正在努力莊嚴未來的佛土、努力攝受眾生及成就眾生時，其實是落在繫縛當中，所以說他沒有**方便慧**，因此被**繫縛**了，而繫縛他的人正是他自己，這就是第一種凡夫，無**方便慧**而被**繫縛**。

第二種凡夫，有**方便慧**所以邁向解脫。也就是說：他不是用愛見心來莊嚴佛土、成就眾生。這個觀念才是與他所修、所弘揚的空、無相、無作法相應；雖然他的知見還不足以發起見地、不足以斷結、不足以見實相，但是他至少不會被這些人間的事相、度眾的事相、成就佛土的事相所繫縛。這就是說，他不以愛見心來行菩薩道，如此調伏，就不會於生死有疲厭了。如果有愛見心，他終究會疲厭的，所以有一天發覺走掉一些徒弟了，他就會很難過；很難過的緣故就起了補償的想法，趕快再去度更多人來彌補失掉的部分；並且又想要增加更多人，那麼就要做廣告，發動組織戰：要求每一個徒弟要去拉兩個人來，被拉來的每一個人都要再去拉兩個人來；用這樣的辦法來做，是心理補償作用；所以就不在法上利樂眾生，而在事相上把他的弘法事業越做越大，這就是愛見心，成為無**方便慧**而被**繫縛**。因此，若能夠不以愛見心來莊嚴佛土、成就眾生，他就能在表面上及自己心中，暫時能與空、無相、無作法相應；這樣繼續利樂有情，繼續進修空、無相、無作三昧，繼續攝取未來的佛土而不疲厭。因爲他有方便慧，對於眷屬並沒有希望執著，因此他在這上面就不受繫縛，這叫作有**方便慧**而得解脫。

再看看賢位的菩薩，有的賢位菩薩有**慧方便**而得**解脫**，甚至於有人能因此而進入聖位，可是有的賢位菩薩沒有**慧方便**，雖然證悟而有見地、並且也斷結了，可是仍然被自己繫縛住了，這就是沒有**慧方便**而被繫縛。這就是說，有的菩薩斷了三縛結以後，或者進而明心了以後，成了七住菩薩，也具足了聲聞初果的功德，但是他一世之中一直貪著，當然到不了薄地；所以他一向住於貪欲、瞋恚、邪見諸煩惱裡面去「植眾德本」，這就是沒有**慧方便**而被**繫縛**了。諸位也許懷疑：「**可能嗎？**」我跟你保證：「**可能。**」所以明心以後或者斷三縛結以後，還會去找外道學神通，還會去找外道練氣功，他說：「我要打通任督二脈。」還要去學外道法爲人家辦事情（辦事情，是幫人家處理鬼神的事情），處理到後來自己反而被鬼神處理了！一直都有這種人，所以我們有時還要去裡面把他救出來，因爲他也住到榮民總醫院的長青樓去了。這就是沒有**慧方便**而被**繫縛**了。

如果再講更具體的，三縛結斷了以後卻安住不了；乃至有人明心以後，沒有辦法轉依離見聞覺知的如來藏，漸漸的心裡面對離念靈知的自我執著漸漸的重新出生了，我見又生芽了；因此無法安住於如來藏法中，就想要再找一個更勝妙的如來藏：我教給他的如來藏不算數，要找一個更勝妙的如來藏。結果，那個更勝妙的，他稱之爲能出生阿賴耶心體的更好的如來藏，原來還是離念靈知心意識。就因爲這個我見重新生芽而生長茁壯了以後，貪欲、瞋恚都跟著增長了。這貪欲、瞋恚的增長，背後的原因就是邪見。都是因爲背後這個邪見，導致回到意識心中去，而意識心是跟五塵境界相應的，所以就開始回頭追逐五塵境界。那五塵境界對一個剛悟的菩薩來講，最重要的五塵境界就是很多眷屬對他的恭敬供養。爲達到這個目的，只好再發明一個更棒的、更妙的如來藏，叫作離念靈知；因爲離念靈知可以享受五塵，能與眷屬欲相應，他對離見聞覺知的如來藏反而不信受，這就是由邪見再產生的貪欲及瞋恚，表示他沒有**慧方便**。

如果他的三乘菩提**智慧**能夠與**方便**相應，有了與**慧學**相應的**方便**，自己就能把邪見排除掉，接著貪欲與瞋恚也可以排除掉。可是若沒有**慧方便**，因爲本身不是眞參實究出來的，而是在最早期時我爲他明講的（這還是要怪我，眞的是要怪我。所以我以前跟人家明講，都是搬石塊來砸自己的腳，到現在腳還在痛），由於是我爲他們明講的，導致他們沒有**慧方便**生起（有慧但是沒有慧方便），因此他無法把邪見排除掉。邪見排除不掉，我見就繼續生長，最後長到一個程度，貪欲、瞋恚跟著來了，所以就落在邪見、瞋恚與貪欲裡面來做很多事；所以他們爲同修會去做事時就與私心相應，做到後來就被自己的邪見繫縛了，最後還是得要離開正法道場。從這個現成的例子中，諸位可以看得到：沒有**慧方便**，還眞是麻煩。

因此，絕對不能說悟了就沒事了；開悟只是見道，還沒有辦法直接進到修道位中。諸位想一想：悟了進入第七住位，直到十迴向位以前都是相見道位；距離修道位的初地入地心，是一大阿僧祇劫的三十分之二十三，那是多久的時間呢？怎麼能像他們一樣的說悟了就成佛了呢？所以悟了以後一直到初地的入地心爲止，都得要想辦法讓**慧方便**生長出來；要不斷的在歷緣對境中去激發慧方便，所以不是光只有解脫慧或實相的總相智慧就能夠具足解脫的，因此得要有**慧方便**。若沒有**慧方便**，證悟後還是會退轉。如果有了**慧方便**，不管那外道神通有多廣大，在你面前都沒有開口的餘地；雖然你仍然沒有神通，但是卻能讓他開不了口，這就是你悟了之後發起慧方便了。有了慧方便就不一樣，有慧方便就得解脫，不單在事相上得解脫，而且在法上也一樣開始遠離法執，不單是離我執而已。

什麼是有慧方便而得解脫呢？也就是說菩薩證悟以後，離諸貪欲、瞋恚、邪見諸煩惱而植眾德本：所修每一件福德業行，都迴向無上正等正覺，這是有慧方便而得解脫。因此，有慧方便的賢位菩薩及聖位菩薩，都不會再生起邪見，因爲所有的邪見都已經被慧方便斬殺而不能再出生了。邪見被斷除了，貪欲與瞋恚就不再出生，因此他在度眾生時，對眾生沒有任何的貪，從來不在眾生身上生起任何希望，沒有希望就不會有等待。有希望才會有等待：等待某甲明天會不會送五百萬元來供養我，等待某乙明天會不會用她的女身來供養我。他若沒有等待，不起這樣的念頭，就是離諸煩惱而植眾德本。在離煩惱而植眾德本的過程中，又把每一件福德都迴向無上正等正覺，他心中也沒有想要在未來獲取福德回報，只是迴向成佛，這樣就是有慧方便的菩薩，能得解脫。所以維摩詰居士不但把凡夫的狀況告訴我們，也告訴我們證悟以後應該如何自處、如何進修，這部分就是把菩薩證悟之後應當如何快速的邁向諸地的法門告訴我們，所以慧方便對我們同修會的會員們是非常重要的事。而方便慧對一般道場的四眾佛弟子來講是非常重要的，我們大家都要從這方面加以深思，將來有因緣的話，要告訴所有的佛弟子們。

接著維摩詰菩薩就說：「文殊師利啊！那位有疾病的菩薩應當這樣來觀察諸

法。」一個疾病，維摩詰大士可以說出無量法，諸地菩薩都學這個法。這就是從一法去說無量法，因爲法法相關，每一個法都可以讓你引生一切法。這就好像一棵大樹，不論從大樹的哪一點，你都可以逐步的探索到整棵大樹。所以有智慧的人從一片樹葉上面漸次說明完整的一棵大樹出來；沒有智慧的人，他就只是把這一棵樹的一個葉片告訴你，說完了又講另一片樹葉，永遠都在樹葉上打轉，接觸不了樹枝、莖、幹，都不可能接觸到根本；但是有智慧的人，從一片樹葉漸漸的告訴你，接下來樹枝、樹莖、樹幹、樹根，以及整棵樹的全貌。諸地菩薩都有這樣的智慧，而不是只落在枝葉上面，當然 維摩詰菩薩更是如此：從一個疾病可以把整個佛法顯示出來。

維摩詰居士接下來又說慧以及方便，再從不同的層面來說明：「接著又觀察色身無常、苦空無我，這叫作智慧。雖然色身一定會有疾病，但是卻不因此而離開三界，常在欲界中取得身體而有生死，不斷來人間饒益一切有情，而不會生起厭倦之心，這叫作方便。」這個法是跟二乘法不同的，二乘法觀身不淨、觀身有疾、觀身無常，無常故苦，苦就不應該追求，應該要空掉，空掉以後非我、無我。無我，死了就想要入涅槃，但是入了涅槃便成就不了佛菩提果；所以這個苦、空、無我只是解脫道上的智慧，乃至對大乘通教菩薩來講，這也只是解脫道上的智慧。可是從大乘別教菩薩所親證的實相來講五蘊苦、空、無我、無常，雖然是慧；但是同時現觀如來藏是常、樂、我、淨，也是慧，這是別教不同於通教的所在。別教的菩薩就是因爲這個不同，所以雖身有疾卻願意常住生死饒益一切而不厭倦，這樣才能成佛。所以斷盡我執之後也不入無餘涅槃，菩薩有這個慧方便。有這個慧方便，所以菩薩能斷涅槃貪，才能三大阿僧祇劫廣行菩薩道，最後成就佛果。

如果沒有這個慧方便，只有涅槃慧，菩薩初地滿心就會入無餘涅槃；如果能夠拖到三地滿心時，也一定會入無餘涅槃，因爲三地滿心是一定可以取證滅盡定而成爲俱解脫的；三地滿心菩薩隨時可以進入滅盡定，但是他不想取證，都靠慧方便而不只是解脫慧。又譬如說，六地滿心不得不取證滅盡定，顯然他可以隨時隨處入無餘涅槃；如果是阿羅漢捨報，一定入無餘涅槃，但六地滿心不然，他又轉入七地中；乃至七地滿心能夠念念入滅盡定，也是靠佛傳授的慧方便而不入無餘涅槃。菩薩離涅槃貪，都依靠慧方便；因此除了智慧以外，方便也非常重要。

「又觀察色身，色身無法離開病痛，但是病痛也是不離色身」，病痛總不能在色身外存在，所以一定是在色身上存在的，「可是這個病以及色身非新亦非故，能這樣觀察就是有智慧。」病有沒有新病、舊病之分？色身有沒有新身、舊身之分？如果小孩子一定講：「有啊！我是新身，阿嬤妳是舊身，因爲妳比我舊。」但孩子是從這一世來看。菩薩不然，菩薩入定時，看見過去無量世以前曾做了些什麼善業、惡業，今天有些什麼果報：「原來如此！」請問：「過去世有無量身，哪個是新，哪個是舊？」故就是舊。你說：「這一世是新的，過去世都是舊的。」但是請問：「你未來還有無量身，你到底要說哪一個是新，哪一個是舊？」對菩薩來講，沒有新舊的問題存在，過去無量身延續下來才有這個色身，這個色身還會導致未來有無量身；因爲菩薩永不入無餘涅槃，當然未來也有無量身，即使將來成佛以後也是永不入滅，那你到底要說「佛身是新的、菩薩身是舊的」或是不這樣說呢？或是要說：「佛身以後也是一世一世不同，也有新舊。」這已經變成沒有意義了：雖然永遠不斷的有色身繼續在利益眾生，事實上已經在生死之外了。卻又不妨一直在生死中利樂有情，那你說，這些色身哪有新故之分呢？

色身如是，色身上的病又哪來的新、舊之分呢？所以能夠觀察身與病非新非故，這就是有智慧；因爲色身也好，疾病也好，都只是在你的如來藏心體表面生生滅滅；從往昔無量劫以來，你有無量的身與病，都只是在你如來藏的表面生滅不斷。你們證得如來藏的人可以現前觀察看看：每一世五陰的生滅，每一世五陰上的疾病不斷生滅，有哪一次的五陰與疾病離開過如來藏而生滅？沒有啊！事實是如此。如果你還沒有破參，也許說：「這是你自己說的，我怎麼信？」確實不容易相信。但我們現在有兩百多位明心的人（在禪宗史上是空前的），你們去問這些人：「是不是每一世的身與病都在如來藏的表面上生滅？」沒有一個人會跟你說：不是這樣。法界中的事實正是如此，將來你如果破參了，也同樣會為別人證明這一點。既然都只是在如來藏的表面病了又好了、好了又病了，生了又死了、死了又生了，都只是在如來藏的表面出現這些影像而已（從如來藏來看，都只是影像），那麼你說：既然只是個影像，如同夢中事，那麼身與病會有新、故之別嗎？當然不可能。你能夠這樣現觀，就是悟後的智慧。不能這樣現觀，就依照前面講的從往昔無量身與病，以及這一世的身與病、未來無量世的身與病，去作表相的觀行，也可以有世間法上的表相智慧，這也是慧——方便慧。

「假使色身有疾病，卻能夠不厭離色身、不永遠入滅度，這就是方便。」菩薩依這個方便才能成就佛道，否則無法世世在生死當中受諸苦痛，就無法成就佛道。想一想：一世受的痛苦有多少，可是要三大無量數劫的痛苦以後才能成就佛道。如果是二乘涅槃，很精進修行解脫道的二乘人，他的根性若是利根人，一世就能取證無餘涅槃；若是極精進而遲鈍的人，最多也不過是四世受生就能證得阿羅漢果而取無餘涅槃。但是很精進的菩薩成佛卻得要三大無量數劫，想一想三大無量數劫，不談生病與生活當中的種種苦，光談出生跟死時的痛苦就好，三大無量數劫有多少色身的生與死？諸位回想一下出生的時候好受嗎？你們有誰出生的時候是笑嘻嘻的？當然都要被擠壓、擠壓、擠壓到很痛苦，所以出生時都是哇哇大哭，有誰出生時完全無苦而笑嘻嘻的？光是這個苦就好了，三大無量數劫中有多少色身上的這個苦？如果你沒有這個方便慧，光想到這個苦，腳底都涼了：「我看還是不要行菩薩道，我還是趕快斷盡我執入涅槃算了。」這就是沒有方便智慧。講這麼多的方便，目的在哪裡？在讓諸位斷涅槃貪。因爲在我們會中來講，無餘涅槃的取證是確實可能的，所以要叫你斷涅槃貪。在外面道場是不可能證涅槃的，光是斷我見就做不到了，但菩薩一定要有大方便才能斷斷涅槃貪。

接著 維摩詰菩薩說：「文殊師利啊！有疾病的菩薩應該像這樣調伏其心——把心調伏下來——但是卻不住在這裡面。」這是最難的：調伏了以後卻不住在這裡面。什麼是住在這裡面呢？也就是說，他心裡面想：「我已經斷了涅槃貪了。」其實他沒有斷除涅槃貪，他只是沒有斷盡我執，是把還沒有斷我執的境界當作是斷涅槃貪。如是調伏其心，就是說我執是可以斷的（他知道自己有能力斷），但是卻不去斷它，爲了讓自己可以留著一分思惑繼續在三界中無所貪著的利樂有情（離愛見心而利樂有情），這樣成就方便與慧二法，所以他才可能成就究竟位的佛果。「如是調伏其心以後，也不要住於調伏心；如果住於調伏心，則是聲聞法。」也許有人說：「那我就住於不調伏心就好了。」對不起！「住於不調伏心，那是愚人法。」不調伏，表示我見既沒有斷，我執也沒斷，是沒有慧也沒有方便，那是愚人。

住於不調伏心，就會產生一個現象：不離愛見，行於邪見，起於貪欲、瞋恚，這是愚人——沒智慧的人。可是如果住於調伏心，又變成聲聞人；因爲調伏了自己以後，捨報了要入無餘涅槃去了，所以說是聲聞法。所以「菩薩不應當住於調伏心、不調伏心，離此二法才是菩薩行。」可是你如果沒有證得如來藏以前，怎麼想也想不出來這是什麼境界。但是親證如來藏以後，你想想看：如來藏會不會住於調伏心中？祂不住。如來藏會不會住於愚人的不調伏心中呢？祂也不住。祂沒有所謂的調伏與不調伏，無量劫以來祂一直都如此，祂無量劫以來不曾有一剎那住在調伏心中，也不曾有一剎那住在不調伏心中。菩薩轉依如來藏這個境界而依止，就沒有所謂調伏與不調伏心可說了；因此菩薩要離調伏心，也離不調伏心，兩邊都不住，這樣才是眞正的菩薩行。

但是這裡要說明的是，這不是像一般大師講的：「我們這個覺知心不要住於調伏心，也不要住於不調伏心。」而是我們的自心如來本來就不住於這兩邊，覺知心轉依了自心如來的不住調伏心也不住不調伏心的實相境界，這樣才叫作離此二法。如果是以覺知心想要離開兩邊，結果將是離不開兩邊，永遠都在兩邊中；並且是具足兩邊，還是在二法中，就不是菩薩行了。眞正的菩薩行，得要轉依如來藏自心如來境界，才能確實離調伏心也離不調伏心；如此離二法，才是菩薩行。

【「在於生死，不爲污行；住於涅槃，不永滅度，是菩薩行。非凡夫行，非賢聖行，是菩薩行。非垢行，非淨行，是菩薩行。雖過魔行而現降伏衆魔，是菩薩行。雖求一切智，無非時求，是菩薩行。雖觀諸法不生，而不入正位，是菩薩行。雖觀十二緣起，而入諸邪見，是菩薩行。雖攝一切衆生，而不愛著，是菩薩行。雖樂遠離，而不依身心盡，是菩薩行。雖行三界，而不壞法性，是菩薩行。雖行於空，而植衆德本，是菩薩行。雖行無相，而度衆生，是菩薩行。雖行無作，而現受身，是菩薩行。雖行無起，而起一切善行，是菩薩行。雖行六波羅蜜，而遍知衆生心、心數法，是菩薩行。雖行六通，而不盡漏，是菩薩行。雖行四無量心，而不貪著生於梵世，是菩薩行。雖行禪定、解脫三昧，而不隨禪生，是菩薩行。雖行四念處，而不永離身受心法，是菩薩行。雖行四正勤，而不捨身心精進，是菩薩行。雖行四如意足，而得自在神通，是菩薩行。雖行五根，而分別衆生諸根利鈍，是菩薩行。雖行五力，而樂求佛十力，是菩薩行。雖行七覺分，而分別佛之智慧，是菩薩行。雖行八正道，而樂行無量佛道，是菩薩行。雖行止觀助道之法，而不畢竟墮於寂滅，是菩薩行。雖行諸法不生不滅，而以相好莊嚴其身，是菩薩行。雖現聲聞辟支佛威儀，而不捨佛法，是菩薩行。雖隨諸法究竟淨相，而隨所應爲現其身，是菩薩行。雖觀諸佛國土永寂如空，而現種種清淨佛土，是菩薩行。雖得佛道、轉于法輪、入於涅槃，而不捨於菩薩之道，是菩薩行。」說是語時，文殊師利所將大衆，其中八千天子皆發阿耨多羅三藐三菩提心。】

講記：「在生死當中，不造作染污的行爲；住於涅槃當中，卻不永遠滅度，這是菩薩行。」這四句話，決定性的聲聞人聽了以後可就很難過了，因爲他會想：「在生死當中一定要離開種種染污行，才能斷除我與我所的貪愛，將來捨報時才能進入無餘涅槃；可是菩薩們竟然說，世世在生死當中照樣娶妻生子或是嫁夫生子，也照樣賺錢，跟世間人一樣營生，結果竟然不被染污，竟然不造作染污的行為，這哪有可能？」所以他們不瞭解菩薩們的心境究竟如何，想不通這原因在哪裡，而原因就在於所認知的心不一樣。二乘人所認知的心，是六識加上意根，他們不知道有一個第八識心可證，因為沒有親證，也不想親證；佛也不為他們指出那是哪一個心，只為他們說：那是無餘涅槃中的本際、實際、如。初轉法輪的後期，即將轉入第二轉法輪時期之前，佛陀才對他們說有外識如來藏，隱藏在五陰中，使他們於內無恐怖（詳見《阿含正義》第五輯舉證說明），才能確實斷盡我執而不害怕落入斷滅空。早期的阿羅漢不懂這個道理，阿羅漢所懂的只是要把自己六識心加上意根的所有自我執著全部斷除，捨報時把**我**自己丟了，把**我**自己滅了變成無餘涅槃。所以他們所認知的心全部只有七識：第七識是意根，前面還有眼耳鼻舌身意六識。在阿羅漢、辟支佛的認知中，一定有這七個心，這七個心都是會跟染污的行為相應。

可是菩薩竟然說：「生生世世都在生死中，卻不跟染污行為相應。」阿羅漢想不通。但是對於一切已經明心的菩薩來講，這是本來就如此的：「即使我在人間，跟阿羅漢一樣照樣有這六識加上意根；今天午餐眞好吃，好吃！好吃！多吃一口！沒關係！心都沒有染污，因爲染污的是我，如來藏從來沒有染污；我轉依如來藏，所以我沒有染污。」所以轉依之後，人家又端上一杯冰淇淋或是好吃的點心上來，菩薩說：「不了！不了！我已經飽了，夠了。」因爲我七識心覺得好吃，我如來藏並沒有好吃，既然我如來藏沒有好吃，肚子飽了就夠了，有體力、修行就好了，何必一定要再貪？這就是不取染污的心行。菩薩認知的最終心是第八識如來藏，阿羅漢只知七識心，所認知的心並不相同；好吃是我這個七識心感受到好吃，可是我七識心是假的；眞的我是如來藏，而如來藏沒有好吃可說，吃什麼都沒味道，對不對？（眾答：對！）對啊！本來就沒味道。既沒味道，何必貪求？吃，只是爲了維持色身的基本功能，讓我可以修行、可以利樂有情、可以成就佛道，這就夠了，所以不必爲了好吃，乃至不必爲了種種事情而起染污行，這就是菩薩「在於生死，不爲污行」。

「**住於涅槃，不永滅度**」：可是阿羅漢「在於生死，不爲污行」，那完全是七識心的事了。不爲污行，結果是我所貪愛斷盡、我執斷盡，死後就入無餘涅槃了，他一旦入無餘涅槃就是永遠**滅度**了。佛法中有沒有說**生度**？你們有沒有聽過**生度**

這個名詞？我相信沒有人聽過，不管是大師或學人，都一樣只有**滅度**而沒有**生度**，所以阿羅漢捨報時把自己滅了，度到彼岸離生死了；所以阿羅漢的離生死、入涅槃，是把七識心滅了，滅了以後才能度生死。可是我請問諸位：「**阿羅漢把他自己滅了以後，阿羅漢不存在了，請問他度了沒有？**」（眾答：沒有。）沒有人得度嘛！

可是我告訴你：**沒有滅度才是眞的滅度**。這樣講，你們之中還沒有明心的人聽起來還是迷迷糊糊的。不然，我們就從菩薩來講「**住於涅槃卻不永滅度**」，諸位聽了就懂了。涅槃，從菩薩的現觀來講（阿羅漢只有滅度的現觀，沒有涅槃的現觀；菩薩才有涅槃的現觀，因爲阿羅漢無法現觀無餘涅槃裡面的境界），菩薩沒有入涅槃時就已現觀無餘涅槃中的境界，眞正明心的人都很清楚這一點。因爲，阿羅漢把自己七識心、色身滅了以後入了涅槃，是他自己死光光，十八界中連一界都不存在了；剩下的是他的第八識如來藏，而他的第八識如來藏離見聞覺知，無法作任何觀察，所以那個涅槃叫作寂靜，眞實無我（六識心及六塵都不在了，意根也滅了），已經沒有阿羅漢存在，怎麼能說他入了涅槃中？有所入，一定得要他自己仍然存在；阿羅漢既然已經滅了，他不存在了，又如何了知無餘涅槃中的境界？當然無法現觀無餘涅槃中的境界。

菩薩卻不一樣，菩薩悟後七識心都在，色身也在，五陰、十八界都具足；當菩薩找到如來藏時，觀察如來藏離見聞覺知，在摒除十八界後的如來藏自住境界中，就是無餘涅槃中的境界；而菩薩如此現觀時，五陰我、十八界我都在（七識心的我全都還在），就用這個虛妄的前七識自我來觀察背後的如來藏眞實我：祂離見聞覺知，離一切苦也離一切樂，十八界俱滅，一法不存，祂自己獨存的境界就是無餘涅槃。所以菩薩明心後就可以現觀無餘涅槃中的境界，能這樣現觀，你悟後就是已經住在涅槃中。請問：你們還沒有明心的人，你們不在涅槃中嗎？其實你們也在涅槃中，但是你們不知道，因爲無法現觀；因爲還不知道如來藏在哪裡，就無法觀察祂的境界本來是涅槃。

所以從二乘法來講，得要死了才入涅槃，得要斷了我執才能取證涅槃。但是到了大乘法中 佛說：「一切眾生本來常住涅槃。」阿羅漢這一聽：「這是什麼意思？」不懂了！怎麼會一切眾生本來常住涅槃？不但是**本來**而且是**常住**：一直都是住在涅槃裡面。這是什麼意思？他不懂。可是菩薩明心了，他一聽：本來就如此，佛太老婆了，所以故意又開示這一句。因此菩薩明心後現觀一切眾生都是住在涅槃中，可是這個涅槃並不禁制諸法。古時不是有人三讀、四讀《大般涅槃經》了？

老是不懂，就去問六祖：「如果入了涅槃，我不存在了，一切法都不能出生，一法不立了，那又是誰住於涅槃？」他來問六祖這個問題。你們讀過《六祖壇經》，還記不記得這一段？結果六祖答覆說：「涅槃不禁制一切法，涅槃不制伏一切法。」可是很多人讀了《六祖壇經》還是不懂。大師們在解釋六祖這一段話時，大家都聽不懂，那不是聽法者的過失，是因爲講的人自己也不懂，所以講不清楚。

但我告訴你：如來藏本身就住涅槃中，可是無妨繼續流注種子，讓你五陰七識心繼續運作，所以如來藏這個涅槃並不禁制一切諸法，不制伏一切諸法。祂不斷出生一切諸法時，無妨本身繼續住在涅槃之中。」菩薩就因爲親證如來藏，現觀自己如來藏本已住於涅槃中，而死後所入的無餘涅槃也是祂自住的境界，所以就不必滅度自己；因爲是當下就已經涅槃，當下就已經存在了，不必把自己滅了以後才出現涅槃，所以菩薩「住於涅槃，不永滅度」，這是阿羅漢無法想像的。但是你們明心以後，經我這麼一講，你當場就能觀察而心得決定：確實是如此。也許有人心裡面想：「這還要你講？我一觀就知道了。」對啊！事實是如此。可是尚未明心的人眞的聽不懂，阿羅漢也聽不懂。既然阿羅漢與辟支佛都聽不懂，你還沒有明心時聽不懂，也就不必難過了，就應該很高興、很開心的聽，心想：「聞所未聞法，我今晚聽到了！」應該歡喜。

「非凡夫行，非賢聖行，是菩薩行」：現在就談到凡夫與賢聖了。凡夫與賢聖，是從誰來說凡夫與賢聖？是從六識心、意根、五陰來說凡夫與賢聖。有我見、有我執，都是因爲有這個五陰身心，才能顯示出我見與我執；斷了我見、我執，也是因爲這個五陰身心而說是斷了我見與我執。不但如此，從大乘法來講，說開悟明心了、眼見佛性了，也是因爲這個五陰而開悟明心或見性。如果五陰、十八界都滅掉了，只剩下如來藏，這時就沒有斷我見與未斷我見的差別了，也沒有斷我執、未斷我執，或開悟、未開悟的問題了，所以斷我見與斷我執以及開悟明心，都是五陰身心的事情。如果阿羅漢把五陰身心滅了，他就不是阿羅漢了；如果開悟的菩薩把五陰身心滅了，他也已不是開悟的菩薩。因爲從如來藏自身的立場來講，如來藏離見聞覺知又離分別，哪有所謂斷我見我執可說？如來藏自身離見聞覺知，哪有所謂開悟或不悟的事情可說？所以凡是證聖斷結、了知實相，都是五陰身心的事情。

對阿羅漢來講，確實是有凡夫、有賢聖；對菩薩來講，則沒有凡夫也沒有賢聖可說。阿羅漢見有凡夫與賢聖，是因爲阿羅漢以五陰十八界爲修行的內容，要把我見與我執斷盡，所要斷的是五陰十八界眞實的見解，斷的是五陰十八界的自我執著；所以阿羅漢的行門是知苦、斷集、證滅、修道，苦集滅道都是在五陰身心上面知道什麼是苦，連行苦也能夠了知，才有辦法斷盡苦；然後開始遠離三界有的集，才能夠滅掉諸法而證得聖道，可是羅漢法解脫道都針對五陰十八界的虛妄來修，證得聖道的也是虛妄的五陰、十八界自己。菩薩卻不但函蓋二乘這部分的世俗法聖諦，還要在五陰十八界的根源如來藏上來修證；所以菩薩跟阿羅漢一樣要斷我見、我執，斷了我見與我執以後就不是凡夫了；雖已不是凡夫，卻轉依了如來藏；而如來藏既非賢聖也非凡夫，故沒有凡夫與賢聖可說，這才是菩薩行。

可是阿羅漢不知道如來藏的所在，只能看到五陰十八界；從五陰十八界的立場來看時，一定是有凡夫、也有賢聖。菩薩依如來藏來看時，就沒有凡夫與賢聖可說；因爲凡夫與賢聖都是五陰十八界的事情，與如來藏不相干。所以紹修禪師有一次講：「具足聖人法，聖人不知。」具足聖人法，聖人爲什麼會不知道？阿羅漢絕對聽不懂。其實每一個凡夫身上也都具足了聖人法，因爲每一個凡夫身上的如來藏都是從來不貪不厭，從來非善非惡而不起任何善惡行，當然是聖人。每一個凡夫身上都具足如來藏這個聖人法，可是凡夫不知。又說：「凡夫若知，即是聖人。」如果找到如來藏了，你看見身上的如來藏確實離一切惡行、離一切貪染，那你最少也是初果聖人，但比聲聞初果聖人要高一點，因爲已經同時成爲別教七住位菩薩，所擁有的智慧是阿羅漢所無法想像的，所以說：「凡夫若知，即是聖人。」所以說，祂在眾生身上恆時顯示著聖人法，凡夫若知道祂的所在，能現觀祂確實具足聖人法，那個凡夫就稱爲聖人。可是紹修山主又說：聖人自己卻是不會這個聖人法的，若是所悟的這個聖人是會這個聖人法的覺知心、離念靈知，那個自認爲聖人的離念靈知心其實正是個凡夫。意思是說，那個人其實是未證聖人法的凡夫。所以他說：「具足聖人法，聖人不會。聖人若會，即是凡夫。」聖人自己是不會這個法的，聖人是指如來藏。我們公案拈提中不是有一則**永明不會**嗎？人家來問：「如何是永明家風？」永明延壽禪師很有名，淨土宗許多祖師都說他是阿彌陀佛化身，但我們已證明他不是阿彌陀佛化身，因爲他還沒有法眼。可是人家問他：「如何是永明家風？」他說：「不會。」很難懂，對不對？僧人又問他說：「如何是不會？」他說：「牛胎生象子。」看來也是放過了，可是實際上他已指示入處了！所以說，凡夫不會，就永遠是凡夫；凡夫若證如來藏而知道這個不會諸法的聖人心了，他就是聖人；但這個轉凡證聖的人所知的，卻是對凡聖都無所知的如來藏。

假使所悟的聖人心，是能體會種種聖凡諸法的意識心，那個自認爲是聖人的人，其實只是一個凡夫罷了。

這意思就是說，聖人心如來藏是離見聞覺知的，祂顯現的是不造一切惡業、遠離一切貪染，所以祂的一切所行都不是凡夫行；可是你能說祂是賢聖嗎？不！祂也不是賢聖，因爲賢聖是由你的五陰、七識心來當，祂從來不當賢聖，祂也沒賢聖或凡夫的認知，所以祂沒有賢聖可說。祂也不是凡夫，因爲凡夫都是在貪瞋癡慢疑中打滾，祂卻從來不曾一剎那落在貪瞋癡慢疑裡面；可是你如果要說祂是賢聖，祂也不是。成賢成聖，都是因爲你證得祂了，所以你成爲賢聖，祂卻不當賢聖，所以祂不是賢聖行，祂一切的行爲都不在賢、聖行當中，所以祂永遠離兩邊：離凡夫，也離賢聖。祂的一切行不斷在運作著，但都非凡夫行，非賢聖行。你證得祂以後成爲賢聖了，轉依祂的這種離賢聖、離凡夫的境界來安住，來調伏自己；所以當你如此調伏了自己以後，就一樣是沒有賢、沒有聖可說，卻仍然了知五陰的自己是賢聖或凡夫。如果你悟了以後說：「我是聖人了，你們要恭敬我。」那你就不是聖人了，這表示你還沒有完成轉依。沒有轉依祂，就表示你的我見還沒有死盡，三縛結還沒有斷盡。所以眞實轉依祂以後，非凡夫也非賢聖行，這樣才是菩薩行。

佛教正覺同修會〈修學佛道次第表〉

第一階段

* 以憶佛及拜佛方式修習動中定力。
* 學第一義佛法及禪法知見。
* 無相拜佛功夫成就。
* 具備一念相續功夫—動靜中皆能看話頭。
* 努力培植福德資糧，勤修三福淨業。

第二階段

* 參話頭，參公案。
* 開悟明心，一片悟境。
* 鍛鍊功夫求見佛性。
* 眼見佛性〈餘五根亦如是〉親見世界如幻，成就如幻觀。
* 學習禪門差別智。
* 深入第一義經典。
* 修除性障及隨分修學禪定。
* 修證十行位陽焰觀。

第三階段

* 學一切種智真實正理—楞伽經、解深密經、成唯識論…。
* 參究末後句。
* 解悟末後句。
* 透牢關—親自體驗所悟末後句境界，親見實相，無得無失。
* 救護一切衆生迴向正道。護持了義正法，修證十迴向位如夢觀。
* 發十無盡願，修習百法明門，親證猶如鏡像現觀。
* 修除五蓋，發起禪定。持一切善法戒。親證猶如光影現觀。
* 進修四禪八定、四無量心、五神通。進修大乘種智，求證猶如谷響現觀。

佛菩提二主要道次第概要表——二道並修，以外無別佛法

佛菩提道——大菩提道

遠波羅蜜多

十信位修集信心——一劫乃至一萬劫

資糧位

初住位修集布施功德（以財施爲主）。

二住位修集持戒功德。

三住位修集忍辱功德。

四住位修集精進功德。

五住位修集禪定功德。

六住位修集般若功德（熏習般若中觀及斷我見，加行位也）。

（外門廣修六度萬行）

見道位

七住位明心般若正觀現前，親證本來自性清淨涅槃。

八住位於一切法現觀般若中道。漸除性障。

十住位眼見佛性，世界如幻觀成就。

一至十行位，於廣行六度萬行中，依般若中道慧，現觀陰處界猶如陽焰，至第十行滿心位，陽焰觀成就。

一至十迴向位熏習一切種智；修除性障，唯留最後一分思惑不斷。第十迴向滿心位成就菩薩道如夢觀。

（內門廣修六度萬行）

初地：第十迴向位滿心時，成就道種智一分（八識心王一一親證後，領受五法、三自性、七種第一義、七種性自性、二種無我法）復由勇發十無盡願，成通達位菩薩。復又永伏性障而不具斷，能證慧解脫而不取證，由大願故留惑潤生。此地主修法施波羅蜜多及百法明門。證「猶如鏡像」現觀，故滿初地心。

二地：初地功德滿足以後，再成就道種智一分而入二地；主修戒波羅蜜多及一切種智。滿心位成就「猶如光影」現觀，戒行自然清淨。

解脫道：二乘菩提

→ 斷三縛結，成初果解脫

→ 薄貪瞋癡，成二果解脫

→ 斷五下分結，成三果解脫

入地前的四加行令煩惱障現行悉斷，成四果解脫，留惑潤生。分段生死已斷，煩惱障習氣種子開始斷除，兼斷無始無明上煩惱。

近波羅蜜多　　大波羅蜜多　　圓滿波羅蜜多

修道位　　究竟位

心、五神通。能成就俱解脫果而不取證，留惑潤生。滿心位成就「猶如谷響」現觀及無漏妙定意生身。

四地：由三地再證道種智一分故入四地。主修精進波羅蜜多，於此土及他方世界廣度有緣，無有疲倦。進修一切種智，滿心位成就「如水中月」現觀。

五地：由四地再證道種智一分故入五地。主修禪定波羅蜜多及一切種智，斷除下乘涅槃貪。滿心位成就「變化所成」現觀。

六地：由五地再證道種智一分故入六地。此地主修般若波羅蜜多——依道種智現觀十二因緣一一有支及意生身化身，皆自心眞如變化所現，「非有似有」，成就細相觀，不由加行而自然證得滅盡定，成俱解脫大乘無學。

七地：由六地「非有似有」現觀，再證道種智一分故入七地。此地主修一切種智及方便波羅蜜多，由重觀十二有支一一支中之流轉門及還滅門一切細相，成就方便善巧，念念隨入滅盡定。滿心位證得「如犍闥婆城」現觀。

八地：由七地極細相觀成就故再證道種智一分而入八地。此地主修一切種智及願波羅蜜多。至滿心位純無相觀任運恆起，故於相土自在，滿心位復證「如實覺知諸法相意生身」故。

九地：由八地再證道種智一分故入九地。主修力波羅蜜多及一切種智，成就四無礙，滿心位證得「種類俱生無行作意生身」。

十地：由九地再證道種智一分故入此地。此地主修一切種智——智波羅蜜多。滿心位起大法智雲，及現起大法智雲所含藏種種功德，成受職菩薩。

等覺：由十地道種智成就故入此地。此地應修一切種智，圓滿等覺地無生法忍；於百劫中修集極廣大福德，以之圓滿三十二大人相及無量隨形好。

妙覺：示現受生人間已斷盡煩惱障一切習氣種子，並斷盡所知障一切隨眠，永斷變易生死無明，成就大般涅槃，四智圓明。人間捨壽後，報身常住色究竟天利樂十方地上菩薩；以諸化身利樂有情，永無盡期，成就究竟佛道。

七地滿心斷除故意保留之最後一分思惑時，煩惱障所攝色、受、想三陰有漏習氣種子全部斷盡。

煩惱障所攝行、識二陰無漏習氣種子任運漸斷，所知障所攝上煩惱任運漸斷。

斷盡變易生死
成就大般涅槃

圓滿成就究竟佛果

佛子蕭平實　謹製
（二〇〇九、〇二　修訂）
（二〇一二、〇二　增補）

佛教正覺同修會 共修現況 及 招生公告　2016/1/16

一、共修現況：（請在共修時間來電，以免無人接聽。）

台北正覺講堂 103 台北市承德路三段 277 號九樓 捷運淡水線圓山站旁
Tel..總機 02-25957295（晚上）（分機：九樓辦公室 10、11；知客櫃檯 12、13。 十樓知客櫃檯 15、16；書局櫃檯 14。 五樓辦公室 18；知客櫃檯 19。二樓辦公室 20；知客櫃檯 21。）
Fax..25954493

第一講堂　台北市承德路三段 277 號九樓

禪淨班：週一晚上班、週三晚上班、週四晚上班、週五晚上班、週六下午班、週六上午班（皆須報名建立學籍後始可參加共修，欲報名者詳見本公告末頁）

增上班：**瑜伽師地論詳解**：每月第一、三、五週之週末 17.50～20.50 平實導師講解（僅限已明心之會員參加）

禪門差別智：每月第一週日全天　平實導師主講（事冗暫停）。

佛藏經詳解　平實導師主講。已於 2013/12/17 開講，歡迎已發成佛大願的菩薩種性學人，攜眷共同參與此殊勝法會聽講。詳解 釋迦世尊於《佛藏經》中所開示的眞實義理，更爲今時後世佛子四眾，闡述佛陀演說此經的本懷。眞實尋求佛菩提道的有緣佛子，親承聽聞如是勝妙開示，當能如實理解經中義理，亦能了知於大乘法中：如何是諸法實相？善知識、惡知識要如何簡擇？如何才是清淨持戒？如何才能清淨說法？於此末法之世，眾生五濁益重，不知佛、不解法、不識僧，唯見表相，不信眞實，貪著五欲，諸方大師不淨說法，各各將導大量徒眾趣入三塗，如是師徒俱堪憐憫。是故，平實導師以大慈悲心，用淺白易懂之語句，佐以實例、譬喻而爲演說，普令聞者易解佛意，皆得契入佛法正道，如實了知佛法大藏。

此經中，對於實相念佛多所著墨，亦指出念佛要點：以實相爲依，念佛者應依止淨戒、依止清淨僧寶，捨離違犯重戒之師僧，應受學清淨之法，遠離邪見。本經是現代佛門大法師所厭惡之經典：一者由於大法師們已全都落入意識境界而無法親證實相，故於此經中所說實相全無所知，都不樂有人聞此經名，以免讀後提出問疑時無法回答；二者現代大乘佛法地區，已經普被藏密喇嘛教滲透，許多有名之大法師們大多已曾或繼續在修練雙身法，都已失去聲聞戒體及菩薩戒體，成爲地獄種姓人，已非眞正出家之人，本質只是身著僧衣而住在寺院中的世俗人。這些人對於此經都是讀不懂的，也是極爲厭惡的；他們尚不樂見此經之印行，何況流通與講解？今爲救護廣大學佛人，兼欲護持佛教血脈永續常傳，特選此經宣講之。每逢週二 18.50~20.50 開示，不限制聽講資格。會外人士需憑身分證件換證入內聽講（此是大樓管理處之安全規定，敬請見諒）。桃園、台中、台南、高雄等地講堂，亦於每週二晚上播放平實導師所講本經之 DVD，不必出示身分證件即可入內聽講，歡迎各地善信同霑法益。

第二講堂 台北市承德路三段 267 號十樓。

禪淨班：週一晚上班、週六下午班。

進階班：週三晚上班、週四晚上班、週五晚上班（禪淨班結業後轉入共修）。

佛藏經詳解：平實導師講解。每週二 18.50~20.50（影像音聲即時傳輸）。本會學員憑上課證進入聽講，會外學人請以身分證件換證進入聽講（此為大樓管理處安全管理規定之要求，敬請諒解）。

第三講堂 台北市承德路三段 277 號五樓。

進階班：週一晚上班、週三晚上班、週四晚上班、週五晚上班。

佛藏經詳解：平實導師講解。每週二 18.50~20.50（影像音聲即時傳輸）。本會學員憑上課證進入聽講，會外學人請以身分證件換證進入聽講（此為大樓管理處安全管理規定之要求，敬請諒解）。

第四講堂 台北市承德路三段 267 號二樓。

進階班：週一晚上班、週三晚上班、週四晚上班、週五晚上班（禪淨班結業後轉入共修）。

佛藏經詳解：平實導師講解。每週二 18.50~20.50（影像音聲即時傳輸）。本會學員憑上課證進入聽講，會外學人請以身分證件換證進入聽講（此為大樓管理處安全管理規定之要求，敬請諒解）。

第五、第六講堂 為**開放式講堂**，不需以身分證件換證即可進入聽講，台北市承德路三段 267 號地下一樓、地下二樓。已規劃整修完成，每逢週二晚上講經時段開放給會外人士自由聽經，請由大樓側面梯階逕行進入聽講。**聽講者請尊重講者的著作權及肖像權，請勿錄音錄影，以免違法；若有錄音錄影被查獲者，將依法處理。**

正覺祖師堂 大溪鎮美華里信義路 650 巷坑底 5 之 6 號（台 3 號省道 34 公里處 妙法寺對面斜坡道進入）電話 03-3886110 傳眞 03-3881692 本堂供奉 克勤圓悟大師，專供會員每年四月、十月各二次精進禪三共修，兼作本會出家菩薩掛單常住之用。除禪三時間以外，每逢單月第一週之週日 9:00~17:00 開放會內、外人士參訪，當天並提供午齋結緣。教內共修團體或道場，得另申請其餘時間作團體參訪，務請事先與常住確定日期，以便安排常住菩薩接引導覽，亦免妨礙常住菩薩之日常作息及修行。

桃園正覺講堂（第一、第二講堂）：桃園市介壽路 286、288 號 10 樓（陽明運動公園對面）電話：03-3749363（請於共修時聯繫，或與台北聯繫）

禪淨班：週一晚上班、週三晚上班、週四晚上班、週五晚上班。

進階班：週六上午班、週五晚上班。

佛藏經詳解：平實導師講解。每週二晚上，以台北正覺講堂所錄 DVD 放映；歡迎會外學人共同聽講，不需出示身分證件。

新竹正覺講堂 新竹市東光路 55 號二樓之一　電話 03-5724297（晚上）

第一講堂：

禪淨班：週一晚上班、週五晚上班、週六上午班。

進階班：週三晚上班、週四晚上班（由禪淨班結業後轉入共修）。

佛藏經詳解：平實導師講解。每週二晚上，以台北正覺講堂所錄 DVD 放映。歡迎會外學人共同聽講，不需出示身分證件。

第二講堂：

禪淨班：週三晚上班、週四晚上班。

佛藏經詳解：每週二晚上與第一講堂同時播放佛藏經詳解 DVD。

台中正覺講堂 04-23816090（晚上）

第一講堂 台中市南屯區五權西路二段 666 號 13 樓之四（國泰世華銀行樓上。鄰近縣市經第一高速公路前來者，由五權西路交流道可以快速到達，大樓旁有停車場，對面有素食館）。

禪淨班：週三晚上班、週四晚上班。

進階班：週一晚上班、週六上午班（由禪淨班結業後轉入共修）。

增上班：單週週末以台北增上班課程錄成 DVD 放映之，限已明心之會員參加。

佛藏經詳解：平實導師講解。每週二晚上，以台北正覺講堂所錄 DVD 放映。歡迎會外學人共同聽講，不需出示身分證件。

第二講堂 台中市南屯區五權西路二段 666 號 4 樓

禪淨班：週一晚上班、週三晚上班、週六上午班。

進階班：週五晚上班（由禪淨班結業後轉入共修）。

佛藏經詳解：每週二晚上與第一講堂同時播放佛藏經詳解 DVD。

第三講堂、第四講堂：台中市南屯區五權西路二段 666 號 4 樓。

嘉義正覺講堂 嘉義市友愛路 288 號八樓之一　電話：05-2318228

第一講堂：

禪淨班：週一晚上班、週四晚上班、週五晚上班。

進階班：週三晚上班（由禪淨班結業後轉入共修）。

佛藏經詳解：平實導師講解。每週二晚上，以台北正覺講堂所錄 DVD 放映。歡迎會外學人共同聽講，不需出示身分證件。

第二講堂 嘉義市友愛路 288 號八樓之二。

台南正覺講堂

第一講堂 台南市西門路四段 15 號 4 樓。06-2820541（晚上）

禪淨班：週一晚上班、週三晚上班、週四晚上班、週五晚上班、週六下午班。

增上班：單週週末下午，以台北增上班課程錄成 DVD 放映之，限已明心之會員參加。

佛藏經詳解：平實導師講解。每週二晚上，以台北正覺講堂所錄 DVD 放映。歡迎會外學人共同聽講，不需出示身分證件。

第二講堂　台南市西門路四段 15 號 3 樓。

佛藏經詳解：每週二晚上與第一講堂同時播放佛藏經詳解 DVD。

第三講堂　台南市西門路四段 15 號 3 樓。

進階班：週三晚上班、週四晚上班、週六上午班（由禪淨班結業後轉入共修）。

佛藏經詳解：每週二晚上與第一講堂同時播放佛藏經詳解 DVD。

高雄正覺講堂　高雄市新興區中正三路 45 號五樓 07-2234248（晚上）

第一講堂（五樓）：

禪淨班：週一晚上班、週三晚上班、週四晚上班、週五晚上班、週六上午班。

增上班：單週週末下午，以台北增上班課程錄成 DVD 放映之，限已明心之會員參加。

佛藏經詳解：平實導師講解。每週二晚上，以台北正覺講堂所錄 DVD 放映。歡迎會外學人共同聽講，不需出示身分證件。

第二講堂（四樓）：

進階班：週三晚上班、週四晚上班、週六上午班（由禪淨班結業後轉入共修）。

佛藏經詳解：每週二晚上與第一講堂同時播放佛藏經詳解 DVD。

第三講堂（三樓）：

進階班：週四晚上班（由禪淨班結業後轉入共修）。

香港正覺講堂　**☆已遷移新址☆**

九龍觀塘，成業街 10 號，電訊一代廣場 27 樓 E 室。

（觀塘地鐵站 B1 出口，步行約 4 分鐘）。電話：(852) 23262231

英文地址：Unit E, 27th Floor, TG Place, 10 Shing Yip Street, Kwun Tong, Kowloon

禪淨班：雙週六下午班 14:30-17:30，已經額滿。
雙週日下午班 14:30-17:30，2016 年 4 月底前尚可報名。

進階班：雙週五晚上班（由禪淨班結業後轉入共修）。

增上班：單週週末上午，以台北增上班課程錄成 DVD 放映之，限已明心之會員參加。

妙法蓮華經詳解：平實導師講解。雙週六 19:00-21:00，以台北正覺講堂所錄 DVD 放映；歡迎會外學人共同聽講，不需出示身分證件。

美國洛杉磯正覺講堂　☆已遷移新址☆

825 S. Lemon Ave Diamond Bar, CA 91798 U.S.A.

Tel. (909) 595-5222（請於週六 9:00~18:00 之間聯繫）

Cell. (626) 454-0607

禪淨班：每逢週末 15：30~17：30 上課。

進階班：每逢週末上午 10：00~12：00 上課。

佛藏經詳解：平實導師講解。每週六下午 13：00~15：00，以台北正覺講堂所錄 DVD 放映。歡迎各界人士共享第一義諦無上法益，不需報名。

二、招生公告　本會台北講堂及全省各講堂，每逢四月、十月下旬開新班，每週共修一次（每次二小時。開課日起三個月內仍可插班）；但美國洛杉磯共修處之禪淨班得隨時插班共修。各班共修期間皆爲二年半，欲參加者請向本會函索報名表（各共修處皆於共修時間方有人執事，非共修時間請勿電詢或前來洽詢、請書），或直接從本會官方網站(http://www.enlighten.org.tw/newsflash/class)或成佛之道網站下載報名表。共修期滿時，若經報名禪三審核通過者，可參加四天三夜之禪三精進共修，有機會明心、取證如來藏，發起般若實相智慧，成爲實義菩薩，脫離凡夫菩薩位。

三、新春禮佛祈福　農曆年假期間停止共修：自農曆新年前七天起停止共修與弘法，正月 8 日起回復共修、弘法事務。新春期間正月初一～初七 9.00～17.00 開放台北講堂、正月初一~初三開放新竹講堂、台中講堂、台南講堂、高雄講堂，以及大溪禪三道場（正覺祖師堂），方便會員供佛、祈福及會外人士請書。美國洛杉磯共修處之休假時間，請逕詢該共修處。

密宗四大派修雙身法，是外道性力派的邪法；又以生滅的識陰作為常住法，是常見外道，是假的藏傳佛教。

西藏覺囊巴以他空見弘揚第八識如來藏勝法，才是真藏傳佛教

佛教正覺同修會　弘法行事表　　2017/03/31

1、**禪淨班**　以無相念佛及拜佛方式修習動中定力，實證一心不亂功夫。傳授解脫道正理及第一義諦佛法，以及參禪知見。共修期間：二年六個月。每逢四月、十月開新班，詳見招生公告表。

2、**《佛藏經》**詳解　　平實導師主講。已於 2013/12/17 開講，歡迎已發成佛大願的菩薩種性學人，攜眷共同參與此殊勝法會聽講。詳解 釋迦世尊於《佛藏經》中所開示的眞實義理，更爲今時後世佛子四眾，闡述 佛陀演說此經的本懷。眞實尋求佛菩提道的有緣佛子，親承聽聞如是勝妙開示，當能如實理解經中義理，亦能了知於大乘法中：如何是諸法實相？善知識、惡知識要如何簡擇？如何才是清淨持戒？如何才能清淨說法？於此末法之世，眾生五濁益重，不知佛、不解法、不識僧，唯見表相，不信眞實，貪著五欲，諸方大師不淨說法，各各將導大量徒眾趣入三塗，如是師徒俱堪憐憫。是故，平實導師以大慈悲心，用淺白易懂之語句，佐以實例、譬喻而爲演說，普令聞者易解佛意，皆得契入佛法正道，如實了知佛法大藏。每逢週二 18.50~20.50 開示，不限制聽講資格。會外人士需憑身分證件換證入內聽講（此是大樓管理處之安全規定，敬請見諒）。桃園、新竹、台中、台南、高雄等地講堂，亦於每週二晚上播放平實導師講經之 DVD，不必出示身分證件即可入內聽講，歡迎各地善信同霑法益。

有某道場專弘淨土法門數十年，於教導信徒研讀《佛藏經》時，往往告誡信徒曰：「**後半部不許閱讀。**」由此緣故坐令信徒失去提升念佛層次之機緣，師徒只能低品位往生淨土，令人深覺愚癡無智。由有多人建議故，平實導師開始宣講《佛藏經》，藉以轉易如是邪見，並提升念佛人之知見與往生品位。此經中，對於實相念佛多所著墨，亦指出念佛要點：**以實相爲依，念佛者應依止淨戒、依止清淨僧寶，捨離違犯重戒之師僧，應受學清淨之法，遠離邪見。**本經是現代佛門大法師所厭惡之經典：**一者由於大法師們已全都落入意識境界而無法親證實相，故於此經中所說實相全無所知，都不樂有人聞此經名，以免讀後提出問疑時無法回答；二者現代大乘佛法地區，已經普被藏密喇嘛教滲透，許多有名之大法師們大多已曾或繼續在修練雙身法，都已失去聲聞戒體及菩薩戒體，成爲地獄種姓人，已非眞正出家之人，本質上只是身著僧衣而住在寺院中的世俗人。**這些人對於此經都是讀不懂的，也是極爲厭惡的；他們尚不樂見此經之印行，何況流通與講解？今爲救護廣大學佛人，兼欲護持佛教血脈永續常傳，特選此經宣講之，主講者平實導師。

3、**瑜伽師地論**詳解　詳解論中所言凡夫地至佛地等 17 師之修證境界與理論，從凡夫地、聲聞地……宣演到諸地所證一切種智之眞實正理。由平實導師開講，每逢一、三、五週之週末晚上開示，僅限已明心之會員參加。

4、**精進禪三**　主三和尚：平實導師。於四天三夜中，以克勤圓悟大師及大慧宗杲之禪風，施設機鋒與小參、公案密意之開示，幫助會員剋期取證，親證不生不滅之眞實心——人人本有之如來藏。每年四月、十月各舉辦二個梯次；平實導師主持。僅限本會會員參加禪淨班共修期滿，報名審核通過者，方可參加。並選擇會中定力、慧力、福德三條件皆已具足之已明心會員，給以指引，令得眼見自己無形無相之佛性遍佈山河大地，眞實而無障礙，得以肉眼現觀世界身心悉皆如幻，具足成就如幻觀，圓滿十住菩薩之證境。

5、**大法鼓經**詳解　詳解末法時代大乘佛法修行之道。佛教正法消毒妙藥塗於大鼓而以擊之，凡有眾生聞之者，一切邪見鉅毒悉皆消殞；此經即是大法鼓之正義，凡聞之者，所有邪見之毒悉皆滅除，見道不難；亦能發起菩薩無量功德，是故諸大菩薩遠從諸方佛土來此娑婆聞修此經。

本經破「有」而顯涅槃，以此名爲眞法；若墮在「有」中，皆名「非法」；若人如是宣揚佛法，名爲擊大法鼓；如是依「法」而捨「非法」，據以建立山門而爲眾說法，方可名爲法鼓山。此經中說，以「此經」爲菩薩道之本，以證得「此經」之正知見及法門作爲度人之「法」，方名眞實佛法，否則盡名「非法」。本經中對法與非法、有與涅槃，有深入之闡釋，歡迎教界一切善信（不論初機或久學菩薩），一同親沐 如來聖教，共沾法喜。由平實導師詳解。不限制聽講資格。

6、**不退轉法輪經**詳解　本經所說妙法極爲甚深難解，時至末法，已然無有知者；而其甚深絕妙之法，流傳至今依舊多人可證，顯示佛學眞是義學而非玄談，其中甚深極妙令人拍案稱絕之第一義諦妙義，平實導師將會加以解說。待《大法鼓經》宣講完畢時繼續宣講此經。

7、**阿含經**詳解　選擇重要之阿含部經典，依無餘涅槃之實際而加以詳解，令大眾得以現觀諸法緣起性空，亦復不墮斷滅見中，顯示經中所隱說之涅槃實際—如來藏—確實已於四阿含中隱說；令大眾得以聞後觀行，確實斷除我見乃至我執，證得**見到**眞現觀，乃至**身證**……等眞現觀；已得大乘或二乘見道者，亦可由此聞熏及聞後之觀行，除斷我所之貪著，成就慧解脫果。由平實導師詳解。不限制聽講資格。

8、**解深密經**詳解　重講本經之目的，在於令諸已悟之人明解大乘法道之成佛次第，以及悟後進修一切種智之內涵，確實證知三種自性性，並得據此證解七眞如、十眞如等正理。每逢週二 18.50~20.50 開示，由平實導師詳解。將於《大法鼓經》講畢後開講。不限制聽講資格。

9、**成唯識論**詳解　詳解一切種智眞實正理，詳細剖析一切種智之微細深妙廣大正理；並加以舉例說明，使已悟之會員深入體驗所證如來藏之微密行相；及證驗見分相分與所生一切法，皆由如來藏—阿賴耶識—直接或展轉而生，因此證知一切法無我，證知無餘涅槃之本際。將於增上班《瑜伽師地論》講畢後，由平實導師重講。僅限已明心之會員參加。

10、**精選如來藏系經典**詳解　精選如來藏系經典一部，詳細解說，以此完全印證會員所悟如來藏之眞實，得入不退轉住。另行擇期詳細解說之，由平實導師講解。僅限已明心之會員參加。

11、**禪門差別智**　藉禪宗公案之微細淆訛難知難解之處，加以宣說及剖析，以增進明心、見性之功德，啓發差別智，建立擇法眼。每月第一週日全天，由平實導師開示，僅限破參明心後，復又眼見佛性者參加（事冗暫停）。

12、**枯木禪**　先講智者大師的《小止觀》，後說《釋禪波羅蜜》，詳解四禪八定之修證理論與實修方法，細述一般學人修定之邪見與岔路，及對禪定證境之誤會，消除枉用功夫、浪費生命之現象。已悟般若者，可以藉此而實修初禪，進入大乘通教及聲聞教的三果心解脫境界，配合應有的大福德及後得無分別智、十無盡願，即可進入初地心中。親教師：平實導師。未來緣熟時將於大溪正覺寺開講。不限制聽講資格。

註：本會例行年假，自 2004 年起，改爲每年農曆新年前七天開始停息弘法事務及共修課程，農曆正月 8 日回復所有共修及弘法事務。新春期間（每日 9.00~17.00）開放台北講堂，方便會員禮佛祈福及會外人士請書。大溪區的正覺祖師堂，開放參訪時間，詳見〈正覺電子報〉或成佛之道網站。本表得因時節因緣需要而隨時修改之，不另作通知。

佛教正覺同修會　贈閱書籍 目錄　2015/09/29

1.**無相念佛**　平實導師著　回郵 10 元
2.**念佛三昧修學次第**　平實導師述著　回郵 25 元
3.**正法眼藏—護法集**　平實導師述著　回郵 35 元
4.**真假開悟簡易辨正法＆佛子之省思**　平實導師著　回郵 3.5 元
5.**生命實相之辨正**　平實導師著　回郵 10 元
6.**如何契入念佛法門**（附：印順法師否定極樂世界）平實導師著　回郵 3.5 元
7.**平實書箋**—答元覽居士書　平實導師著　回郵 35 元
8.**三乘唯識**—如來藏系經律彙編　平實導師編　回郵 80 元
（精裝本　長 27 ㎝　寬 21 ㎝　高 7.5 ㎝　重 2.8 公斤）
9.**三時繫念全集**—修正本　回郵掛號 40 元（長 26.5 ㎝×寬 19 ㎝）
10.**明心與初地**　平實導師述　回郵 3.5 元
11.**邪見與佛法**　平實導師述著　回郵 20 元
12.**菩薩正道**—回應義雲高、釋性圓…等外道之邪見　正燦居士著 回郵 20 元
13.**甘露法雨**　平實導師述　回郵 20 元
14.**我與無我**　平實導師述　回郵 20 元
15.**學佛之心態**—修正錯誤之學佛心態始能與正法相應　孫正德老師著 回郵35元
附錄：平實導師著**《略說八、九識並存…等之過失》**
16.**大乘無我觀**—《悟前與悟後》別說　平實導師述著　回郵 20 元
17.**佛教之危機**—中國台灣地區現代佛教之真相（附錄：公案拈提六則）
平實導師著　回郵 25 元
18.**燈　影**—燈下黑（覆「求教後學」來函等）　平實導師著　回郵 35 元
19.**護法與毀法**—覆上平居士與徐恒志居士網站毀法二文
張正圜老師著　回郵 35 元
20.**淨土聖道**—兼評選擇本願念佛　正德老師著　由正覺同修會購贈　回郵 25 元
21.**辨唯識性相**—對「紫蓮心海《辯唯識性相》書中否定阿賴耶識」之回應
正覺同修會 台南共修處法義組 著　回郵 25 元
22.**假如來藏**—對法蓮法師《如來藏與阿賴耶識》書中否定阿賴耶識之回應
正覺同修會 台南共修處法義組 著　回郵 35 元
23.**入不二門**—公案拈提集錦 第一輯（於平實導師公案拈提諸書中選錄約二十則，
合輯為一冊流通之）平實導師著　回郵 20 元
24.**真假邪說**—西藏密宗索達吉喇嘛《破除邪說論》真是邪說
釋正安法師著　回郵 35 元
25.**真假開悟**—真如、如來藏、阿賴耶識間之關係　平實導師述著　回郵 35 元
26.**真假禪和**—辨正釋傳聖之謗法謬說　孫正德老師著　回郵 30 元

27.**眼見佛性**—駁慧廣法師眼見佛性的含義文中謬說

游正光老師著　回郵 25 元

28.**普門自在**—公案拈提集錦 第二輯（於平實導師公案拈提諸書中選錄約二十則，合輯爲一冊流通之）平實導師著　回郵 25 元

29.**印順法師的悲哀**—以現代禪的質疑為線索　恒毓博士著　回郵 25 元

30.**識蘊真義**—現觀識蘊內涵、取證初果、親斷三縛結之具體行門。

—依《成唯識論》及《惟識述記》正義，略顯安慧《大乘廣五蘊論》之邪謬

平實導師著　回郵 35 元

31.**正覺電子報** 各期紙版本　免附回郵　每次最多函索三期或三本。

（已無存書之較早各期，不另增印贈閱）

32.**現代人應有的宗教觀**　蔡正禮老師 著　回郵3.5元

33.**遠惑趣道**—正覺電子報般若信箱問答錄　第一輯　回郵20元

34.**遠惑趣道**—正覺電子報般若信箱問答錄　第二輯　回郵20元

35.**確保您的權益**—器官捐贈應注意自我保護　游正光老師 著　回郵10元

36.**正覺教團電視弘法三乘菩提 DVD 光碟 (一)**

由正覺教團多位親教師共同講述錄製 DVD 8 片，MP3 一片，共 9 片。有二大講題：一爲「三乘菩提之意涵」，二爲「學佛的正知見」。內容精闢，深入淺出，精彩絕倫，幫助大眾快速建立三乘法道的正知見，免被外道邪見所誤導。有志修學三乘佛法之學人不可不看。（製作工本費 100 元，回郵 25 元）

37.**正覺教團電視弘法 DVD 專輯 (二)**

總有二大講題：一爲「三乘菩提之念佛法門」，一爲「學佛正知見（第二篇）」，由正覺教團多位親教師輪番講述，內容詳細闡述如何修學念佛法門、實證念佛三昧，以及學佛應具有的正確知見，可以幫助發願往生西方極樂淨土之學人，得以把握往生，更可令學人快速建立三乘法道的正知見，免於被外道邪見所誤導。有志修學三乘佛法之學人不可不看。（一套 17 片，工本費 160 元。回郵 35 元）

38.**佛藏經** 燙金精裝本 每冊回郵 20 元。正修佛法之道場欲大量索取者，請正式發函並蓋用大印寄來索取（2008.04.30 起開始敬贈）

39.**喇嘛性世界**—揭開假藏傳佛教譚崔瑜伽的面紗　張善思 等人合著

由正覺同修會購贈　回郵 20 元

40.**假藏傳佛教的神話**—性、謊言、喇嘛教　張正玄教授編著　回郵 20 元

由正覺同修會購贈　回郵 20 元

41.**隨 緣**—理隨緣與事隨緣　平實導師述　回郵 20 元。

42.**學佛的覺醒**　正枝居士 著　回郵 25 元

43.**導師之真實義**　蔡正禮老師 著　回郵 10 元

44.**淺談達賴喇嘛之雙身法**—兼論解讀「密續」之達文西密碼

吳明芷居士 著　回郵 10 元

45.**魔界轉世**　張正玄居士 著　回郵 10 元

46.**一貫道與開悟**　蔡正禮老師 著　回郵 10 元

47.**博愛**—愛盡天下女人　正覺教育基金會 編印　回郵 10 元

48.**意識虛妄經教彙編**—實證解脫道的關鍵經文　正覺同修會編印　回郵25元

49.**邪箭囈語**—破斥藏密外道多識仁波切《破魔金剛箭雨論》之邪說

陸正元老師著　上、下冊回郵各 30 元

50.**真假沙門**—依 佛聖教闡釋佛教僧寶之定義

蔡正禮老師著　俟正覺電子報連載後結集出版

51.**真假禪宗**—藉評論釋性廣《印順導師對變質禪法之批判

及對禪宗之肯定》以顯示真假禪宗

附論一：凡夫知見 無助於佛法之信解行證

附論二：世間與出世間一切法皆從如來藏實際而生而顯

余正偉老師著　俟正覺電子報連載後結集出版　回郵未定

52.**假鋒虛焰金剛乘**—揭示顯密正理，兼破索達吉師徒《般若鋒兮金剛焰》。

釋正安 法師著　俟正覺電子報連載後結集出版

★ 上列贈書之郵資，係台灣本島地區郵資，大陸、港、澳地區及外國地區，請另計酌增（大陸、港、澳、國外地區之郵票不許通用）。尚未出版之書，請勿先寄來郵資，以免增加作業煩擾。

★ 本目錄若有變動，唯於後印之書籍及「成佛之道」網站上修正公佈之，不另行個別通知。

函索書籍請寄：佛教正覺同修會　103 台北市承德路 3 段 277 號 9 樓

台灣地區函索書籍者請附寄郵票，無時間購買郵票者可以等值現金抵用，但不接受郵政劃撥、支票、匯票。大陸地區得以人民幣計算，國外地區請以美元計算（請勿寄來當地郵票，在台灣地區不能使用）。欲以掛號寄遞者，請另附掛號郵資。

親自索閱：正覺同修會各共修處。　★請於共修時間前往取書，餘時無人在道場，請勿前往索取；共修時間與地點，詳見書末正覺同修會共修現況表（以近期之共修現況表爲準）。

註：正智出版社發售之局版書，請向各大書局購閱。若書局之書架上已經售出而無陳列者，請向書局櫃台指定洽購；若書局不便代購者，請於正覺同修會共修時間前往各共修處請購，正智出版社已派人於共修時間送書前往各共修處流通。 郵政劃撥購書及 大陸地區 購書，請詳別頁正智出版社發售書籍目錄最後頁之說明。

成佛之道 網站：http://www.a202.idv.tw　正覺同修會已出版之結緣書籍，多已登載於 成佛之道 網站，若住外國、或住處遙遠，不便取得正覺同修會贈閱書籍者，可以從本網站閱讀及下載。　書局版之《宗通與說通》亦已上網，台灣讀者可向書局洽購，售價 300 元。《狂密與眞密》第一輯~第四輯，亦於 2003.5.1.全部於本網站登載完畢；台灣地區讀者請向書局洽購，每輯約 400 頁，售價 300 元（網站下載紙張費用較貴，容易散失，難以保存，亦較不精美）。

＊＊假藏傳佛教修雙身法，非佛教＊＊

正智出版社 籌募弘法基金發售書籍目錄 2017/04/22

1.**宗門正眼**—公案拈提 第一輯 重拈　平實導師著　500 元
因重寫內容大幅度增加故，字體必須改小，並增爲 576 頁 主文 546 頁。比初版更精彩、更有內容。初版《禪門摩尼寶聚》之讀者，可寄回本公司免費調換新版書。免附回郵，亦無截止期限。（2007 年起，每冊附贈本公司精製公案拈提〈超意境〉CD 一片。市售價格 280 元，多購多贈。）

2.**禪淨圓融**　平實導師著　200 元（第一版舊書可換新版書。）

3.**真實如來藏**　平實導師著　400 元

4.**禪—悟前與悟後**　平實導師著　上、下冊，每冊 250 元

5.**宗門法眼**—公案拈提 第二輯　平實導師著　500 元
（2007 年起，每冊附贈本公司精製公案拈提〈超意境〉CD 一片）

6.**楞伽經詳解**　平實導師著　全套共 10 輯　每輯 250 元

7.**宗門道眼**—公案拈提 第三輯　平實導師著　500 元
（2007 年起，每冊附贈本公司精製公案拈提〈超意境〉CD 一片）

8.**宗門血脈**—公案拈提 第四輯　平實導師著　500 元
（2007 年起，每冊附贈本公司精製公案拈提〈超意境〉CD 一片）

9.**宗通與說通**—成佛之道 平實導師著 主文 381 頁 全書 400 頁售價 300 元

10.**宗門正道**—公案拈提 第五輯　平實導師著　500 元
（2007 年起，每冊附贈本公司精製公案拈提〈超意境〉CD 一片）

11.**狂密與真密** 一～四輯　平實導師著　西藏密宗是人間最邪淫的宗教，本質不是佛教，只是披著佛教外衣的印度教性力派流毒的喇嘛教。此書中將西藏密宗密傳之男女雙身合修樂空雙運所有祕密與修法，毫無保留完全公開，並將全部喇嘛們所不知道的部分也一併公開。內容比大辣出版社喧騰一時的《西藏慾經》更詳細。並且函蓋藏密的所有祕密及其錯誤的中觀見、如來藏見……等，藏密的所有法義都在書中詳述、分析、辨正。每輯主文三百餘頁　每輯全書約 400 頁　售價每輯 300 元

12.**宗門正義**—公案拈提 第六輯　平實導師著　500 元
（2007 年起，每冊附贈本公司精製公案拈提〈超意境〉CD 一片）

13.**心經密意**—心經與解脫道、佛菩提道、祖師公案之關係與密意　平實導師述　300 元

14.**宗門密意**—公案拈提 第七輯　平實導師著　500 元
（2007 年起，每冊附贈本公司精製公案拈提〈超意境〉CD 一片）

15.**淨土聖道**—兼評「選擇本願念佛」　正德老師著　200 元

16.**起信論講記**　平實導師述著　共六輯　每輯三百餘頁　售價各 250 元

17.**優婆塞戒經講記**　平實導師述著 共八輯 每輯三百餘頁 售價各 250 元

18.**真假活佛**—略論附佛外道盧勝彥之邪說（對前岳靈犀網站主張「盧勝彥是證悟者」之修正）　正犀居士（岳靈犀）著　流通價 140 元

19.**阿含正義**—唯識學探源　平實導師著　共七輯　每輯 300 元

20.**超意境** CD 以平實導師公案拈提書中超越意境之頌詞，加上曲風優美的旋律，錄成令人嚮往的超意境歌曲，其中包括正覺發願文及平實導師親自譜成的黃梅調歌曲一首。詞曲雋永，殊堪翫味，可供學禪者吟詠，有助於見道。內附設計精美的彩色小冊，解說每一首詞的背景本事。每片 280 元。【每購買公案拈提書籍一冊，即贈送一片。】

21.**菩薩底憂鬱** CD 將菩薩情懷及禪宗公案寫成新詞，並製作成超越意境的優美歌曲。 1.主題曲〈菩薩底憂鬱〉，描述地後菩薩能離三界生死而迴向繼續生在人間，但因尚未斷盡習氣種子而有極深沈之憂鬱，非三賢位菩薩及二乘聖者所知，此憂鬱在七地滿心位方才斷盡；本曲之詞中所說義理極深，昔來所未曾見；此曲係以優美的情歌風格寫詞及作曲，聞者得以激發嚮往諸地菩薩境界之大心，詞、曲都非常優美，難得一見；其中勝妙義理之解說，已印在附贈之彩色小冊中。 2.以各輯公案拈提中直示禪門入處之頌文，作成各種不同曲風之超意境歌曲，值得玩味、參究；聆聽公案拈提之優美歌曲時，請同時閱讀內附之印刷精美說明小冊，可以領會超越三界的證悟境界；未悟者可以因此引發求悟之意向及疑情，眞發菩提心而邁向求悟之途，乃至因此眞實悟入般若，成眞菩薩。 3.正覺總持咒新曲，總持佛法大意；總持咒之義理，已加以解說並印在隨附之小冊中。本 CD 共有十首歌曲，長達 63 分鐘。每盒各附贈二張購書優惠券。每片 280 元。

22.**禪意無限** CD 平實導師以公案拈提書中偈頌寫成不同風格曲子，與他人所寫不同風格曲子共同錄製出版，幫助參禪人進入禪門超越意識之境界。盒中附贈彩色印製的精美解說小冊，以供聆聽時閱讀，令參禪人得以發起參禪之疑情，即有機會證悟本來面目而發起實相智慧，實證大乘菩提般若，能如實證知般若經中的眞實意。本 CD 共有十首歌曲，長達 69 分鐘，每盒各附贈二張購書優惠券。每片 280 元。

23.**我的菩提路**第一輯 釋悟圓、釋善藏等人合著 售價 300 元

24.**我的菩提路**第二輯 郭正益、張志成等人合著 售價 300 元

25.**我的菩提路**第三輯 王美伶等人合著 預定 2017/6/30 發行 售價 300 元

26.**鈍鳥與靈龜**—考證後代凡夫對大慧宗杲禪師的無根誹謗。

平實導師著 共 458 頁 售價 350 元

27.**維摩詰經講記** 平實導師述 共六輯 每輯三百餘頁 售價各 250 元

28.**真假外道**—破劉東亮、杜大威、釋證嚴常見外道見 正光老師著 200 元

29.**勝鬘經講記**—兼論印順《勝鬘經講記》對於《勝鬘經》之誤解。

平實導師述 共六輯 每輯三百餘頁 售價 250 元

30.**楞嚴經講記** 平實導師述 共 15 輯，每輯三百餘頁 售價 300 元

31.**明心與眼見佛性**—駁慧廣〈蕭氏「眼見佛性」與「明心」之非〉文中謬說

正光老師著 共 448 頁 售價 300 元

32.**見性與看話頭** 黃正倖老師 著，本書是禪宗參禪的方法論。

內文 375 頁，全書 416 頁，售價 300 元。

33.**達賴真面目**—玩盡天下女人 白正偉老師 等著 中英對照彩色精裝大本 800 元
34.**喇嘛性世界**—揭開假藏傳佛教譚崔瑜伽的面紗　張善思 等人著　200 元
35.**假藏傳佛教的神話**—性、謊言、喇嘛教　正玄教授編著　200 元
36.**金剛經宗通**　平實導師述　共九輯　每輯售價 250 元。
37.**空行母**—性別、身分定位，以及藏傳佛教。
珍妮·坎貝爾著 呂艾倫 中譯 售價 250 元
38.**末代達賴**—性交教主的悲歌　張善思、呂艾倫、辛燕編著 售價 250 元
39.**霧峰無霧**—給哥哥的信　辨正釋印順對佛法的無量誤解
游宗明 老師著　售價 250 元
40.**第七意識與第八意識？**—穿越時空「超意識」
平實導師述　每冊 300 元
41.**黯淡的達賴**—失去光彩的諾貝爾和平獎
正覺教育基金會編著　每冊 250 元
42.**童女迦葉考**—論呂凱文〈佛教輪迴思想的論述分析〉之謬。
平實導師 著 定價 180 元
43.**人間佛教**—實證者必定不悖三乘菩提
平實導師 述，定價 400 元
44.**實相經宗通**　平實導師述　共八輯　每輯 250 元
45.**真心告訴您(一)**—達賴喇嘛在幹什麼？
正覺教育基金會編著　售價 250 元
46.**中觀金鑑**—詳述應成派中觀的起源與其破法本質
孫正德老師著　分為上、中、下三冊，每冊 250 元
47.**佛法入門**—迅速進入三乘佛法大門，消除久學佛法漫無方向之窘境。
○○居士著　將於正覺電子報連載後出版。售價 250 元
48.**藏傳佛教要義**—《狂密與真密》之簡體字版　平實導師 著 上、下冊
僅在大陸流通　每冊 300 元
49.**法華經講義**　平實導師述　共二十五輯　每輯 300 元
已於 2015/05/31 起開始出版，每二個月出版一輯
50.**西藏「活佛轉世」制度**—附佛、造神、世俗法
許正豐、張正玄老師合著　定價 150 元
51.**廣論三部曲**　郭正益老師著　定價 150 元
52.**真心告訴您(二)**—達賴喇嘛是佛教僧侶嗎？
—補祝達賴喇嘛八十大壽
正覺教育基金會編著　售價 300 元
53.**廣論之平議**—宗喀巴《菩提道次第廣論》之平議　正雄居士著
約二或三輯　俟正覺電子報連載後結集出版　書價未定
54.**末法導護**—對印順法師中心思想之綜合判攝　正慶老師著　書價未定
55.**菩薩學處**—菩薩四攝六度之要義　陸正元老師著　出版日期未定。
56.**八識規矩頌**詳解　○○居士 註解　出版日期另訂　書價未定。

57.**印度佛教史**—法義與考證。依法義史實評論印順《印度佛教思想史、佛教史地考論》之謬說　正偉老師著　出版日期未定　書價未定
58.**中國佛教史**—依中國佛教正法史實而論。○○老師 著　書價未定。
59.**中論正義**—釋龍樹菩薩《中論》頌正理。
孫正德老師著　出版日期未定　書價未定
60.**中觀正義**—註解平實導師《中論正義頌》。
○○法師（居士）著　出版日期未定　書價未定
61.**佛藏經講記**　平實導師述　出版日期未定　書價未定
62.**阿含經講記**—將選錄四阿含中數部重要經典全經講解之，講後整理出版。
平實導師述　約二輯　每輯 300 元　出版日期未定
63.**實積經講記**　平實導師述　每輯三百餘頁 優惠價 300 元　出版日期未定
64.**解深密經講記**　平實導師述 約四輯　將於重講後整理出版
65.**成唯識論略解**　平實導師著　五～六輯　每輯300 元　出版日期未定
66.**修習止觀坐禪法要講記**　平實導師述　每輯三百餘頁
將於正覺寺建成後重講、以講記逐輯出版　出版日期未定
67.**無門關**—《無門關》公案拈提　平實導師著　出版日期未定
68.**中觀再論**—兼述印順《中觀今論》謬誤之平議。正光老師著 出版日期未定
69.**輪迴與超度**—佛教超度法會之真義。
○○法師（居士）著　出版日期未定　書價未定
70.**《釋摩訶衍論》平議**—對偽稱龍樹所造《釋摩訶衍論》之平議
○○法師（居士）著　出版日期未定　書價未定
71.**正覺發願文**註解—以真實大願為因 得證菩提
正德老師著　出版日期未定　書價未定
72.**正覺總持咒**—佛法之總持　正圜老師著　出版日期未定　書價未定
73.**涅槃**—論四種涅槃　平實導師著　出版日期未定　書價未定
74.**三自性**—依四食、五蘊、十二因緣、十八界法，說三性三無性。
作者未定　出版日期未定
75.**道品**—從三自性說大小乘三十七道品　作者未定　出版日期未定
76.**大乘緣起觀**—依四聖諦七真如現觀十二緣起 作者未定　出版日期未定
77.**三德**—論解脫德、法身德、般若德。　作者未定　出版日期未定
78.**真假如來藏**—對印順《如來藏之研究》謬說之平議　作者未定 出版日期未定
79.**大乘道次第**　作者未定　出版日期未定　書價未定
80.**四緣**—依如來藏故有四緣。　作者未定　出版日期未定
81.**空之探究**—印順《空之探究》謬誤之平議　作者未定 出版日期未定
82.**十法義**—論阿含經中十法之正義　作者未定　出版日期未定
83.**外道見**—論述外道六十二見　作者未定　出版日期未定

正智出版社有限公司書籍介紹

禪淨圓融：言淨土諸祖所未曾言，示諸宗祖師所未曾示；禪淨圓融，另闢成佛捷徑，兼顧自力他力，闡釋淨土門之速行易行道，亦同時揭櫫聖教門之速行易行道；令廣大淨土行者得免緩行難證之苦，亦令聖道門行者得以藉著淨土速行道而加快成佛之時劫。乃前無古人之超勝見地，非一般弘揚禪淨法門典籍也，先讀爲快。平實導師著 200元。

宗門正眼——公案拈提第一輯：繼承克勤圜悟大師碧巖錄宗旨之禪門鉅作。先則舉示當代大法師之邪說，消弭當代禪門大師鄉愿之心態，摧破當今禪門「世俗禪」之妄談；次則旁通教法，表顯宗門正理；繼以道之次第，消弭古今狂禪；後藉言語及文字機鋒，直示宗門入處。悲智雙運，禪味十足，數百年來難得一睹之禪門鉅著也。平實導師著 500元（原初版書《禪門摩尼寶聚》，改版後補充爲五百餘頁新書，總計多達二十四萬字，內容更精彩，並改名爲《宗門正眼》，讀者原購初版《禪門摩尼寶聚》皆可寄回本公司免費換新，免附回郵，亦無截止期限）（2007年起，凡購買公案拈提第一輯至第七輯，每購一輯皆贈送本公司精製公案拈提〈超意境〉CD一片，市售價格280元，多購多贈）。

禪—悟前與悟後：本書能建立學人悟道之信心與正確知見，圓滿具足而有次第地詳述禪悟之功夫與禪悟之內容，指陳參禪中細微淆訛之處，能使學人明自眞心、見自本性。若未能悟入，亦能以正確知見辨別古今中外一切大師究係眞悟？或屬錯悟？便有能力揀擇，捨名師而選明師，後時必有悟道之緣。一旦悟道，遲者七次人天往返，便出三界，速者一生取辦。學人欲求開悟者，不可不讀。　平實導師著。上、下冊共500元，單冊250元。

眞實如來藏：如來藏眞實存在，乃宇宙萬有之本體，並非印順法師、達賴喇嘛等人所說之「唯有名相、無此心體」。如來藏是涅槃之本際，是一切有智之人竭盡心智、不斷探索而不能得之生命實相；是古今中外許多大師自以爲悟而當面錯過之生命實相。如來藏即是阿賴耶識，乃是一切有情本自具足、不生不滅之眞實心。當代中外大師於此書出版之前所未能言者，作者於本書中盡情流露、詳細闡釋。眞悟者讀之，必能增益悟境、智慧增上；錯悟者讀之，必能檢討自己之錯誤，免犯大妄語業；未悟者讀之，能知參禪之理路，亦能以之檢查一切名師是否眞悟。此書是一切哲學家、宗教家、學佛者及欲昇華心智之人必讀之鉅著。　平實導師著　售價400元。

宗門法眼—**公案拈提**第二輯：列舉實例，闡釋土城廣欽老和尚之悟處；並直示這位不識字的老和尚妙智橫生之根由，繼而剖析禪宗歷代大德之開悟公案，解析當代密宗高僧卡盧仁波切之錯悟證據，並例舉當代顯宗高僧、大居士之錯悟證據（凡健在者，爲免影響其名聞利養，皆隱其名）。藉辨正當代名師之邪見，向廣大佛子指陳禪悟之正道，彰顯宗門法眼。悲勇兼出，強捋虎鬚；慈智雙運，巧探驪龍；摩尼寶珠在手，直示宗門入處，禪味十足；若非大悟徹底，不能爲之。禪門精奇人物，允宜人手一冊，供作參究及悟後印證之圭臬。本書於2008年4月改版，增寫為大約500頁篇幅，以利學人研讀參究時更易悟入宗門正法，以前所購初版首刷及初版二刷舊書，皆可免費換取新書。平實導師著 500元（2007年起，凡購買公案拈提第一輯至第七輯，每購一輯皆贈送本公司精製公案拈提〈超意境〉CD一片，市售價格280元，多購多贈）。

宗門道眼—**公案拈提**第三輯：繼宗門法眼之後，再以金剛之作略、慈悲之胸懷、犀利之筆觸，舉示寒山、拾得、布袋三大士之悟處，消弭當代錯悟者對於寒山大士……等之誤會及誹謗。亦舉出民初以來與虛雲和尚齊名之蜀郡鹽亭袁煥仙夫子——南懷瑾老師之師，其「悟處」何在？並蒐羅許多眞悟祖師之證悟公案，顯示禪宗歷代祖師之睿智，指陳部分祖師、奧修及當代顯密大師之謬悟，作爲殷鑑，幫助禪子建立及修正參禪之方向及知見。假使讀者閱此書已，一時尚未能悟，亦可一面加功用行，一面以此宗門道眼辨別眞假善知識，避開錯誤之印證及歧路，可免大妄語業之長劫慘痛果報。欲修禪宗之禪者，務請細讀。平實導師著 售價500元（2007年起，凡購買公案拈提第一輯至第七輯，每購一輯皆贈送本公司精製公案拈提〈超意境〉CD一片，市售價格280元，多購多贈）。

楞伽經詳解：本經是禪宗見道者印證所悟眞僞之根本經典，亦是禪宗見道者悟後起修之依據經典；故達摩祖師於印證二祖慧可大師之後，將此經典連同佛缽祖衣一併交付二祖，令其依此經典佛示金言、進入修道位，修學一切種智。由此可知此經對於眞悟之人修學佛道，是非常重要之一部經典。此經能破外道邪說，亦破佛門中錯悟名師之謬說，亦破禪宗部分祖師之狂禪：不讀經典、一向主張「一悟即成究竟佛」之謬執。並開示愚夫所行禪、觀察義禪、攀緣如禪、如來禪等差別，令行者對於三乘禪法差異有所分辨；亦糾正禪宗祖師古來對於如來禪之誤解，嗣後可免以訛傳訛之弊。此經亦是法相唯識宗之根本經典，禪者悟後欲修一切種智而入初地者，必須詳讀。平實導師著，全套共十輯，已全部出版完畢，每輯主文約320頁，每冊約352頁，定價250元。

宗門血脈—**公案拈提**第**四**輯：末法怪象—許多修行人自以爲悟，每將無念靈知認作眞實；崇尚二乘法諸師及其徒眾，則將**外於如來藏之緣起性空**—無因論之無常空、斷滅空、一切法空—錯認爲佛所說之般若空性。這兩種現象已於當今海峽兩岸及美加地區顯密大師之中普遍存在；人人自以爲悟，心高氣壯，便敢寫書解釋祖師證悟之公案，大多出於意識思惟所得，言不及義，錯誤百出，因此誤導廣大佛子同陷大妄語之地獄業中而不能自知。彼等書中所說之悟處，其實處處違背第一義經典之聖言量。彼等諸人不論是否身披袈裟，都非佛法宗門血脈，或雖有禪宗法脈之傳承，亦只徒具形式；猶如螟蛉，非眞血脈，未悟得根本眞實故。禪子欲知佛、祖之眞血脈者，請讀此書，便知分曉。平實導師著，主文452頁，全書464頁，定價500元（2007年起，凡購買公案拈提第一輯至第七輯，每購一輯皆贈送本公司精製公案拈提〈超意境〉CD一片，市售價格280元，多購多贈）。

宗通與說通：古今中外，錯誤之人如麻似粟，每以常見外道所說之靈知心，認作眞心；或妄想虛空之勝性能量爲眞如，或錯認物質四大元素藉冥性（靈知心本體）能成就吾人色身及知覺，或認初禪至四禪中之了知心爲不生不滅之涅槃心。此等皆非通宗者之見地。復有錯悟之人一向主張「宗門與教門不相干」，此即尚未通達宗門之人也。其實宗門與教門互通不二，宗門所證者乃是眞如與佛性，教門所說者乃說宗門證悟之眞如佛性，故教門與宗門不二。本書作者以宗教二門互通之見地，細說「宗通與說通」，從初見道至悟後起修之道、細說分明；並將諸宗諸派在整體佛教中之地位與次第，加以明確之教判，學人讀之即可了知佛法之梗概也。欲擇明師學法之前，允宜先讀。平實導師著，主文共381頁，全書392頁，只售成本價300元。

宗門正道—**公案拈提第五輯**：修學大乘佛法有二果須證解脫果及大菩提果。二乘人不證大菩提果，唯證解脫果；此果之智慧，名爲聲聞菩提、緣覺菩提。大乘佛子所證二果之菩提果爲佛菩提，故名大菩提果，其慧名爲一切種智函蓋二乘解脫果。然此大乘二果修證，須經由禪宗之宗門證悟方能相應。而宗門證悟極難，自古已然；其所以難者，咎在古今佛教界普遍存在三種邪見：1.以修定認作佛法，2.以無因論之緣起性空—否定涅槃本際如來藏以後之一切法空作爲佛法，3.以常見外道邪見（離語言妄念之靈知性）作爲佛法。如是邪見，或因自身正見未立所致，或因邪師之邪教導所致，或因無始劫來虛妄熏習所致。若不破除此三種邪見，永劫不悟宗門眞義、不入大乘正道，唯能外門廣修菩薩行。平實導師於此書中，有極爲詳細之說明，有志佛子欲摧邪見、入於內門修菩薩行者，當閱此書。主文共496頁，全書512頁。售價500元（2007年起，凡購買公案拈提第一輯至第七輯，每購一輯皆贈送本公司精製公案拈提〈超意境〉CD一片，市售價格280元，多購多贈）。

狂密與眞密：密教之修學，皆由有相之觀行法門而入，其最終目標仍不離顯教經典所說第一義諦之修證；若離顯教第一義經典、或違背顯教第一義經典，即非佛教。西藏密教之觀行法，如灌頂、觀想、遷識法、寶瓶氣、大聖歡喜雙身修法、喜金剛、無上瑜伽、大樂光明、樂空雙運等，皆是印度教兩性生生不息思想之轉化，自始至終皆以如何能運用交合淫樂之法達到全身受樂爲其中心思想，純屬欲界五欲的貪愛，不能令人超出欲界輪迴，更不能令人斷除我見；何況大乘之明心與見性，更無論矣！故密宗之法絕非佛法也。而其明光大手印、大圓滿法教，又皆同以常見外道所說離語言妄念之無念靈知心錯認爲佛地之眞如，不能直指不生不滅之眞如。西藏密宗所有法王與徒眾，都尚未開頂門眼，不能辨別眞僞，以依人不依法、依密續不依經典故，不肯將其上師喇嘛所說對照第一義經典，純依密續之藏密祖師所說爲準，因此而誇大其證德與證量，動輒謂彼祖師上師爲究竟佛、爲地上菩薩；如今台海兩岸亦有自謂其師證量高於釋迦文佛者，然觀其師所述，猶未見道，仍在觀行即佛階段，尚未到禪宗相似即佛、分證即佛階位，竟敢標榜爲究竟佛及地上法王，誑惑初機學人。凡此怪象皆是狂密，不同於眞密之修行者。近年狂密盛行，密宗行者被誤導者極眾，動輒自謂已證佛地眞如，自視爲究竟佛，陷於大妄語業中而不知自省，反謗顯宗眞修實證者之證量粗淺；或如義雲高與釋性圓…等人，於報紙上公然誹謗眞實證道者爲「騙子、無道人、人妖、癩蛤蟆…」等，造下誹謗大乘勝義僧之大惡業；或以外道法中有爲有作之甘露、魔術……等法，誑騙初機學人，狂言彼外道法爲眞佛法。如是怪象，在西藏密宗及附藏密之外道中，不一而足，舉之不盡，學人宜應愼思明辨，以免上當後又犯毀破菩薩戒之重罪。密宗學人若欲遠離邪知邪見者，請閱此書，即能了知密宗之邪謬，從此遠離邪見與邪修，轉入眞正之佛道。

平實導師著　共四輯　每輯約400頁（主文約340頁）每輯售價300元。

宗門正義—公案拈提第六輯：佛教有六大危機，乃是藏密化、世俗化、膚淺化、學術化、宗門密意失傳、悟後進修諸地之次第混淆；其中尤以宗門密意之失傳，爲當代佛教最大之危機。由宗門密意失傳故，易令世尊本懷普被錯解，易令世尊正法被轉易爲外道法，以及加以淺化、世俗化，是故宗門密意之廣泛弘傳與具緣佛弟子，極爲重要。然而欲令宗門密意之廣泛弘傳予具緣之佛弟子者，必須同時配合錯誤知見之解析、普令佛弟子知之，然後輔以公案解析之直示入處，方能令具緣之佛弟子悟入。而此二者，皆須以公案拈提之方式爲之，方易成其功、竟其業，是故平實導師續作宗門正義一書，以利學人。全書500餘頁，售價500元（2007年起，凡購買公案拈提第一輯至第七輯，每購一輯皆贈送本公司精製公案拈提〈超意境〉CD一片，市售價格280元，多購多贈）。

心經密意—心經與解脫道、佛菩提道、祖師公案之關係與密意。二乘菩提所證之解脫道，實依第八識心之斷除煩惱障現行而立解脫之名；大乘菩提所證之佛菩提道，實依親證第八識如來藏之涅槃性、清淨自性、及其中道性而立般若之名；禪宗祖師公案所證之眞心，即是此第八識如來藏；是故三乘佛法所修所證之三乘菩提，皆依此如來藏心而立名也。此第八識心，即是《心經》所說之心也。證得此如來藏已，即能漸入大乘佛菩提道，亦可因證知此心而了知二乘無學所不能知之無餘涅槃本際，是故《心經》之密意，與三乘佛菩提之關係極爲密切、不可分割，三乘佛法皆依此心而立名故。今者平實導師以其所證解脫道之無生智及佛菩提之般若種智，將《心經》與解脫道、佛菩提道、祖師公案之關係與密意，以演講之方式，用淺顯之語句和盤托出，發前人所未言，呈三乘菩提之眞義，令人藉此《心經密意》一舉而窺三乘菩提之堂奧，迥異諸方言不及義之說；欲求眞實佛智者、不可不讀！主文317頁，連同跋文及序文…等共384頁，售價300元。

宗門密意—公案拈提第七輯：佛教之世俗化，將導致學人以信仰作爲學佛，則將以感應及世間法之庇祐，作爲學佛之主要目標，不能了知學佛之主要目標爲親證三乘菩提。大乘菩提則以般若實相智慧爲主要修習目標，以二乘菩提解脫道爲附帶修習之標的；是故學習大乘法者，應以禪宗之證悟爲要務，能親入大乘菩提之實相般若智慧中故，般若實相智慧非二乘聖人所能知故。此書則以台灣世俗化佛教之三大法師，說法似是而非之實例，配合眞悟祖師之公案解析，提示證悟般若之關節，令學人易得悟入。平實導師著，全書五百餘頁，售價500元（2007年起，凡購買公案拈提第一輯至第七輯，每購一輯皆贈送本公司精製公案拈提〈超意境〉CD一片，市售價格280元，多購多贈）。

淨土聖道—兼評日本本願念佛：佛法甚深極廣，般若玄微，非諸二乘聖僧所能知之，一切凡夫更無論矣！所謂一切證量皆歸淨土是也！是故大乘法中「聖道之淨土、淨土之聖道」，其義甚深，難可了知；乃至眞悟之人，初心亦難知也。今有正德老師眞實證悟後，復能深探淨土與聖道之緊密關係，憐憫眾生之誤會淨土實義，亦欲利益廣大淨土行人同入聖道，同獲淨土中之聖道門要義，乃振奮心神、書以成文，今得刊行天下。主文279頁，連同序文等共301頁，總有十一萬六千餘字，正德老師著，成本價200元。

起信論講記：詳解大乘起信論**心生滅門**與**心眞如門**之眞實意旨，消除以往大師與學人對起信論所說**心生滅門**之誤解，由是而得了知眞心如來藏之非常非斷中道正理；亦因此一講解，令此論以往隱晦而被誤解之眞實義，得以如實顯示，令大乘佛菩提道之正理得以顯揚光大；初機學者亦可藉此正論所顯示之法義，對大乘法理生起正信，從此得以眞發菩提心，眞入大乘法中修學，世世常修菩薩正行。平實導師演述，共六輯，都已出版，每輯三百餘頁，售價250元。

優婆塞戒經講記：本經詳述在家菩薩修學大乘佛法，應如何受持菩薩戒？對人間善行應如何看待？對三寶應如何護持？應如何正確地修集此世後世證法之福德？應如何修集後世「行菩薩道之資糧」？並詳述第一義諦之正義：五蘊非我非異我、自作自受、異作異受、不作不受……等深妙法義，乃是修學大乘佛法、行菩薩行之在家菩薩所應當了知者。出家菩薩今世或未來世登地已，捨報之後多數將如華嚴經中諸大菩薩，以在家菩薩身而修行菩薩行，故亦應以此經所述正理而修之，配合《楞伽經、解深密經、楞嚴經、華嚴經》等道次第正理，方得漸次成就佛道；故此經是一切大乘行者皆應證知之正法。平實導師講述，每輯三百餘頁，售價各250元；共八輯，已全部出版。

真假活佛—略論附佛外道盧勝彥之邪說：人人身中都有眞活佛，永生不滅而有大神用，但眾生都不了知，所以常被身外的西藏密宗假活佛籠罩欺瞞。本來就眞實存在的眞活佛，才是眞正的密宗無上密！諾那活佛因此而說禪宗是大密宗，但藏密的所有活佛都不知道、也不曾實證自身中的眞活佛。本書詳實宣示眞活佛的道理，舉證盧勝彥的「佛法」不是眞佛法，也顯示盧勝彥是假活佛，直接的闡釋第一義佛法見道的眞實正理。眞佛宗的所有上師與學人們，都應該詳細閱讀，包括盧勝彥個人在內。正犀居士著，優惠價140元。

阿含正義—唯識學探源：廣說四大部《阿含經》諸經中隱說之眞正義理，一一舉示佛陀本懷，令阿含時期初轉法輪根本經典之眞義，如實顯現於佛子眼前。並提示末法大師對於阿含眞義誤解之實例，一一比對之，證實唯識增上慧學確於原始佛法之阿含諸經中已隱覆密意而略說之，證實世尊確於原始佛法中已曾密意而說第八識如來藏之總相；亦證實世尊在四阿含中已說此藏識是名色十八界之因、之本—證明如來藏是能生萬法之根本心。佛子可據此修正以往受諸大師（譬如西藏密宗應成派中觀師：印順、昭慧、性廣、大願、達賴、宗喀巴、寂天、月稱、……等人）誤導之邪見，建立正見，轉入正道乃至親證初果而無困難；書中並詳說三果所證的**心解脫**，以及四果**慧解脫**的親證，都是如實可行的具體知見與行門。全書共七輯，已出版完畢。平實導師著，每輯三百餘頁，售價300元。

超意境CD：以平實導師公案拈提書中超越意境之頌詞，加上曲風優美的旋律，錄成令人嚮往的超意境歌曲，其中包括正覺發願文及平實導師親自譜成的黃梅調歌曲一首。詞曲雋永，殊堪翫味，可供學禪者吟詠，有助於見道。內附設計精美的彩色小冊，解說每一首詞的背景本事。每片280元。【每購買公案拈提書籍一冊，即贈送一片。】

鈍鳥與靈龜：鈍鳥及靈龜二物，被宗門證悟者說爲二種人：前者是精修禪定而無智慧者，也是以定爲禪的愚癡禪人；後者是或有禪定、或無禪定的宗門證悟者，凡已證悟者皆是靈龜。但後來被人虛造事實，用以嘲笑大慧宗杲禪師，說他雖是靈龜，卻不免被天童禪師預記「患背」痛苦而亡：「鈍鳥離巢易，靈龜脫殼難。」藉以貶低大慧宗杲的證量。同時將天童禪師實證如來藏的證量，曲解爲意識境界的離念靈知。自從大慧禪師入滅以後，錯悟凡夫對他的不實毀謗就一直存在著，不曾止息，並且捏造的假事實也隨著年月的增加而越來越多，終至編成「鈍鳥與靈龜」的假公案、假故事。本書是考證大慧與天童之間的不朽情誼，顯現這件假公案的虛妄不實；更見大慧宗杲面對惡勢力時的正直不阿，亦顯示大慧對天童禪師的至情深義，將使後人對大慧宗杲的誣謗至此而止，不再有人誤犯毀謗賢聖的惡業。書中亦舉證宗門的所悟確以第八識如來藏爲標的，詳讀之後必可改正以前被錯悟大師誤導的參禪知見，日後必定有助於實證禪宗的開悟境界，得階大乘眞見道位中，即是實證般若之賢聖。全書459頁，售價350元。

我的菩提路第一輯：凡夫及二乘聖人不能實證的佛菩提證悟，末法時代的今天仍然有人能得實證，由正覺同修會釋悟圓、釋善藏法師等二十餘位實證如來藏者所寫的見道報告，已爲當代學人見證宗門正法之絲縷不絕，證明大乘義學的法脈仍然存在，爲末法時代求悟般若之學人照耀出光明的坦途。由二十餘位大乘見道者所繕，敘述各種不同的學法、見道因緣與過程，參禪求悟者必讀。全書三百餘頁，售價300元。

我的菩提路第二輯：由郭正益老師等人合著，書中詳述彼等諸人歷經各處道場學法，一一修學而加以檢擇之不同過程以後，因閱讀正覺同修會、正智出版社書籍而發起抉擇分，轉入正覺同修會中修學；乃至學法及見道之過程，都一一詳述之。其中張志成等人係由前現代禪轉進正覺同修會，張志成原爲現代禪副宗長，以前未閱本會書籍時，曾被人藉其名義著文評論 平實導師（詳見《宗通與說通》辨正及《眼見佛性》書末附錄…等）；後因偶然接觸正覺同修會書籍，深覺以前聽人評論平實導師之語不實，於是投入極多時間閱讀本會書籍、深入思辨，詳細探索中觀與唯識之關聯與異同，認爲正覺之法義方是正法，深覺相應；亦解開多年來對佛法的迷雲，確定應依八識論正理修學方是正法。乃不顧面子，毅然前往正覺同修會面見平實導師懺悔，並正式學法求悟。今已與其同修王美伶（亦爲前現代禪傳法老師），同樣證悟如來藏而證得法界實相，生起實相般若眞智。此書中尚有七年來本會第一位眼見佛性者之見性報告一篇，一同供養大乘佛弟子。全書共四百頁，售價300元。

我的菩提路第三輯：由王美伶老師等人合著。自從正覺同修會成立以來，每年夏初、冬初都舉辦精進禪三共修，藉以助益會中同修們得以證悟明心發起般若實相智慧；凡已實證而被平實導師印證者，皆書具見道報告用以證明佛法之眞實可證而非玄學，證明佛法並非純屬思想、理論而無實質，是故每年都能有人證明正覺同修會的「實證佛教」主張並非虛語。特別是眼見佛性一法，自古以來中國禪宗祖師實證者極寡，較之明心開悟的證境更難令人信受；至2017年初，正覺同修會中的證悟明心者已近五百人，然而其中眼見佛性者至今唯十餘人爾，可謂難能可貴，是故明心後欲冀眼見佛性者實屬不易。黃正倖老師是懸絕七年無人見性後的第一人，她於2009年的見性報告刊於本書的第二輯中，爲人眾證明佛性確實可以眼見；其後七年之中求見性者都屬解悟佛性而無人眼見，幸而又經七年後的2016冬初，以及2017夏初的禪三，復有三人眼見佛性，希冀鼓舞四眾佛子求見佛性之大心，今則具載一則於書末，顯示求見佛性之事實經歷，供養現代佛教界欲得見性之四眾弟子。全書四百頁，售價300元，預定2017年6月30日發行。

維摩詰經講記：本經係 世尊在世時，由等覺菩薩維摩詰居士藉疾病而演說之大乘菩提無上妙義，所說函蓋甚廣，然極簡略，是故今時諸方大師與學人讀之悉皆錯解，何況能知其中隱含之深妙正義，是故普遍無法爲人解說；若強爲人說，則成依文解義而有諸多過失。今由平實導師公開宣講之後，詳實解釋其中密意，令維摩詰菩薩所說大乘不可思議解脫之深妙正法得以正確宣流於人間，利益當代學人及與諸方大師。書中詳實演述大乘佛法深妙不共二乘之智慧境界，顯示諸法之中絕待之實相境界，建立大乘菩薩妙道於永遠不敗不壞之地，以此成就護法偉功，欲冀永利娑婆人天。已經宣講圓滿整理成書流通，以利諸方大師及諸學人。全書共六輯，每輯三百餘頁，售價各250元。

真假外道：本書具體舉證佛門中的常見外道知見實例，並加以教證及理證上的辨正，幫助讀者輕鬆而快速的了知常見外道的錯誤知見，進而遠離佛門內外的常見外道知見，因此即能改正修學方向而快速實證佛法。游正光老師著。成本價200元。

勝鬘經講記：如來藏爲三乘菩提之所依，若離如來藏心體及其含藏之一切種子，即無三界有情及一切世間法，亦無二乘菩提緣起性空之出世間法；本經詳說無始無明、一念無明皆依如來藏而有之正理，藉著詳解煩惱障與所知障間之關係，令學人深入了知二乘菩提與佛菩提相異之妙理；聞後即可了知佛菩提之特勝處及三乘修道之方向與原理，邁向攝受正法而速成佛道的境界中。平實導師講述，共六輯，每輯三百餘頁，售價各250元。

楞嚴經講記：楞嚴經係密教部之重要經典，亦是顯教中普受重視之經典；經中宣說明心與見性之內涵極爲詳細，將一切法都會歸如來藏及佛性—妙眞如性；亦闡釋佛菩提道修學過程中之種種魔境，以及外道誤會涅槃之狀況，旁及三界世間之起源。然因言句深澀難解，法義亦復深妙寬廣，學人讀之普難通達，是故讀者大多誤會，不能如實理解佛所說之明心與見性內涵，亦因是故多有悟錯之人引爲開悟之證言，成就大妄語罪。今由平實導師詳細講解之後，整理成文，以易讀易懂之語體文刊行天下，以利學人。全書十五輯，全部出版完畢。每輯三百餘頁，售價每輯300元。

明心與眼見佛性：本書細述明心與眼見佛性之異同，同時顯示了中國禪宗破初參明心與重關眼見佛性二關之間的關聯；書中又藉法義辨正而旁述其他許多勝妙法義，讀後必能遠離佛門長久以來積非成是的錯誤知見，令讀者在佛法的實證上有極大助益。也藉慧廣法師的謬論來教導佛門學人回歸正知正見，遠離古今禪門錯悟者所墮的意識境界，非唯有助於斷我見，也對未來的開悟明心實證第八識如來藏有所助益，是故學禪者都應細讀之。游正光老師著　共448頁　售價300元。

菩薩底憂鬱CD將菩薩情懷及禪宗公案寫成新詞，並製作成超越意境的優美歌曲。1.主題曲〈菩薩底憂鬱〉，描述地後菩薩能離三界生死而迴向繼續生在人間，但因尚未斷盡習氣種子而有極深沈之憂鬱，非三賢位菩薩及二乘聖者所知，此憂鬱在七地滿心位方才斷盡；本曲之詞中所說義理極深，昔來所未曾見；此曲係以優美的情歌風格寫詞及作曲，聞者得以激發嚮往諸地菩薩境界之大心，詞、曲都非常優美，難得一見；其中勝妙義理之解說，已印在附贈之彩色小冊中。2.以各輯公案拈提中直示禪門入處之頌文，作成各種不同曲風之超意境歌曲，值得玩味、參究；聆聽公案拈提之優美歌曲時，請同時閱讀內附之印刷精美說明小冊，可以領會超越三界的證悟境界；未悟者可以因此引發求悟之意向及疑情，眞發菩提心而邁向求悟之途，乃至因此眞實悟入般若，成眞菩薩。3.正覺總持咒新曲，總持佛法大意；總持咒之義理，已加以解說並印在隨附之小冊中。本CD共有十首歌曲，長達63分鐘，附贈二張購書優惠券。每片280元。

禪意無限CD平實導師以公案拈提書中偈頌寫成不同風格曲子，與他人所寫不同風格曲子共同錄製出版，幫助參禪人進入禪門超越意識之境界。盒中附贈彩色印製的精美解說小冊，以供聆聽時閱讀，令參禪人得以發起參禪之疑情，即有機會證悟本來面目，實證大乘菩提般若。本CD共有十首歌曲，長達69分鐘，每盒各附贈二張購書優惠券。每片280元。

金剛經宗通：三界唯心，萬法唯識，是成佛之修證內容，是諸地菩薩之所修；般若則是成佛之道（實證三界唯心、萬法唯識）的入門，若未證悟實相般若，即無成佛之可能，必將永在外門廣行菩薩六度，永在凡夫位中。然而實相般若的發起，全賴實證萬法的實相；若欲證知萬法的眞相，則必須探究萬法之所從來，則須實證自心如來—金剛心如來藏，然後現觀這個金剛心的金剛性、眞實性、如如性、清淨性、涅槃性、能生萬法的自性性、本住性，名爲證眞如；進而現觀三界六道唯是此金剛心所成，人間萬法須藉八識心王和合運作方能現起。如是實證《華嚴經》的「三界唯心、萬法唯識」以後，由此等現觀而發起實相般若智慧，繼續進修第十住位的如幻觀、第十行位的陽焰觀、第十迴向位的如夢觀，再生起增上意樂而勇發十無盡願，方能滿足三賢位的實證，轉入初地；自知成佛之道而無偏倚，從此按部就班、次第進修乃至成佛。第八識自心如來是般若智慧之所依，般若智慧的修證則要從實證金剛心自心如來開始；《金剛經》則是解說自心如來之經典，是一切三賢位菩薩所應進修之實相般若經典。這一套書，是將平實導師宣講的《金剛經宗通》內容，整理成文字而流通之；書中所說義理，迥異古今諸家依文解義之說，指出大乘見道方向與理路，有益於禪宗學人求開悟見道，及轉入內門廣修六度萬行。講述完畢後結集出版，總共9輯，每輯約三百餘頁，售價各250元。

空行母——性別、身分定位，以及藏傳佛教：本書作者爲蘇格蘭哲學家，因爲嚮往佛教深妙的哲學內涵，於是進入當年盛行於歐美的假藏傳佛教密宗，擔任卡盧仁波切的翻譯工作多年以後，被邀請成爲卡盧的空行母（又名佛母、明妃），開始了她在密宗裡的實修過程；後來發覺在密宗雙身法中的修行，其實無法使自己成佛，也發覺密宗對女性岐視而處處貶抑，並剝奪女性在雙身法中擔任一半角色時應有的身分定位。當她發覺自己只是雙身法中被喇嘛利用的工具，沒有獲得絲毫應有的尊重與基本定位時，發現了密宗的父權社會控制女性的本質；於是作者傷心地離開了卡盧仁波切與密宗，但是卻被恐嚇不許講出她在密宗裡的經歷，也不許她說出自己對密宗的教義與教制下對女性剝削的本質，否則將被咒殺死亡。後來她去加拿大定居，十餘年後方才擺脫這個恐嚇陰影，下定決心將親身經歷的實情及觀察到的事實寫下來並且出版，公諸於世。出版之後，她被流亡的達賴集團人士大力攻訐，誣指她爲精神狀態失常、說謊……等。但有智之士並未被達賴集團的政治操作及各國政府政治運作吹捧達賴的表相所欺，使她的書銷售無阻而又再版。正智出版社鑑於作者此書是親身經歷的事實，所說具有針對「藏傳佛教」而作學術研究的價值，也有使人認清假藏傳佛教剝削佛母、明妃的男性本位實質，因此洽請作者同意中譯而出版於華人地區。珍妮·坎貝爾女士著，呂艾倫 中譯，每冊250元。

霧峰無霧——給哥哥的信：本書作者藉兄弟之間信件往來論義，略述佛法大義；並以多篇短文辨義，舉出釋印順對佛法的無量誤解證據，並一一給予簡單而清晰的辨正，令人一讀即知。久讀、多讀之後即能認清楚釋印順的六識論見解，與眞實佛法之牴觸是多麼嚴重；於是在久讀、多讀之後，於不知不覺之間提升了對佛法的極深入理解，正知正見就在不知不覺間建立起來了。當三乘佛法的正知見建立起來之後，對於三乘菩提的見道條件便將隨之具足，於是聲聞解脫道的見道也就水到渠成；接著大乘見道的因緣也將次第成熟，未來自然也會有親見大乘菩提之道的因緣，悟入大乘實相般若也將自然成功，自能通達般若系列諸經而成實義菩薩。作者居住於南投縣霧峰鄉，自喻見道之後不復再見霧峰之霧，故鄉原野美景一一明見，於是立此書名爲《霧峰無霧》；讀者若欲撥霧見月，可以此書爲緣。游宗明 老師著 售價250元。

假藏傳佛教的神話—性、謊言、喇嘛教：本書編著者是由一首名叫「阿姊鼓」的歌曲爲緣起，展開了序幕，揭開假藏傳佛教—喇嘛教—的神祕面紗。其重點是蒐集、摘錄網路上質疑「喇嘛教」的帖子，以揭穿「假藏傳佛教的神話」爲主題，串聯成書，並附加彩色插圖以及說明，讓讀者們瞭解西藏密宗及相關人事如何被操作爲「神話」的過程，以及神話背後的眞相。作者：張正玄教授。售價200元。

達賴真面目—玩盡天下女人：假使您不想戴綠帽子，請記得詳細閱讀此書；假使您不想讓好朋友戴綠帽子，請您將此書介紹給您的好朋友。假使您想保護家中的女性，也想要保護好朋友的女眷，請記得將此書送給家中的女性和好友的女眷都來閱讀。本書爲印刷精美的大本彩色中英對照精裝本，爲您揭開達賴喇嘛的眞面目，內容精彩不容錯過，爲利益社會大眾，特別以優惠價格嘉惠所有讀者。編著者：白志偉等。大開版雪銅紙彩色精裝本。售價800元。

喇嘛性世界—揭開假藏傳佛教譚崔瑜伽的面紗：這個世界中的喇嘛，號稱來自世外桃源的香格里拉，穿著或紅或黃的喇嘛長袍，散布於我們的身邊傳教灌頂，吸引了無數的人嚮往學習；這些喇嘛虔誠地爲大眾祈福，手中拿著寶杵（金剛）與寶鈴（蓮花），口中唸著咒語：「唵．嘛呢．叭咪．吽……」，咒語的意思是說：「我至誠歸命金剛杵上的寶珠伸向蓮花寶穴之中」！「喇嘛性世界」是什麼樣的「世界」呢？本書將爲您呈現喇嘛世界的面貌。當您發現眞相以後，您將會唸：「噢！喇嘛．性．世界，譚崔性交嘛！」作者：張善思、呂艾倫。售價200元。

末代達賴—性交教主的悲歌：簡介從藏傳僞佛教（喇嘛教）的修行核心—性力派男女雙修，探討達賴喇嘛及藏傳僞佛教的修行內涵。書中引用外國知名學者著作、世界各地新聞報導，包含：歷代達賴喇嘛的祕史、達賴六世修雙身法的事蹟，以及《時輪續》中的性交灌頂儀式……等；達賴喇嘛書中開示的雙修法、達賴喇嘛的黑暗政治手段；達賴喇嘛所領導的寺院爆發喇嘛性侵兒童；新聞報導《西藏生死書》作者索甲仁波切性侵女信徒、澳洲喇嘛秋達公開道歉、美國最大假藏傳佛教組織領導人邱陽創巴仁波切的性氾濫；等等事件背後眞相的揭露。作者：張善思、呂艾倫、辛燕。售價250元。

第七意識與第八意識？—穿越時空「超意識」：「三界唯心，萬法唯識」是佛教中應該實證的聖教，也是《華嚴經》中明載而可以實證的法界實相。唯心者，三界一切境界、一切諸法唯是一心所成就，即是每一個有情的第八識如來藏，不是意識心。唯識者，即是人類各各都具足的八識心王——眼識、耳鼻舌身意識、意根、阿賴耶識，第八阿賴耶識又名如來藏，人類五陰相應的萬法，莫不由八識心王共同運作而成就，故說萬法唯識。依聖教量及現量、比量，都可以證明意識是二法因緣生，是由第八識藉意根與法塵二法爲因緣而出生，又是夜夜斷滅不存之生滅心，即無可能反過來出生第七識意根、第八識如來藏，當知不可能從生滅性的意識心中，細分出恆審思量的第七識意根，更無可能細分出恆而不審的第八識如來藏。本書是將演講內容整理成文字，細說如是內容，並已在〈正覺電子報〉連載完畢，今彙集成書以廣流通，欲幫助佛門有緣人斷除意識我見，跳脫於識陰之外而取證聲聞初果；嗣後修學禪宗時即得不墮外道神我之中，得以求證第八識金剛心而發起般若實智。平實導師 述，每冊300元。

黯淡的達賴—失去光彩的諾貝爾和平獎：本書舉出很多證據與論述，詳述達賴喇嘛不爲世人所知的一面，顯示達賴喇嘛並不是眞正的和平使者，而是假借諾貝爾和平獎的光環來欺騙世人；透過本書的說明與舉證，讀者可以更清楚的瞭解，達賴喇嘛是結合暴力、黑暗、淫欲於喇嘛教裡的集團首領，其政治行爲與宗教主張，早已讓諾貝爾和平獎的光環染污了。 本書由財團法人正覺教育基金會寫作、編輯，由正覺出版社印行，每冊250元。

童女迦葉考—論呂凱文〈佛教輪迴思想的論述分析〉之謬：童女迦葉是佛世率領五百大比丘遊行於人間的歷史事實，是以童貞行而依止菩薩戒弘化於人間的大菩薩，不依別解脫戒（聲聞戒）來弘化於人間。這是大乘佛教與聲聞佛教同時存在於佛世的歷史明證，證明大乘佛教不是從聲聞法中分裂出來的部派佛教的產物，卻是聲聞佛教分裂出來的部派佛教聲聞凡夫僧所不樂見的史實；於是古今聲聞法中的凡夫都欲加以扭曲而作詭說，更是末法時代高聲大呼「大乘非佛說」的六識論聲聞凡夫極力想要扭曲的佛教史實之一，於是想方設法扭曲迦葉菩薩爲聲聞僧，以及扭曲迦葉童女爲比丘僧等荒謬不實之論著便陸續出現，古時聲聞僧寫作的《分別功德論》是最具體之事例，現代之代表作則是呂凱文先生的〈佛教輪迴思想的論述分析〉論文。鑑於如是假藉學術考證以籠罩大眾之不實謬論，未來仍將繼續造作及流竄於佛教界，繼續扼殺大乘佛教學人法身慧命，必須舉證辨正之，遂成此書。平實導師 著，每冊180元。

人間佛教—實證者必定不悖三乘菩提：「大乘非佛說」的講法似乎流傳已久，卻只是日本人企圖擺脫中國正統佛教的影響，而在明治維新時期才開始提出來的說法；台灣佛教、大陸佛教的淺學無智之人，由於未曾實證佛法而迷信日本人錯誤的學術考證，錯認爲這些別有用心的日本佛學考證的講法爲天竺佛教的眞實歷史；甚至還有更激進的反對佛教者提出「釋迦牟尼佛並非眞實存在，只是後人捏造的假歷史人物」，竟然也有少數人願意跟著「學術」的假光環而信受不疑，於是開始有一些佛教界人士造作了反對中國佛教而推崇南洋小乘佛教的行爲，使佛教的信仰者難以檢擇，導致一般大陸人士開始轉入基督教的盲目迷信中。在這些佛教及外教人士之中，也就有一分人根據此邪說而大聲主張「大乘非佛說」的謬論，這些人以「人間佛教」的名義來抵制中國正統佛教，公然宣稱中國的大乘佛教是由聲聞部派佛教的凡夫僧所創造出來的。這樣的說法流傳於台灣及大陸佛教界凡夫僧之中已久，卻非眞正的佛教歷史中曾經發生過的事，只是繼承六識論的聲聞法中凡夫僧依自己的意識境界立場，純憑臆想而編造出來的妄想說法，卻已經影響許多無智之凡夫僧俗信受不移。本書則是從佛教的經藏法義實質及實證的現量內涵本質立論，證明大乘佛法本是佛說，是從《阿含正義》尚未說過的不同面向來討論「人間佛教」的議題，證明「大乘眞佛說」。閱讀本書可以斷除六識論邪見，迴入三乘菩提正道發起實證的因緣；也能斷除禪宗學人學禪時普遍存在之錯誤知見，對於建立參禪時的正知見有很深的著墨。平實導師　述，內文488頁，全書528頁，定價400元。

見性與看話頭：黃正倖老師的《見性與看話頭》於《正覺電子報》連載完畢，今集結出版。書中詳說禪宗看話頭的詳細方法，並細說看話頭與眼見佛性的關係，以及眼見佛性者求見佛性前必須具備的條件。本書是禪宗實修者追求明心開悟時參禪的方法書，也是求見佛性者作功夫時必讀的方法書，內容兼顧眼見佛性的理論與實修之方法，是依實修之體驗配合理論而詳述，條理分明而且極爲詳實、周全、深入。本書內文375頁，全書416頁，售價300元。

中觀金鑑—詳述應成派中觀的起源與其破法本質：學佛人往往迷於中觀學派之不同學說，被應成派與自續派所迷惑；修學般若中觀二十年後自以爲實證般若中觀了，卻仍不曾入門，甫聞實證般若中觀者之所說，則茫無所知，迷惑不解；隨後信心盡失，不知如何實證佛法；凡此，皆因惑於這二派中觀學說所致。自續派中觀所說同於常見，以意識境界立爲第八識如來藏之境界，應成派所說則同於斷見，但又同立意識爲常住法，故亦具足斷常二見。今者孫正德老師有鑑於此，乃將起源於密宗的應成派中觀學說，追本溯源，詳考其來源之外，亦一一舉證其立論內容，詳加辨正，令密宗雙身法祖師以識陰境界而造之應成派中觀學說本質，詳細呈現於學人眼前，令其維護雙身法之目的無所遁形。若欲遠離密宗此二大派中觀謬說，欲於三乘菩提有所進道者，允宜具足閱讀並細加思惟，反覆讀之以後將可捨棄邪道返歸正道，則於般若之實證即有可能，證後自能現觀如來藏之中道境界而成就中觀。本書分上、中、下三冊，每冊250元，已全部出版完畢。

真心告訴您(一)—達賴喇嘛在幹什麼？這是一本報導篇章的選集，更是「破邪顯正」的暮鼓晨鐘。「破邪」是戳破假象，說明達賴喇嘛及其所率領的密宗四大派法王、喇嘛們，弘傳的佛法是仿冒的佛法；他們是假藏傳佛教，是坦特羅(譚崔性交)外道法和藏地崇奉鬼神的苯教混合成的「喇嘛教」，推廣的是以所謂「無上瑜伽」的男女雙身法冒充佛法的假佛教，詐財騙色誤導眾生，常常造成信徒家庭破碎、家中兒少失怙的嚴重後果。「顯正」是揭櫫眞相，指出眞正的藏傳佛教只有一個，就是覺囊巴，傳的是釋迦牟尼佛演繹的第八識如來藏妙法，稱爲他空見大中觀。正覺教育基金會即以此古今輝映的如來藏正法正知見，在眞心新聞網中逐次報導出來，將箇中原委「眞心告訴您」，如今結集成書，與想要知道密宗眞相的您分享。售價250元。

實相經宗通：學佛之目的在於實證一切法界背後之實相，禪宗稱之為本來面目或本地風光，佛菩提道中稱之為實相法界；此實相法界即是金剛藏，又名佛法之祕密藏，即是能生有情五陰、十八界及宇宙萬有（山河大地、諸天、三惡道世間）的第八識如來藏，又名阿賴耶識心，即是禪宗祖師所說的眞如心，此心即是三界萬有背後的實相。證得此第八識心時，自能瞭解般若諸經中隱說的種種密意，即得發起實相般若——實相智慧。每見學佛人修學佛法二十年後仍對實相般若茫然無知，亦不知如何入門，茫無所趣；更因不知三乘菩提的互異互同，是故越是久學者對佛法越覺茫然，都肇因於尚未瞭解佛法的全貌，亦未瞭解佛法的修證內容即是第八識心所致。本書對於修學佛法者所應實證的實相境界提出明確解析，並提示趣入佛菩提道的入手處，有心親證實相般若的佛法實修者，宜詳讀之，於佛菩提道之實證即有下手處。平實導師述著，共八輯，全部出版完畢，每輯成本價250元。

法華經講義：此書為平實導師始從2009/7/21演述至2014/1/14之講經錄音整理所成。世尊一代時教，總分五時三教，即是華嚴時、聲聞緣覺教、般若教、種智唯識教、法華時；依此五時三教區分為藏、通、別、圓四教。本經是最後一時的圓教經典，圓滿收攝一切法教於本經中，是故最後的圓教聖訓中，特地指出無有三乘菩提，其實唯有一佛乘；皆因眾生愚迷故，方便區分為三乘菩提以助眾生證道。世尊於此經中特地說明如來示現於人間的唯一大事因緣，便是為有緣眾生「開、示、悟、入」諸佛的所知所見——第八識如來藏妙眞如心，並於諸品中隱說「妙法蓮花」如來藏心的密意。然因此經所說甚深難解，眞義隱晦，古來難得有人能窺堂奧；平實導師以知如是密意故，特為末法佛門四眾演述《妙法蓮華經》中各品蘊含之密意，使古來未曾被古德註解出來的「此經」密意，如實顯示於當代學人眼前。乃至〈藥王菩薩本事品〉、〈妙音菩薩品〉、〈觀世音菩薩普門品〉、〈普賢菩薩勸發品〉中的微細密意，亦皆一併詳述之，開前人所未曾言之密意，示前人所未見之妙法。最後乃至以〈法華大意〉而總其成，全經妙旨貫通始終，而依佛旨圓攝於一心如來藏妙心，厥為曠古未有之大說也。平實導師述　已於2015/5/31起出版第一輯，每兩個月出版一輯，共有25輯。每輯300元。

西藏「活佛轉世」制度—附佛、造神、世俗法：歷來關於喇嘛教活佛轉世的研究，多針對歷史及文化兩部分，於其所以成立的理論基礎，較少系統化的探討。尤其是此制度是否依據「佛法」而施設？是否合乎佛法眞實義？現有的文獻大多含糊其詞，或人云亦云，不曾有明確的闡釋與如實的見解。因此本文先從活佛轉世的由來，探索此制度的起源、背景與功能，並進而從活佛的尋訪與認證之過程，發掘活佛轉世的特徵，以確認「活佛轉世」在佛法中應具足何種果德。定價150元。

真心告訴您(二)—達賴喇嘛是佛教僧侶嗎？補祝達賴喇嘛八十大壽：這是一本針對當今達賴喇嘛所領導的喇嘛教，冒用佛教名相、於師徒間或師兄姊間，實修男女邪淫，而從佛法三乘菩提的現量與聖教量，揭發其謊言與邪術，證明達賴及其喇嘛教是仿冒佛教的外道，是「假藏傳佛教」。藏密四大派教義雖有「八識論」與「六識論」的表面差異，然其實修之內容，皆共許「無上瑜伽」四部灌頂爲究竟「成佛」之法門，也就是共以男女雙修之邪淫法爲「即身成佛」之密要，雖美其名曰「欲貪爲道」之「金剛乘」，並誇稱其成就超越於（應身佛）釋迦牟尼佛所傳之顯教般若乘之上；然詳考其理論，則或以意識離念時之粗細心爲第八識如來藏，或以中脈裡的明點爲第八識如來藏，或如宗喀巴與達賴堅決主張第六意識爲常恆不變之眞心者，分別墮於外道之常見與斷見中；全然違背　佛說能生五蘊之如來藏的實質。售價300元。

修習止觀坐禪法要講記：修學四禪八定之人，往往錯會禪定之修學知見，欲以無止盡之坐禪而證禪定境界，卻不知修除性障之行門才是修證四禪八定不可或缺之要素，故智者大師云「性障初禪」；性障不除，初禪永不現前，云何修證二禪等？又：行者學定，若唯知數息，而不解六妙門之方便善巧者，欲求一心入定，極難可得，智者大師名之爲「事障未來」：障礙未到地定之修證。又禪定之修證，不可違背二乘菩提及第一義法，否則縱使具足四禪八定，亦不能實證涅槃而出三界。此諸知見，智者大師於《修習止觀坐禪法要》中皆有闡釋。作者平實導師以其第一義之見地及禪定之實證證量，曾加以詳細解析。將俟正覺寺竣工啓用後重講，不限制聽講者資格；講後將以語體文整理出版。欲修習世間定及增上定之學者，宜細讀之。平實導師述著。

解深密經講記：本經係 世尊晚年第三轉法輪，宣說地上菩薩所應熏修之唯識正義經典，經中所說義理乃是大乘一切種智增上慧學，以阿陀那識—如來藏—阿賴耶識爲主體。禪宗之證悟者，若欲修證初地無生法忍乃至八地無生法忍者，必須修學《楞伽經、解深密經》所說之八識心王一切種智；此二經所說正法，方是眞正成佛之道；印順法師否定如來藏之後所說萬法緣起性空之法，是以誤會後之二乘解脫道取代大乘眞正成佛之道，亦已墮於斷滅見中，不可謂爲成佛之道也。平實導師曾於本會郭故理事長往生時，於喪宅中從初七至第十七，宣講圓滿，作爲郭老之往生佛事功德，迴向郭老早證八地、速返娑婆住持正法；茲爲今時後世學人故，將擇期重講《解深密經》，以淺顯之語句講畢後將會整理成文，用供證悟者進道；亦令諸方未悟者，據此經中佛語正義，修正邪見，依之速能入道。平實導師述著，全書輯數未定，每輯三百餘頁，將於未來重講完畢後逐輯出版。

佛法入門：學佛人往往修學二十年後仍不知如何入門，茫無所入漫無方向，不知如何實證佛法；更因不知三乘菩提的互異互同之處，導致越是久學者越覺茫然，都是肇因於尚未瞭解佛法的全貌所致。本書對於佛法的全貌提出明確的輪廓，並說明三乘菩提的異同處，讀後即可輕易瞭解佛法全貌，數日內即可明瞭三乘菩提入門方向與下手處。○○菩薩著　出版日期未定。

阿含講記——小乘解脫道之修證：數百年來，南傳佛法所說證果之不實，所說解脫道之虛妄，所弘解脫道法義之世俗化，皆已少人知之；今時台灣全島印順系統之法師居士，多不知南傳佛法數百年來所說解脫道之義理已然偏斜、已然世俗化、已非眞正之二乘解脫正道，猶極力推崇與弘揚。彼等南傳佛法近代所謂之證果者多非眞實證果者，譬如阿迦曼、葛印卡、帕奧禪師、一行禪師……等人，悉皆未斷我見故。近年更有台灣南部大願法師，高抬南傳佛法之二乘修證行門爲「捷徑究竟解脫之道」者，然而南傳佛法縱使眞修實證，得成阿羅漢，至高唯是二乘菩提解脫之道，絕非究竟解脫，無餘涅槃中之實際尚未得證故，法界之實相尚未了知故，習氣種子待除故，一切種智未實證故，焉得謂爲「究竟解脫」？即使南傳佛法近代眞有實證之阿羅漢，尚且不及三賢位中之七住明心菩薩本來自性清淨涅槃智慧境界，不知此賢位菩薩所證之無餘涅槃實際，仍非大乘佛法中之見道者，何況普未實證聲聞果乃至未斷我見之人？謬充證果已屬逾越，更何況是誤會二乘菩提之後，以未斷我見之凡夫知見所說之二乘菩提解脫偏斜法道，焉可高抬爲「究竟解脫」？而且自稱「捷徑之道」？又妄言解脫之道即是成佛之道，完全否定般若實智、否定三乘菩提所依之如來藏心體，此理大大不通也！平實導師爲令修學二乘菩提欲證解脫果者，普得迴入二乘菩提正見、正道中，是故選錄四阿含諸經中，對於二乘解脫道法義有具足圓滿說明之經典，預定未來十年內將會加以詳細講解，令學佛人得以了知二乘解脫道之修證理路與行門，庶免被人誤導之後，未證言證，干犯道禁，成大妄語，欲升反墮。本書首重斷除我見，以助行者斷除我見而實證初果爲著眼之目標，若能根據此書內容，配合平實老師所著《識蘊眞義》《阿含正義》內涵而作實地觀行，實證初果非爲難事，行者可以藉此三書自行確認聲聞初果爲實際可得現觀成就之事。此書中除依二乘經典所說加以宣示外，亦依斷除我見等之證量，及大乘法中道種智之證量，對於意識心之體性加以細述，令諸二乘學人必定得斷我見、常見，免除三縛結之繫縛。次則宣示斷除我執之理，欲令升進而得薄貪瞋痴，乃至斷五下分結…等。平實導師述，共二冊，每冊三百餘頁。每輯300元。

總經銷： 飛鴻 國際行銷股份有限公司

231 新北市新店市中正路 501 之 9 號 2 樓

Tel.02－82186688（五線代表號） Fax.02-82186458、82186459

零售：1.**全台連鎖經銷書局：**

三民書局、誠品書局、何嘉仁書店

敦煌書店、紀伊國屋、金石堂書局、建宏書局

2.**台北市：**佛化人生 羅斯福路 3 段 325 號 6 樓之 4 台電大樓對面

3.**新北市：**春大地書店 蘆洲中正路 117 號

4.**桃園市縣：**誠品書局 桃園市中正路 20 號遠東百貨地下室一樓

金石堂 桃園市大同路 24 號 金石堂 桃園八德市介壽路 1 段 987 號

諾貝爾圖書城 桃園市中正路 56 號地下室 御書堂 龍潭中正路 123 號

墊腳石文化書店 中壢市中正路 89 號

5.**新竹市縣：**大學書局 新竹建功路 10 號 誠品書局 新竹東區信義街 68 號

誠品書局 新竹東區中央路 229 號 5 樓 誠品書局 新竹東區力行二路 3 號

墊腳石文化書店 新竹中正路 38 號

6.**台中市：** 瑞成書局、各大連鎖書店。

詠春書局 台中市永春東路 884 號 文春書局 霧峰中正路 1087 號

7.**彰化市縣：**心泉佛教流通處 彰化市南瑤路 286 號

員林鎮：墊腳石圖書文化廣場 中山路 2 段 49 號（04-8338485）

8.**台南市：**博大書局 新營三民路 128 號

藝美書局 善化中山路 436 號 宏欣書局 佳里光復路 214 號

9.**高雄市：**各大連鎖書店、瑞成書局

政大書城 三民區明仁路 161 號 政大書城 苓雅區光華路 148-83 號

明儀書局 三民區明福街 2 號 明儀書局 三多四路 63 號

青年書局 青年一路 141 號

10.**宜蘭縣市：**金隆書局 宜蘭市中山路 3 段 43 號

宋太太梅鋪 羅東鎮中正北路 101 號（039-534909）

11.**台東市：**東普佛教文物流通處 台東市博愛路 282 號

12.**其餘鄉鎮市經銷書局：**請電詢總經銷飛鴻公司。

13.**大陸地區請洽：**

香港：樂文書店

旺角店 :香港九龍旺角西洋菜街 62 號 3 樓

電話 : (852) 2390 3723 email. luckwinbooks@gmail.com

銅鑼灣店 :香港銅鑼灣駱克道 506 號 2 樓

電話 : (852) 2881 1150 email: luckwinbs@gmail.com

廈門：廈門外圖臺灣書店有限公司

地址：廈門市思明區湖濱南路809 號 廈門外圖書城3 樓 郵編：361004

電話：0592-5061658（臺灣地區請撥打 86-592-5061658）

E-mail：JKB118@188.COM

14.**美國：世界日報圖書部：**紐約圖書部　電話 7187468889#6262
洛杉磯圖書部　電話 3232616972#202

15.**國內外地區網路購書：**

正智出版社 書香園地　http://books.enlighten.org.tw/
（書籍簡介、直接聯結下列網路書局購書）

三民 網路書局　http://www.Sanmin.com.tw

誠品 網路書局　http://www.eslitebooks.com

博客來 網路書局　http://www.books.com.tw

金石堂 網路書局　http://www.kingstone.com.tw

飛鴻 網路書局　http://fh6688.com.tw

附註：1.請儘量向各經銷書局購買：郵政劃撥需要十天才能寄到（本公司在您劃撥後第四天才能接到劃撥單，次日寄出後第四天您才能收到書籍，此八天中一定會遇到週休二日，是故共需十天才能收到書籍）若想要早日收到書籍者，請劃撥完畢後，將劃撥收據貼在紙上，旁邊寫上您的姓名、住址、郵區、電話、買書詳細內容，直接傳眞到本公司 02-28344822，並來電 02-28316727、28327495 確認是否已收到您的傳眞，即可提前收到書籍。 2.因台灣每月皆有五十餘種宗教類書籍上架，書局書架空間有限，故唯有新書方有機會上架，通常每次只能有一本新書上架；本公司出版新書，大多上架不久便已售出，若書局未再叫貨補充者，書架上即無新書陳列，則請直接向書局櫃台訂購。 3.若書局不便代購時，可於晚上共修時間向正覺同修會各共修處請購（共修時間及地點，詳閱共修現況表。每年例行年假期間請勿前往請書，年假期間請見共修現況表）。 4.郵購：郵政劃撥帳號 19068241。 5.正覺同修會會員購書都以八折計價（戶籍台北市者爲一般會員，外縣市爲護持會員）都可獲得優待，欲一次購買全部書籍者，可以考慮入會，節省書費。入會費一千元（第一年初加入時才需要繳），年費二千元。**6.尚未出版之書籍，請勿預先郵寄書款與本公司，謝謝您！** 7.若欲一次購齊本公司書籍，或同時取得正覺同修會贈閱之全部書籍者，請於正覺同修會共修時間，親到各共修處請購及索取；**台北市讀者**請洽：103 台北市承德路三段 267 號 10 樓（捷運淡水線 圓山站旁）請書時間：週一至週五爲 18.00~21.00，第一、三、五週週六爲 10.00~21.00，雙週之週六爲 10.00~18.00 請購處專線電話：25957295-分機 14（於請書時間方有人接聽）。

敬告大陸讀者：

大陸讀者購書、索書捷徑（尚未在大陸出版的書籍，以下二個途徑都可以購得，電子書另包括結緣書籍）：

1.廈門外國圖書公司：廈門市思明區湖濱南路 809 號 廈門外圖書城 3F
　　郵編：361004　　電話：0592-5061658　　網址：JKB118@188.COM

2.電子書：正智出版社有限公司及正覺同修會在台灣印行的各種局版書、結緣書，已有『**正覺電子書**』陸續上線中，提供讀者於手機、平板電腦上購書、下載、閱讀正智出版社、正覺同修會及正覺教育基金會所出版之電子書，詳細訊息敬請參閱『正覺電子書』專頁：http://books.enlighten.org.tw/ebook

關於平實導師的書訊，請上網查閱：
　　成佛之道　http://www.a202.idv.tw
　　正智出版社 書香園地　http://books.enlighten.org.tw/

中國網採訪佛教正覺同修會、正覺教育基金會訊息：

http://big5.china.com.cn/gate/big5/fangtan.china.com.cn/2014-06/19/content_32714638.htm

http://pinpai.china.com.cn/

★ 正智出版社有限公司售書之稅後盈餘，全部捐助財團法人正覺寺籌備處、佛教正覺同修會、正覺教育基金會，供作弘法及購建道場之用；懇請諸方大德支持，功德無量。

★ 聲 明 ★

本社於 2015/01/01 開始調整本目錄中部分書籍之售價，以因應各項成本的持續增加。

＊ 喇嘛教修外道雙身法、墮識陰境界，非佛教 ＊

＊ 弘揚如來藏他空見的覺囊派才是真正藏傳佛教 ＊

售後服務—換書啓事（免附回郵） 2012/09/24

《楞嚴經講記》第 14 輯初版首刷本免費調換新書啓事：本講記第 14 輯出版前因 平實導師諸事繁忙，未將之重新閱讀而只改正校對時發現的錯別字，故未能發覺十年前所說法義有部分錯誤，於第 15 輯付印前重閱時才發覺第 14 輯中有部分錯誤尚未改正。今已重新審閱修改並已重印完成，煩請所有讀者將以前所購第 14 輯初版首刷本，寄回本社免費換新（初版二刷本無錯誤），本社將於寄回新書時同時附上您寄書回來換新時所付的郵資，並在此向所有讀者致上最誠懇的歉意。

《心經密意》初版書免費調換二版新書啓事：本書係演講錄音整理成書，講時因時間所限，省略部分段落未講。後於再版時補寫增加 13 頁，維持原價流通之。茲爲顧及初版讀者權益，自 2003/9/30 開始免費調換新書，原有初版一刷、二刷書籍，皆可寄來本來公司換書。

《宗門法眼》已經增寫改版爲 464 頁新書，2008 年 6 月中旬出版。讀者原有初版之第一刷、第二刷書本，都可以寄回本社免費調換改版新書。改版後之公案及錯悟事例維持不變，但將內容加以增說，較改版前更具有廣度與深度，將更能助益讀者參究實相。

換書者免附回郵，亦無截止期限；舊書請寄：111 台北郵政 73-151 號信箱 或 103 台北市承德路三段 267 號 10 樓 正智出版社有限公司。舊書若有塗鴨、殘缺、破損者，仍可換取新書；但缺頁之舊書至少應仍有五分之三頁數，方可換書。所有讀者不必顧念本公司是否有盈餘之問題，都請踴躍寄來換書；本公司成立之目的不是營利，只要能眞實利益學人，即已達到成立及運作之目的。若以郵寄方式換書者，免附回郵；並於寄回新書時，由本社附上您寄來書籍時耗用的郵資。造成您不便之處，再次致上萬分的歉意。

正智出版社有限公司 啓

國家圖書館出版品預行編目資料

維摩詰經講記／平實導師述. – 初版. –
臺北市：正智，2008.03-　[民 97]
冊；　公分
ISBN 978-986-83908-0-5（第 1 輯：平裝）
ISBN 978-986-83908-1-2（第 2 輯：平裝）
ISBN 978-986-83908-2-9（第 3 輯：平裝）
ISBN 978-986-83908-4-3（第 4 輯：平裝）
ISBN 978-986-83908-6-7（第 5 輯：平裝）
ISBN 978-986-83908-7-4（第 6 輯：平裝）
1.經集部
221.721　97004820

維摩詰經講記——第三輯

著　述　者：平實導師
音文轉換：劉惠莉
校　　對：章乃鈞　陳介源　蘇振慶　蔡禮政　劉惠莉
出　版　者：正智出版社有限公司
電話：〇二28327495　28316727（白天）
傳眞：〇二28344822
111台北郵政73-151號信箱
郵政劃撥帳號：一九〇六八二四一
正覺講堂：總機〇二25957295（夜間）
總　經　銷：飛鴻國際行銷股份有限公司
231台北縣新店市中正路501-9號2樓
電話：〇二82186688（五線代表號）
傳眞：〇二82186458　82186459
初版首刷：二〇〇八年三月　二千冊
初版五刷：二〇一七年四月　二千冊
定　　價：二五〇元